荻生徂徠

琴齡　著
劉　梅
王　祥齡

1999

東大圖書公司印行

世界哲學家叢書

國家圖書館出版品預行編目資料

荻生徂徠／劉梅琴，王祥齡著．--初
版．--臺北市：東大，民88
　　面：　公分．--(世界哲學家叢書)
參考書目：面
ISBN 957-19-2295-1（精裝）
ISBN 957-19-2296-X（平裝）

1.荻生徂徠-學術思想-哲學

131.67　　　　　　　　　　88011651

網際網路位址　http://www.sanmin.com.tw

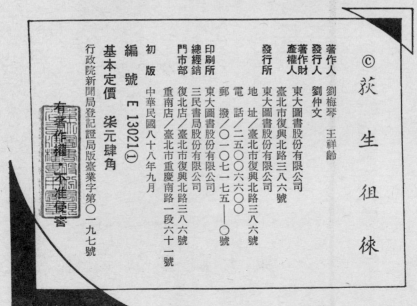

© 荻生徂徠

著作人　劉梅琴　王祥齡
發行人　劉仲文
著作財產權人　東大圖書股份有限公司
發行所　東大圖書股份有限公司
　　地址／臺北市復興北路三八六號
　　電話／二五〇〇六六〇〇
　　郵撥／〇一〇七一七五——〇號
印刷所　東大圖書股份有限公司
總經銷　三民書局股份有限公司
門市部　復北店／臺北市復興北路三八六號
　　　　重南店／臺北市重慶南路一段六十一號
初版　中華民國八十八年九月
編號　E 13021①
基本定價　柒元肆角
行政院新聞局登記證局版臺業字第〇一九七號

有著作權·不准侵害

ISBN 957-19-2295-1（精裝）

　　大石良雄，原淺野長矩家老，元祿十五年
（1702年）十二月十五日帶領四十六人侵入吉良
義央邸宅，斬下義央首級為其主公報仇。
（王祥齡攝）

位於東京慶應大學
附近的荻生徂徠墓。
（王祥齡攝）

會津藩校日新館二進「金聲玉振」。
（劉梅琴攝）

　作者劉梅琴、王祥齡與若松
市瓦斯集團代表取締役高木厚
保先生合影。（高木厚保先生
將現代企業與儒家倫理結合，
每個月定時在日新館講授《倫
語》思想）

「世界哲學家叢書」總序

　　本叢書的出版計畫原先出於三民書局董事長劉振強先生多年來的構想，曾先向政通提出，並希望我們兩人共同負責主編工作。一九八四年二月底，偉勳應邀訪問香港中文大學哲學系，三月中旬順道來臺，即與政通拜訪劉先生，在三民書局二樓辦公室商談有關叢書出版的初步計畫。我們十分贊同劉先生的構想，認為此套叢書（預計百冊以上）如能順利完成，當是學術文化出版事業的一大創舉與突破，也就當場答應劉先生的誠懇邀請，共同擔任叢書主編。兩人私下也為叢書的計畫討論多次，擬定了「撰稿細則」，以求各書可循的統一規格，尤其在內容上特別要求各書必須包括（1）原哲學思想家的生平；（2）時代背景與社會環境；（3）思想傳承與改造；（4）思想特徵及其獨創性；（5）歷史地位；（6）對後世的影響（包括歷代對他的評價），以及（7）思想的現代意義。

　　作為叢書主編，我們都了解到，以目前極有限的財源、人力與時間，要去完成多達三、四百冊的大規模而齊全的叢書，根本是不可能的事。光就人力一點來說，少數教授學者由於個人的某些困難（如筆債太多之類），不克參加；因此我們曾對較有餘力的簽約作者，暗示過繼續邀請他們多撰一兩本書的可能性。遺憾的是，此刻在政治上整個中國仍然處於「一分為二」的艱苦狀態，加上馬列教

條的種種限制，我們不可能邀請大陸學者參與撰寫工作。不過到目前為止，我們已經獲得八十位以上海內外的學者精英全力支持，包括臺灣、香港、新加坡、澳洲、美國、西德與加拿大七個地區；難得的是，更包括了日本與大韓民國好多位名流學者加入叢書作者的陣容，增加不少叢書的國際光彩。韓國的國際退溪學會也在定期月刊《退溪學界消息》鄭重推薦叢書兩次，我們藉此機會表示謝意。

　　原則上，本叢書應該包括古今中外所有著名的哲學思想家，但是除了財源問題之外也有人才不足的實際困難。就西方哲學來說，一大半作者的專長與興趣都集中在現代哲學部門，反映著我們在近代哲學的專門人才不太充足。再就東方哲學而言，印度哲學部門很難找到適當的專家與作者；至於貫穿整個亞洲思想文化的佛教部門，在中、韓兩國的佛教思想家方面雖有十位左右的作者參加，日本佛教與印度佛教方面卻仍近乎空白。人才與作者最多的是在儒家思想家這個部門，包括中、韓、日三國的儒學發展在內，最能令人滿意。總之，我們尋找叢書作者所遭遇到的這些困難，對於我們有一學術研究的重要啟示（或不如說是警號）：我們在印度思想、日本佛教以及西方哲學方面至今仍無高度的研究成果，我們必須早日設法彌補這些方面的人才缺失，以便提高我們的學術水平。相比之下，鄰邦日本一百多年來已造就了東西方哲學幾乎每一部門的專家學者，足資借鏡，有待我們迎頭趕上。

　　以儒、道、佛三家為主的中國哲學，可以說是傳統中國思想與文化的本有根基，有待我們經過一番批判的繼承與創造的發展，重新提高它在世界哲學應有的地位。為了解決此一時代課題，我們實有必要重新比較中國哲學與（包括西方與日、韓、印等東方國家在內的）外國哲學的優劣長短，從中設法開闢一條合乎未來中國所需

求的哲學理路。我們衷心盼望，本叢書將有助於讀者對此時代課題的深切關注與反思，且有助於中外哲學之間更進一步的交流與會通。

最後，我們應該強調，中國目前雖仍處於「一分為二」的政治局面，但是海峽兩岸的每一知識分子都應具有「文化中國」的共識共認，為了祖國傳統思想與文化的繼往開來承擔一分責任，這也是我們主編「世界哲學家叢書」的一大旨趣。

傅偉勳　韋政通

一九八六年五月四日

李 序

　　劉梅琴與王祥齡伉儷最近完成他們合作的《荻生徂徠》新著，
要我代為寫一序言，我雖聽說荻生徂徠是日本大思想家，但並不很
瞭解他的思想內容，翻閱梅琴與祥齡的論述，才發現「徂徠學」的
內涵確是很有可細加探討之處，尤其是有興趣於比較中日兩國現代
化過程的學者，或是專注於儒家思想現代轉化的人，都是很值得多
加參考的。

　　在臺灣，研究日本思想人物者並不在少數，但是在功利現實的
社會風氣下，談論德川家康等霸主思想言行已成顯學，所以即使研
究天保改革、明治維新的學者都已屬少數，更何況這種屬於哲學性
啟蒙思想的「徂徠學」自然更是少有人問津了。但是根據劉、王兩
君的論述，荻生徂徠的思想確實對日本現代化的過程有很基礎性的
作用，他不但引導日本人將個人生活從家族群體生活中解放，使得
個人思維與感情得以擺脫束縛，而另一方面又引導將自然法則與道
德規範分離，促使自由探究自然界風氣的開放，進而開啟日本學習
西方自然科學之途徑，這種基礎性的啟蒙作用實是很值得重視的。
然而，荻生徂徠的思想卻是很受到儒家的影響，早者如荀子，後者
如朱熹，都在「徂徠學」中起了作用，這是作為儒家傳人的我們應
該深加探討之處。

　　梅琴與祥齡伉儷兩人好學深思，梅琴習藝術史與美學思想，祥齡習哲學與儒家思想，頗能互補並相互啟迪，在本書中可以很清楚地看到他們合作相輔相成的結果，很能將深潛的哲學思想用現代與美學的風格表現出來，可以供專家與學生們參考閱讀。

李亦園

於民國88年7月17日

葛　序

　　本書的作者是一對矢志向學而卓然有成的夫婦。我和先生王祥齡教授比較熟悉，他是我在救國團服務時的同事，當時我負責舉辦許多國際和華僑青年的活動，每年都選拔數百位優秀的大學同學，給予密集的國際事務常識和才藝訓練，然後安排他們擔任各項活動的輔導員，同學們參與的意願很高，競爭得也很劇烈，然而每當活動辦完之後，總覺得如果能夠提供這些同學更多跨文化的介紹，一定可以增加大家對不同文化的認識和適應能力。於是找到了當時任職於國際青年活動中心，學哲學的王祥齡，他果然不負所望，策劃了以研究生為主要參與對象的「中西文化比較研習會」，並敦請趙玲玲教授擔任會主任。這是一個很成功的營隊，許多臺大、文大、政大和輔仁大學哲學系的師長因地利之便前來指導，文化的比較研究也是人類學關心的課題，所以李亦園院士慨允助陣，我因此得到機會親聆他們精彩的演說，其中沈清松和傅佩榮等教授日後都變成了好的朋友。

　　王教授的夫人劉梅琴教授，我是先讀了她的《山鹿素行》這本書以後才見過她的，對她用功之深感到欽敬。他們夫婦有時一起來看我，談一些最近治學或寫作的計劃，《荻生徂徠》新作就是其中的一項，相信很快還會有更多的深刻文字貢獻給大家。

　　在知識的面前我只是一個微不足道的學生，自從離開學校以後，由於沒有進度的壓力，反而覺得可以從容和有計劃的閱讀，也鼓勵工作上的伙伴多讀書，並且時常拿王教授和劉教授夫婦的例子相勉勵，回顧過去救國團的同事，不是早就完成高等學位，就是業已養成求知的習慣，現在各在不同的工作崗位上表現卓越。

　　我以兩位作者為榮，希望讀者也喜歡他們。

葛維新

於民國88年7月9日

自　序

　　海內外對日本研究的學者絕少，即使有，大多對近代日本明治維新以來感興趣。箇中原因，不外是從一八六八年明治維新開始，到發動中日甲午戰爭，短短的幾十年，日本就迅速地完成了西方從工業革命到資本主義發展的幾百年歷史，躍昇為世界強國。其成就之大，自然令人眩惑與注意，對此投入大量的研究精力，也是可以瞭解的了。

　　然而，歷史的發展，自然有其前因後果，妄稱奇蹟，不過是人類創造神話傳說的古老意識形態罷了。尤其是明治維新的成功，絕非偶然。除了西方船堅砲利所挾帶的文化衝擊之外在條件，最主要的固由，是日本歷史文化提供了消化吸收西方近代化的內在基礎與條件。使得在原本扞格不入的東西文化交流中，找到了彼此相契又相反對的統一的調和基礎。在此過程中，雖有慘烈的劇痛，倒也走得平穩而短暫。

　　近人杜鋼建先生曾撰文指出，在日本近代啟蒙思想史上有兩條明顯的東西方思想的發展主線。一條主線是以西方「蘭學」為開端，以「明六社」為高峰的淵源於西方文化的自由民主科學思潮。另一條主線是以「徂徠學」為開端，以橫井小楠的「三代之道」為高峰的淵源於東方儒學的民本主義的人文精神。後者雖然不如前者那樣

明顯易見，但在促進日本走向近代化的過程中奠定了其歷史文化的基礎與條件。

如果說「啟蒙」的本義正如康德所言，是人類運用自己的悟性來擺脫未成年狀態進而對自己負責的話，那麼所謂未成年就是沒有指導性人物便不能行使悟性的狀態。所謂人類處於未成年狀態有其應盡之責任，並非意指未成年的原因在於欠缺悟性，而是說沒有指導性人物自己便缺乏行使悟性的決心與勇氣。那麼啟蒙思想早在天保改革的維新運動之前就已經出現了。就形成時間而言，日本啟蒙思想史上的東方儒學主線要比西方蘭學主線出現得早。而且前者為後者的形成和發展提供了思想啟蒙的鋪陳工作，使得後繼者堅決地行使了悟性的決心與勇氣。

在日本的啟蒙人道主義思潮的發展過程中，荻生徂徠的聖人制道主義思想是一個重要的里程碑。正如今中寬司所云：「徂徠學一方面將個人生活從團體生活中解放出來，產生日本學，來解放個人的感情，另一方面，將自然法則從道德規範分開，保證研究自然的自由，使日本走向西洋科學技術而開闢『洋學之路』。」所以，正是「徂徠學」的出現拉開了日本啟蒙思想史的帷幕，且將日本由藩「家」天下的家族政治意識，走向「國」的整體國家政治意識。

研究荻生徂徠的思想，除了解日本近代化的思想啟蒙之外，對於了解中國儒家思想在世界文化中的影響以及儒家的真正精神與價值無疑具有啟迪的意義。

本書是民國七十九年繼《山鹿素行》完成之後，在已故傅偉勳教授的大力鼓勵之下，邀請本人與外子繼續研究完成的日本文化思想的專著。前後將近十年，實在令人感到萬分的歉意。一則是國內日文相關資料短缺，幾乎無法著手研究寫作；再則本人八十一年十

一月，幸獲教育部公費留學日本，八十二年四月赴日本筑波大學攻讀藝術史博士學位，除專注於博士論文的寫作之外，更借此留日期間，與外子積極地收集相關資料。八十四年三月獲頒博士學位返國，由於海運之誤，又將一部分資料遺失，且外子又因外力之故，身染重疾幾瀕死亡之境，持續醫療至八十六年底才逐漸有起色。八十五年十月十七日由報載得知傅老師十五日在美病故，心中深感悲痛之餘，更覺愧咎萬分，未在他身前完成他所期望的《荻生徂徠》，更何況原先與傅老師為此書寫序的約定，也成為泡影。後來在韋政通教授的敦促鼓舞之下，我等前後六度赴日收集資料，終於在今年一月付梓，完成這本著作。

　　本書的完成，是建基在前輩學者專家的基礎上，雖有許多不同於前輩們的觀點，但總是站在學術研究的立場，做一理性的批判(所謂批判，是指經由考察、分析之後，所作的釐清工作)。以期揭示人們習慣於將想看到的並且是已經看到的東西之外的思想觀念。但這並不表示本書已完整周全，其中不備之處定然難免，尤其是前所述「在國內日文資料的短缺之下」。 但是，我們仍舊要感謝在本書背後，不為人知的師長、朋友們：李院士亦園老師多年的教誨與贈書，為我們開啟了人類學的視野與方向，並在百忙之中為我們寫序，葛副委員長維新在政治學上的啟迪與指導、前國立歷史博物館館長王宇清博士視我們如親生子女的關愛與所提供的珍貴資料，並安排我們參觀日本傳統武士學校——「會津藩校日新館」，受到海野政利社長的熱情接待，並親自為我們解說德川時代傳統武士接受儒家思想的教程與贈書、日本前熊本市博物館館長唐添亘男及日本東京女子美術短期大學專任講師鹿島繭博士的贈書，尤其是這近十年以來，陪伴我們在日本穿過大街小巷「上窮碧落下黃泉，動手動腳找資料」，

又親自帶我們拜謁荻生徂徠墓的中日文學研究學者笹川明德先生，以及東吳大學圖書館對借書逾期的百般容忍，使得本書才得以順利完成。在此謹以最誠摯感恩的心，獻上我們的感謝之忱。

劉梅琴
王祥齡
於民國88年7月

荻生徂徠

目　次

第一章 緒 論

第一節 研究荻生徂徠的動機與目的

美國著名的文化人類學家潘乃德(Ruth Benedict)在其研究日本的名著《菊花與劍》中指出，日本在十九世紀後期從黑暗的中古時代一躍而升為世界強國，主要的原因在擁有一些政治精英，他們能夠規劃出一項其他國家未嘗試過的事業，同時以卓越的領導才能將它成功地付諸實踐。●而這些領導者的人格特質，不論是近世、近代，抑或是日本現代的商社社長等，根據我國的人類學家李亦園先生研究指出，都是以「仁慈」對待其所領導的部屬，部屬則盡之以「忠」回報之。❷姑且不論潘乃德所指出的日本人性格中：好戰而

---

❶ 潘乃德著，黃道琳譯：《菊花與劍》，臺北：桂冠圖書有限公司，民國68年5月30日四版，pp. 70–71。

❷ 李先生指出：「中國跟日本在對領袖基本形成的態度，大部分很接近，都是原善的基本哲學立場，領袖都是一個用內在力量來約束行為的理想標準。Donald Dore 教授最近在倫敦大學的一篇演講中指出，日本人的領袖是一個仁者，很能夠仁慈地照顧他的雇員、同仁，而同仁是五體投地、全心全意地崇拜他、服從他，……中國與日本的領袖都是用仁慈來治理，但中國領袖是一個父親的權威形象，他一步登天，

祥和、黷武而好美、傲慢而尚禮、呆板而善變、馴服而倔強、忠貞而叛逆、勇敢而懦弱、保守而喜新的性格的兩面性是否主觀與正確。❸不容否認的是，在十九世紀末到二十世紀即將結束邁向二十一世紀之間，日本人的這種民族性格，確實對我們所生活的這個世界，造成相當程度的影響。例如：日本浮世繪對十九世紀印象派的影響、明治維新後發動的甲午戰爭、侵華戰爭，躋身於列強之中，甚言要征服世界。二次大戰戰敗後，在對美國絕對「忠貞」的「馴服」中，「倔強」地學會了「謙恭有禮」的態度，❹以柔性的經濟戰略，躍升於「日本第一」的世界殊榮，卻又以「傲慢」的態度，「叛逆」性地買下了象徵美國經濟「圖騰」的紐約市中心的洛克斐勒大廈與瑪丹娜的唱片公司。但好景不常，在「狂妄」的「日本第一」的「經濟奇蹟」迷失中，卻又「無知」地發生了「泡沫經濟」的「日圓神話」危機。❺猶有甚者，「好戰」又「黷武」成性的（包括現在轉變成對各國經濟的侵略）日本人，每年當廣島原子彈投彈日當天，日本政府挾數以萬計的追求「祥和」與「好美」的日本愛好和平者，透過無遠弗屆地傳播媒體，向世界宣告他們的因愛好和平所遭受到的非人道的原爆試驗與迫害。使得世人對其文化宣傳（包括產品）

……」李亦園：〈權威來自個人，領袖源於天生〉，《天下雜誌》第65期，1986年10月1日出版，pp. 159–160。

❸ 潘乃德(Ruth Benedict)著，黃道琳譯：前引書，p. 2。

❹ *NEWSWEEK*/AUGUST 12,1985, p. 23，有一張照片，一排日本人規規矩矩地立跪，照片下面的標題寫著：「The Politics of Wealth」，文章內容大意是：「美國人再也受不了日本人的那種謙恭有禮的態度了！」其中描述如何從美國人那裡學會致富之道——「Learning to be rich」。

❺ 李政亮：〈富強的日本、華麗的夢幻、日本泡沫經濟總體檢〉，《中央日報》，民國87年8月7日，第二十三版。

的「多變」與政治包裝（天皇的聖人形象）的「呆板」，同樣地被其教育成既「愛」且「恨」的兩面性。這也就是為什麼「美國人再也受不了日本人那種謙恭有禮的態度了」的主要原因了。

然而，這種性格的兩面性形象，倘若不回溯到歷史發展的前因後果、忽視了思想史上日本江戶時代對「聖人緣人情以設道」的聯繫性與邏輯性上的研究，是很難做出圓滿的詮釋。而偏偏「聖人制道」的思想，正是指導日本人心目中道德與罪惡行為方式的原理原則。

潘乃德的《菊花與劍》，從日本人性格的兩面性觀點出發，分析日本人的行為模式，這種文化人類學的角度與研究方法，提供了研究日本文化與日本人的一個嶄新的思考方式。雖然未能達到指導行為背後的思想層次，但確實提供了我們從事歷史與思想研究者，有力的證據，證明了「思想是生活的解說，生活是思想的實踐」，有什麼樣的生活方式，生活就必賴什麼樣的思想指導，而歷史正是生活的記錄，以史為鑑正足以使人類開關更美好的生活。

本書是以江戶時代啟蒙日本政治思想走向近代化的儒學大師──「荻生徂徠」的政治思想為題旨，以探討日本儒學在江戶時代的發展過程，所呈現出儒家思想與其民族固有歷史文化交互作用，整合而成適合於日本民族文化心理的新儒學。這種傳統儒家思想與日本江戶時代融合後的儒學文化，構成了東亞文明的深層文化積澱，可以說是東亞文化圈中各國的歷史現象。

因此，本著作主要是從思想史的觀點，考察「荻生徂徠」對江戶時代日本儒學的發展以及近代政治思想的意義。除從理論上探討其政治思想的本質之外，更注意其思想淵源與新興社會階層──武士與町人之間的關係，以作為解析日本儒學與武士、町人之間交互

影響的內、外因由，儒學與日本政治社會的關係，企圖結合理論上
的批判與實踐上的探討，描繪出一個比較完整的思想家的研究。

第二節　研究荻生徂徠思想的依據與
　　　　資料來源

　　荻生徂徠的著作非常豐富，且其一生經歷仕宦，曾做五代將軍
綱吉的側用人柳澤吉保的家臣，又擔任吉宗將軍的御用學人，對當
時的政治頗有影響。蓋對其思想的研究，除文獻資料的研究外，更
涉及其所參預過的實政，及對實政的批評與態度。這些都關乎現實
與理想兩難時，個人人格思想的特質，就頗能顯其精神價值之所在。
因而，對其研究的層面涉及頗廣，除語言學、歷史學、政治學、社
會學、哲學思想外，更觸及到文化人類學中民族文化心理的研究。
以下僅就涉及最廣的語言學部分做扼要地說明，其他各學科對本書
所提供的有那些具體有價值的素材，則在內文隨文附說，在此不另
贅述。

　　語言屬於社會現象，它與社會生活息息相關。社會各階層所使
用的語言，都會有不同程度的反映在平日的生活之中。尤其語言中
最活躍的因素──語彙，經常就最敏感地反映了社會生活和社會思
想的變遷。語言不僅是人與人之間的溝通工具，也是一個民族文化
高質化的具體表現，更是我們探索研究古代人類心靈深處不可或缺
的鑰匙。這是因為當人們運用語言發展自己的思維，記錄並闡述自
己的思想概念時，同時也就在語言中留下了思維發生與發展的歷史
痕跡。也就是說，語言是一種概念的表現，透過語言人們更能準確

地傳達心中的思想與情感。但是由於社會生活的急劇轉變，往往使語言中的語彙發生很多變化，例如舊的辭死了、新的辭產生了、或者辭的意義改變了，意含縮小或者擴大了，或者改變了原來的含義，或者恢復了古代的含義。❻徂徠就是從語言學出發，認為「辭」是以先王遺言、政治為內容，是理想時代的言語文化，也是理想政治的記錄之總稱。❼所以，以「辭」探討古代聖王政治之「道」， 而「道」為一禮樂刑政客觀之制度，而非宋儒以理釋道之「道」。 因為，先王、聖人政治記錄必以「辭」， 故強調學古文辭，熟習其中文辭的用法，然後精研六經，即可獲得古代禮樂刑政、文物制度的知識，方能了解聖人之「道」。 蓋徂徠在《辨道》文中釋「道」時指出，不同的時代，加上各自的主觀、師承、淵源與社會情狀的不同，對「道」的闡釋就有多義。因此，通過語言學去探索古代文化思想的本義，也就有案可查了。

第三節　研究荻生徂徠思想方法論的問題

方法是研究者向研究對象所提出的要求，及研究對象向研究者所呈現的答覆，綜合在一起的一種處理的過程。研究者如何處理材料與對象是方法，但決定運用方法的是研究者的態度。一位思想家的思想，必定是由主題所展開的結構，結構的表現則是由方法。因而，把握結構與方法才算是把握到思想。

本專題的研究，是採批判詮釋學和語言詮釋學的方法論進行主

---

❻　陳原：《語言與社會生活》，北京：新華書店，1980年版，p. 1。

❼　今中寬司：《徂徠學の基礎的研究》，日本東京：吉川弘文館，昭和41年發行，p. 6。

題的討論。這裡所謂的批判，是指考察、分析與釐清，而非一般所謂的批評，缺乏資料上的驗證。因為，資料的「考察」是達到對主題探索的必要條件,而此考察又包括前人對此主題的研究是否正確，是否具有可參考性與比較性。而比較性的研究又包括同時性與逆時性，這更可檢證思想本身是否具有時代性；「分析」是指前人對此研究所持的資料與理論，是否有其邏輯的必然性，且彼此間觀點的異同，是否把握了研究主題的真正原始面貌，抑或是研究者本身誤解或強加者。也就是荻生徂徠所謂的替古人操心的一種「私智妄意」；「釐清」則是批判詮釋學的最後步驟，基於前兩項的工作所呈顯的問題，實事求是地給予正確的、正面的詮釋。

當然，從批判詮釋學的觀點來看，詮釋者在進行詮釋活動勢必在「先行架構」或「先行理解」中進行。換言之，詮釋者必須根據他已知之知的知識領域和對存有的體會與生命的感悟，來決定他為作品或史料所作的詮釋。而這些知識領域與對存有的體會和生命的感悟，包括了先於詮釋者而存在的歷史與文化，認識和思考時所借助的語言、概念，以及在認識和思考之前已具有的思想、前提和假設。這也就是說，詮釋的過程是把外在的資訊納入已經預先占有了我們的思維的前識結構之中，以合目的性的前識結構去理解與闡釋。❽簡言之，詮釋者的文化背景、視覺經驗與生命存在的體悟決定了作品所詮釋的思想、意義。這種思想、意義的構成，從文化人類學來說，就是所謂的「不可觀察的文化」或言「文化的文法」。❾

---

❽ 吳廷玉：〈虛靜思維之規律：坐忘──坐馳──見獨〉，《文藝研究》第五期，1994年，p. 32。

❾ 「所謂不可觀察的文化或文化的文法，實際上就是一套價值觀念，一套符號系統或意義系統(system of symbols and meanings)，它是從人一

但這種詮釋是合理的，因為沒有人能避免這種下意識的存在，因此，所發現的意義，永遠只有相對主觀性。

因而，每一位詮釋者所發現的意義，就不敢保證確實是作品所有，並且詮釋者也不可能將作品的意義全部釋盡（因為，每一個人都是哲學家，雖然用的是自己的方式，並且自己毫無所覺，因為任何行動，即使是最微不足道的行為，都隱藏著特定的世界觀）。這也是為什麼每一個人對同一件作品會有不同的詮釋，除了詮釋者試圖去感受原創者的存在體驗之外，還有詮釋者自身的世界觀往往也左右著對作品理解……以「已知之知去知未知之知」，自然又帶有詮釋者主觀的意欲。

為此之故，周慶華先生在〈詮釋學與語文教學〉研究中指出，就是因為不敢保證所發現的意義確實是作品所有，所以在研究的過程中容許相對或不同的詮釋。也正因為不可能找出作品全部的意義，所以詮釋可以無止盡的進行下去。但是，雖然如此，一個自我要求很高的研究者，他會努力尋求個人意識範疇和作品、史料所揭示的意義範疇相融合，使他的詮釋據有「相互主觀性」，以期達到一種超越時空的「存在呼應」，並且能獲得大多數人的贊同。❿且荻生徂徠哲學思想的方法論，就是採「古文辭學」探討聖人之「道」的本質。所以採取批判詮釋學與語言詮釋學方法論的優異之處，在於避

出生（甚至於在母親的懷胎裡）就開始灌輸或『譜入』的原則，所以經常是下意識存在的，但卻無時無刻不在統合支配人的行為，使他的行為成為有意義而可以為同一群體內的人所瞭解的。」李亦園：《文化與修養》，臺北：幼獅文化事業公司，民國85年3月初版，p. 24。

❿ 帕瑪著，嚴平譯：《詮釋學》，臺北：桂冠圖書股份有限公司，1992年5月初版一刷，pp. 43–51。另參見周慶華：〈詮釋學與語文教學〉，《中央日報》，80年9月16日，十八版。

免了「絕對主觀性」的獨斷，使得哲學思想問題的原始精神風貌，能夠經由考察、分析與釐清的步驟，得到有效的還原在歷史的境域中並且合理的呈現在研究者的面前。

第二章　荻生徂徠的生平及分期

第一節　徂徠的出生及其家世

荻生徂徠，名雙松、字茂卿、幼名傳次郎、一般則俗稱作總右衛門或宗右衛門、號徂徠，寬文六年（1666年）二月十六日生於江戶二番町，享保十三年（1728年）正月十九日逝於江戶萱園，享年六十三歲。關於其生平可由伊藤龜年《學則并附錄標註上》所述窺其大要，其云：

> 徂來物夫子、名茂卿、姓物部氏、氏荻生、稱總右衛門、東都人也、初名雙松、字茂卿、　憲廟朝避　儲宮、稱更以茂卿為名、徂來其號、蓋取諸詩魯頌閟宮、卒章也、其先居三河大給、大給實荻生、因氏焉、家世材官、父方菴君、名篤、　憲廟侍醫、母兒島氏、生三子、夫子、其中子、為兒岐嶷、五歲自識字、十歲能屬文、十四從父謫南總、志彌固、學彌勤、居總　紀、會赦反東都、業儒、遂乃應甲斐侯之聘為記室、　憲廟與　儲貳數過侯邸、　召侯家諸文學、令進講經藝、夫子每為之魁、嗣君郡山侯亦優待夫子、夫子少學于家

庭、宗宋儒氏、中年得李滄溟王弁州之集而讀之、悟文章之
道、乃盡棄其舊習、而專從事於古文辭、以之治經、大倡復
古、海內風靡、豪傑之士、咸輻湊其門、享保六年、　德廟
命句讀清帝六諭衍義、成則　賜衣、後數以文學事應　教、
十二年四月朔　召見、其明年正月十九日卒、年六十三、春
台先生誌夫子墓有言曰、先生之治經也、炳若日星、使先王
之道可行于今者、實自先生始也、所著最多、乃詳于南郭先
生撰夫子著述書目記、無子、兄子道濟、字大寧、嗣、是為
金谷先生、夫子墓在于城南三田長松寺後丘、其住持更號其
山曰徂來。❶

又，根據《萱園雜話》中之記載為其弟子長門周南自北條敏處
聽聞「徠翁之母、產翁之夜做夢、夢有正月之松飾、依之父方庵生
子命名為雙松」、「又徠翁生得好雷、故時自號蘇雷」、❷ 可知徂徠
誕生之時以其母夢到過年時擺在門前裝飾之「門松」，以為祥瑞是
以名之為雙松，然而依上引伊藤龜年之文則可知初名雙松後廢之不
用，而終以茂卿成名於世，究其原由蓋為避諱之故，因為雙松日語
音為 NABEMATSU 與後來之七代將軍繼公之幼名鍋松 NABE-
MATSU 之發音相同。關於其號徂徠一詞亦源自於《詩經・魯頌・

---

❶ 伊藤龜年：《學則并附錄標註上》，《荻生徂徠全集》第一卷，東京：
　みすず書房，1973年7月20日，pp. 125–126。
❷ 「徠翁の母、翁を產する夜の夢に正月の松かざりを夢みたり。因て
　父方庵生子を雙松と名づけられし由徠翁にきけり。又た徠翁は生得
　雷を好まれたり。夫れ故若き時は蘇雷と號せられたり」。《萱園雜
　話》，收錄於《續日本隨筆大成4》，東京：吉川弘文館，昭和54年12
　月30日，p. 77。

閟宮》篇：「徂來之松新甫之柏是斷是度是尋是尺」，❸原為以徂來山上之松建造寢廟之意，是知徂徠原為山名本作徂來，徂來山位於山東省，而其稱茂卿或取《詩經·小雅·斯干》篇：「如松茂矣」❹以及〈天保〉篇：「如松柏之茂」❺之意，至於其先祖則為大給即荻生，而兩者日語皆做ogyuu，從其「我家擬大連之檄」、「坑儒夫呂氏子焚佛吾物家祖」以及「大連苗裔」等印文可得知其以遠祖物部氏之後裔為傲，然從印文中「焚佛吾物家祖」大約可窺見其對佛之厭惡，實際上其雖惡佛卻非惡僧，此點可由其《萱園隨筆》卷一中得知，其云「予惡佛法而不惡僧」，❻此外其姓名亦以中國形式而稱作物茂卿，時稱「東夷物茂卿」或「日本物茂卿」，而其為孔子像贊時亦署名「日本國夷人」，❼此點成為後來日本主義者對其抨擊之

---

❸　《十三經注疏2詩經》，臺北：藝文印書館，民國71年8月9版，p. 783。

❹　《十三經注疏2詩經》，臺北：藝文印書館，民國71年8月9版，p. 381。

❺　《十三經注疏2詩經》，臺北：藝文印書館，民國71年8月9版，p. 331。

❻　「予惡佛法而不惡僧，人或以是騰謗，然以予觀之，有師友徒、恩義之相結、有章服有管轄、禮法之相維、安安居、美美食、欣然相視、藹然相摬、吾未嘗見其與斯民殊也，試求其所謂清靜無欲、三衣一缽、頭陀為行、忍辱為心者，則千百萬人之中，吾亦未嘗見一人之能行焉，是何在其為佛法中人也，皆吾儒中人也，假使有能行其教者，其苦行、何可不敬乎、而況無之乎、故予以謂方今之世、惡佛法以及僧者、過矣」，荻生徂徠：《萱園隨筆》卷一，《荻生徂徠全集》第一卷，東京：河出書房新社出版，1973年2月28日初版第一刷，p. 463。

❼　〈題孔子真〉：「是謂克肖、吾豈敢、是謂不克肖、吾豈敢、亦惟唐帝之贈、袞冕十二章、儼然王者服、萬世之下、萬里之外、伏惟聖德遠矣哉　歲庚子夏五月日本國夷人物茂卿拜手稽首敬題」。《徂徠集》卷十四，《荻生徂徠，日本思想大系36》，東京：岩波書店，1983年8月10日8刷，p. 495。

理由，其門人對其則有以下之稱呼：

1. 山縣周南 　徂徠先生　　萱洲先生　　荻生惣右衛門先生
　　　　　　　損庵先生　　徂來先生　　徂徠老先生　　徂徠老先
　　　　　　　生大人　　狄先生
2. 服部南郭 　徂來先生　　赤城先生
3. 太宰春臺 　徂來先生
4. 安藤東野 　徂來先生 ❽

　　蓋從以上其徂徠之號、雙松之名以及茂卿之字三者可看出其義
皆有相通之處，以松比其人，這對徂徠能為江戶時代無人能出其右
之大儒而言實為極恰當之比喻，然而考其生平，其天生體質狀況似
乎與此相反，根據平石直昭《荻生徂徠年譜考》所載於三歲時得天
花雖「幸而得生」然妹妹卻「患此而死」，且徂徠年幼多病，幼時
曾寄寓外祖父小島正朝家，正朝以其多病遂曾將其改名為「鳥井傳
助」。❾

　　關於前引《學則并附錄標註上》一文中所言及徂徠之家世淵源
於物部氏，其八代後裔荻生敬一於徂徠歿後二百五十年即昭和五十
三年（1978年）於三田長松寺徂徠墓旁立碑紀念，墓碑刻曰：「名
雙松、字茂卿、通稱惣右衛門、徂徠其號也、屢稱物部氏之所出、
故自署物茂卿」❿，門人東壁撰〈萱園隨筆序〉中亦言：「先生者參

---

❽　中村哲：〈徂徠的手稿〉，《荻生徂徠全集》月報1.第1卷，東京：みす
　　ず書房，昭和48年7月，p.11。

❾　平石直昭：《荻生徂徠年譜考》，東京：平凡社出版，1984年5月25日，
　　p. 27。

河望族、史所稱大給氏之裔也」，　⑩此外，正德元年（1711年）徂徠四十六歲時自撰呈給柳澤家之〈先祖書及由緒書〉中敘述從其高祖父至其父之世系由來約略如下：

高祖父　　　　　　　　　　　　　　　　　　　　荻生少目

參州荻生之城主長平十二年、彼城開渡屬北畠權大綱言藤房卿、四位昇進、仍四位少目……不知年月。荻生稱號少目、名於三州由緒有之、後松平和泉守殿御家相傳荻生文字、或者作大給。

曾祖父　　　　　　　　　　　　　　　　　　　荻生惣右衛門

屬伊勢國司權中納言具教卿、具教卿生害之後令蟄居、又同國居白子、天正十七年某月二十二日病死。

祖父　　　　　　　　　　　　　　　　　　　　　荻生玄甫

醫師道三元鑑弟子、寬永十年五月十日病死。

父　　　　　　　　　　　　　　　　　　　　荻生方庵法眼

奉召常憲院樣御代、御側醫師相勤、元祿十年丁巳四月九日任命奧醫師、寶永三年十一月九日病死。⑫

關於此《萱園雜話》中記載其門人：「予嘗見云為存於柳澤侯

---

⑩　荻生敬一：〈訪祖徠之書〉，《荻生徂徠全集》月報5第4卷，東京：みすず書房，昭和53年7月，p.12。

⑪　安藤東野：〈萱園隨筆序〉，《荻生徂徠全集》第一卷，河出書房新社，1973年2月28日出版第一刷，p. 461。

⑫　〈先祖書及由緒書〉，轉引自岩橋遵成：《徂徠研究》，名著刊行會出版，昭和57年2月27日發行，pp. 97–98。

之祖徠親類書。尤翁真蹟無所疑」，❸由上所述可知其家世為流傳有
序之武士之門，其於〈鈐錄序〉中自述其家世云其父祖二代為醫，
於今雖以學問為家業，然而先祖乃物部之姓而為參州城主，祖母、
母皆將種，並云自幼好武藝、讀書用心等，❹而對其高祖以前之記
載不詳，亦於《徂徠集・卷二十七・與屈景山第二書》中云：

> 右因訪字號併及貴族出自、且承問賤姓、亦何見愛乃爾、昔
> 源濃洲甲賀之役、諸子皆殲、有孼孫、物季任者匿之、遂冒
> 其姓、是為荻生始祖、建武時、有從役南朝者、頗以物部見
> 錄、故子孫有稱源者、稱物部者、而荻生城在三河、國家之
> 興、迫奔于勢、依北氏、以南朝之暗也、其城為宗室所有、
> 亦有稱荻生者、今閣老有之、不佞惡其或混也、故稱物部、
> 家乘所載、大概如此、然遙遙華冑、昔人所誚、況本邦中古
> 以來、賈韓之陋、往往有之、孰能覈其實也、其可徵者、奔
> 勢之後、五世于今是已。❺

---

❸　「予嘗て柳澤侯に存せる徂徠親類書と云ふものを見たり。尤も翁の
　　真蹟に疑ふべき所もなきものなり」。《萱園雜話》，收錄於《續日本
　　隨筆大成4》，p. 89。

❹　「某が父祖二代醫師となりし上に、今又學問を家業とすることなれ
　　ども、先祖物部の姓をけがして參州の城主なりとかや。祖母、母とも
　　もに將種なりと私には自讚におもふもをこがましけれども、其餘習
　　家に殘りて幼少より武義を好み、讀書の片手間には心を是に用ふ云
　　云」。〈鈐錄序〉，轉引自岩橋遵成：前引書，p. 99。

❺　《徂徠集》，《荻生徂徠，日本思想大系36》，東京：岩波書店，1983
　　年8月10日8刷，p. 534。

以上徂徠自言其家世「其可徵者、奔勢之後」，既指自從其高祖父投奔伊勢家後之歷史始為可信，之前之歷史則「遙遙華胄」無從考起，從高祖父至徂徠已經是第五代了，而文中言及姓荻生及物部之由來外亦言及始祖為源氏，關於其間之轉折，文中大意是說源濃州既指美濃守義綱於甲賀之役戰敗後有一子孫為物季任所收養，是以後來以物部為姓而為荻生家之始祖，之後高祖父出荻生城，投奔伊勢家，又因當時閣老亦為大給氏（大給發音與荻生同音），不願與之相混而以物部氏稱之。事實上，北畠氏滅亡後其曾祖父為一浪人居住在勢州國白子，直到祖父玄甫時才遷至江戶，且為當時名醫，徂徠於《政談》卷二中自言其祖父變賣伊勢國祖先產業得五十兩，**⓰**後舉家遷往江戶，師事當時名醫今大路道三（元鑑）而為醫。

總之，由以上引文雖可知荻生家世之淵源，然應非屬實，而其自稱為名門之後之意圖無非是想要證明荻生氏為物部氏之出身以誇示於人，是以誇示的成份大於事實，因此其祖父之前的荻生家的歷史皆應屬不可信的神話時代。**⓱**

關於其家世從前述引文中可知其先祖時代原為武士之家，自其祖父轉為以醫為業，是故徂徠於《萱園隨筆》卷一中云：「予家世業醫、故頗悉醫事」，**⓲**又於《徂徠集‧卷二十二‧與越雲夢書》中

⓰ 「某ノ祖父、伊勢ノ國ニ先祖ノ手作シタル田地有シガ、夫ヲ賣テ僅ニ五十兩ニテ調タル町屋鋪有シガ……」。《政談》卷之二，《荻生徂徠，日本思想大系36》，東京：岩波書店出版，1983年8月10日八刷，p. 327。

⓱ 今中寬司：《徂徠學の基礎的研究》，東京：吉川弘文館，昭和41年9月20日，pp. 41–42。

⓲ 《萱園隨筆》卷一，《荻生徂徠全集》第一卷，河出書房新社，1973年2月28日出版第一刷，p. 463。

云：「不侫拙於醫、而逃於儒」，❶另於〈復芳幼仙書〉中云：「不侫雖為醫人之子、幼讀其書、壯廢其學、略窺大意」❷等可看出其家業之轉換與承傳。《徂徠集・卷八・水足氏父子詩卷序》中記載徂徠幼時常聞祖母講朝鮮役及加藤清正的戰爭故事，❸又《鈐錄外書》六中亦有相關記載，徂徠以其祖父為出生名門之棟樑，父方庵亦從堀宋閑學武田流軍學，是以，格外以其家世自豪，雖自祖父時代轉業為醫，卻與江戶時期一般之醫師大不相同，❹以下則就其家族作一簡單介紹。

　　祖父　荻生玄甫、字忠次、通稱惣七郎，以大路道三（元鑑）為師學習醫術並以醫為業，為當時之名醫。

　　父　　荻生方庵、名篤、字宗甫、又字元甫、號仲山、別號桃

---

❶　〈與越雲夢書〉，《徂徠集》卷二十二，轉引自岩橋遵成：前引書，
　　p. 101。

❷　〈復芳幼仙書〉，《徂徠集》卷二十六，《荻生徂徠，日本思想大系36》，
　　東京：岩波書店出版，1983年8月10日8刷，p. 520。

❸　〈水足氏父子詩卷序〉：「初余之內姊嫁肥士人水閒氏之子、太大孺人、
　　以其為外孫女、絕鍾愛之、攜以往觀其所以事舅姑若君子何如也、因
　　留三年、迺歸、歸則時時顧余輩襁褓中、語鬼將軍事、娓娓乎弗已、
　　以相慰藉、其將睡時、每夜率以為常、距于今四五十年、言猶在耳弗
　　忘也」。《徂徠集》卷八，收錄於《日本漢詩3》，東京：汲古書院，昭
　　和61年2月，p. 78。

❹　《鈐錄外書》六：「愚拙が祖父、玄甫と申候。殊の門外地を自慢致
　　し候子細有之。依之奉公は仕間敷候とて醫者に成、夫より父迄は醫
　　者にて候。……醫者と申候へば、只今の醫者の樣成者と可被思召候
　　へども、其時代の醫者と申ものは、尤人により候へども、各別成も
　　のにて候」。，《荻生徂徠全集》第六卷，河出書房新社出版，1973年
　　初版第一刷，p. 639以下，轉引自平石直昭：前引書，p. 28。

溪、稱牧庵。寬永三年（1626年）生於江戶，幼年因其父玄甫之關
係自幼入官醫某塾習醫，父玄甫寬永十年（1633年）病歿後繼其衣
缽以醫為家業，元祿十年敍法眼之位為綱吉將軍御用醫師，以荻生
方庵法眼景明（初名敬之）知名於世。

　　母　　方庵之妻，為鳥居水右衛門忠重之長女，後為御本丸船
手大將兒島助左衛門正朝之養女，延寶八年（1680年）徂徠十五歲
時病死於荻生家流謫南總時的本納村。母兒島氏與方庵有三男二女。
徂徠為次男，有兄、弟、姐、妹各一人，其妹年幼即逝。

　　兄　　春竹、親族書中為春齋景晴，方庵遇赦歸江戶後留在本
納村以醫為業，關於此，平石直昭《荻生徂徠年譜考》中解釋為，
方庵獲赦後，將長男春竹留在本納為醫，或許是因為熟知綱吉不穩
定之性格，而預留往後鄉間生活的據點以備「他日」之需，以往家
康移封關東之時、三河武士多留長子於故地、方庵亦有古代武士之
顧慮吧！❷❸

　　姐　　嫁山角文右衛門定恆，因故離婚後似歸荻生家。

　　弟　　荻生觀、稱物觀、通稱惣七郎、即後之叔達、北溪生於
一六七○年小其四歲，有《七經孟子考文補遺》等許多著述，又與
徂徠一起做明律的研究而活躍於享保年間，其《七經孟子考文補遺》
著錄於四庫全書。❷❹

　　養子　　荻生金谷，徂徠後繼者，稱二代目荻生惣右衛門物道濟，

---

❷❸　平石直昭：前引書，p. 41。

❷❹　紀昀等〈七經孟子考文補遺提要〉：「七經孟子考文補遺二百六卷原本
　　題西條掌書記山井鼎撰東都講官物觀校勘詳其序文蓋井鼎先為考文
　　而觀補其遺也」，《文淵閣四庫全書》第一九○冊，臺北：商務印書館，
　　p. 1。

徂徠五十五歲時收兄春竹之子三十郎為繼子。

從以上概述可知，徂徠生於以武家政權為背景的時代，故述及其先祖亦以物部出身為豪，真實與否雖值得懷疑，不過令人誇耀的武家「家譜」似乎已成為江戶時代揚名立世的一項依據。又因此一武家時代偃武尚文，是以徂徠雖家傳以醫為業，最後卻以儒者之名顯赫一生。一生中雖有兩次婚姻及兒女五人，然皆先其而去，最終收其兄子為養子，亦可想見晚年家庭生活之寂寥，關於此將於後另述。

第二節　徂徠生涯之分期

荻生徂徠生於西元一六六六年至一七二八年，享年六十三歲，生於德川幕府以文治世之時代，此一時代之程朱學派、陽明學派、古學派、國學派等各依時代先後、文化及社會背景之變遷而專其所長各領風騷，徂徠雖為江戶時代名盛一時之儒者，然其與當時文儒大相逕庭，著書言說脫盡窠臼直指時弊，除程朱外即使同為古學派學者之伊藤仁齋亦為其批判之對象，其主張發揮經學合乎時務之實際效用，重視現實層面，而非高談玄妙理想而不切實際之俗儒，其創新之學說與以其為創始者的萱園學派引領江戶時代儒學新思想與新氣象，將傳統舊思想、觀念重新作一新的詮釋，否定當時各學派之說法而加以其個人新的詮釋並賦予新的時代意義，為日本從近世邁向近代化的過程中不可少之先行思想，可謂從舊思想中重建新時代的同時也將舊思想賦予新的生命，處於太平盛世卻為新舊時代之交替發揮了啟蒙性的前導作用，是以研究日本近代化思想者論述日本近代思想之思想根源時勢必對徂徠思想作一探討。

　　而徂徠之性格特質與思想之精神意涵，從其生涯中的生平事蹟、學習歷程、思想及學說之承傳與轉折中即可窺其大要。其弟子服部南郭的《物夫子著述書目記》中將徂徠著述年代略分為「初年」、「中歲」、「晚年」三個時期，❷如「又夫子中歲之作」或「又初年所作」或「又晚年作」等，而近來關於徂徠生平傳記之分期、論述與考證相關之研究，可參考內田智雄於〈關於荻生徂徠的著述（二）〉（同志社法學　第七十六號）、岩橋遵成之《荻生徂徠》、吉川幸次郎之〈徂徠學案〉（收錄於岩波書店出版《荻生徂徠，日本思想大系36》）、今中寬司《徂徠學の基礎的研究》、平石直昭《荻生徂徠年譜考》等相關論述。其中關於徂徠生平之分期則因學者所採取之角度與立場不同而有不同之分法。內田智雄於〈關於荻生徂徠的著述（二）〉（同志社法學　第七十六號）一文中將徂徠生涯概略分為以下三個階段：

　　⑴初年　　二十五歲到三十歲之間。

　　⑵中年　　三十一歲到五十歲之間。

　　⑶晚年　　五十一歲到六十三歲之間。❷

　　吉川幸次郎則以其學術中心為主，分為①以語學為中心之時期、②以文學為中心之時期、③以哲學為中心之時期等三個時期。吉川氏將此三個時期概略敘述如下：

　1.第一時期

　從幼時到四十歲左右，年號為元祿至寶永（即大約為二十至四

---

❷　服部南郭：《南郭先生文集》四編卷之六，收錄於《日本漢詩4》，東京：汲古書院，昭和60年5月，p. 367。

❷　內田智雄：〈關於荻生徂徠的著述（二）〉，轉引自今中寬司《荻生徂徠の基礎的研究》，東京：吉川弘文館，昭和41年9月20日，p. 46。

十歲之間),此期間徂徠先為私塾教師後為柳澤吉保之家臣並為五代
將軍綱吉之侍講, 儒學以朱子學為主, 文學亦以宋代文學為宗, 論
說未超脫宋學之範圍, 學術之中心立場則以語言學為首要。

　　2.第二時期

　　從四十歲至五十歲之間, 年號為寶永至正德, 此時隨著綱吉之
死、吉保失勢, 雖仍為柳澤家臣並受其俸祿, 然而以民間儒者之身
分與將軍家宣、家繼之輔佐者新井白石對立, 文學觀從宋轉而高唱
李攀龍、王世貞之「古文辭」, 而為文壇之得勢者, 儒學思想仍以
朱子學為主, 學術之中心以文學活動為主。

　　3.第三時期

　　大約從五十歲至六十三歲之間, 年號為享保, 儒學思想、文學
觀皆脫離以往之傳統, 隨著「古文辭」文學達到盛況之同時亦完成
其個人獨特之學說, 而蒙受將軍吉宗之厚遇, 此時則以哲學思想為
其學術活動之中心。❷

　　至於今中寬司於其《徂徠學の基礎的研究》一書中則以其四十
四歲寶永六年(1709年)成立徂徠學及開創蘐園為界限, 將徂徠生
涯分為前、後半生。理由是《蘐園隨筆》以朱子學立場否定並批判
仁齋古義學。其思想之方法及思維形式明顯的為徂徠古文辭學、復
古學之成立, 且成稿推定為寶永六年, 而徂徠私塾蘐園亦始於寶永
六年, 此年正為其離開柳澤侯藩邸定居日本橋茅場, 捨去仕官大名
儒者身分, 成為以古文辭學、復古學問世的民間儒者。❷ 今中寬司
《徂徠學の基礎的研究》中並述及影響其生活及學問之重要事件有

---

❷　吉川幸次郎:〈徂徠學案〉,收錄於《荻生徂徠,日本思想大系36》,東
　　京:岩波書店出版, 1983年8月10日八刷, p. 638。

❷　今中寬司: 前引書, pp. 38–39。

以下五點：

一、延寶七年（1679）、當時父荻生方庵為食祿二五萬石的
　　上野國館林侯德川綱吉的御側醫，因是連坐流謫上總國
　　長良郡二宮庄本能村，十一年徂徠一家在此南總之地。

二、元祿三年（1690年）、徂徠二十五歲、父方庵遇赦歸江
　　戶、徂徠從而歸還、寓居芝增上寺門前、講說為業。此
　　間處女作《譯文筌蹄》稿完成，徂徠文名高昇。

三、元祿九年（1696年）八月二十二日、應聘於老中武藏國
　　川越七萬二千三十石領主柳澤保明（後之吉保），元祿
　　十年為御用儒者，為吉保及將軍綱侍講對象。時徂徠三
　　十一歲。自此約十四年間，勤仕於柳澤藩邸。此間草定
　　《讀韓非子》、《讀荀子》、《讀呂氏春秋》、《孫子國字
　　解》、《吳子國字解》等，顯示出對各家諸子學說深切的
　　關心。接者如《古文矩》之詩文研究、《萱園隨筆》以
　　及儒學研究都開啟了新的面貌。特別是寶永六年（1709
　　年）成稿的《萱園隨筆》決定了徂徠作為儒者、文士的
　　名聲。

四、寶永六年（1709年）、徂徠四十四歲，因將軍綱吉去世，
　　六月三日罷免老中柳澤吉保，徂徠出柳澤藩邸定居江戶
　　日本橋茅場町而為民間儒者。徂徠萱園私塾始於此時。
　　然仍享柳澤侯四百石俸祿，繼而完成《憲廟實錄》編輯，
　　正德四年增為五百石，作為柳澤侯顧問儒者之地位不變。
　　此間、正德四年（1714年）公開發行《萱園隨筆》而為
　　當代第一等之儒者，特別是作為詩文社團的萱園亦達到

盛況。

五、享保元年（1716年）、 徂徠五十一歲、德川吉宗從紀州
　　入為第八代將軍，此時徂徠準備為幕府顧問，然因家宣、
　　家繼將軍時代政治顧問新井白石失勢以及柳澤吉保逝於
　　正德四年，意味著徂徠政治上的自由身分。自此至享保
　　十三年去逝的徂徠，政治上自由發言，述作如《太平
　　策》、《政談》之政治意見書，一方面在學問上捨棄朱子
　　學而有公然主張古文辭學和復古學之自由。此與吉宗政
　　治特別是其文教政策中打出的近代性意義的自由主義相
　　關連。此間先有徂徠主著《辨道》、《辨名》、《論語徵》，
　　接著相繼述作《大學解》、《中庸解》、《孟子識》等。完
　　成所謂名實相符的徂徠學。又、作為詩文社團的萱園不
　　只在江戶，其羽翼延伸至上方、西國、陸奧。㉙

關於徂徠生涯之分期，以上各說之主張皆有其理，然而本稿在此則
依上述列舉之歷程及相關重要事蹟分為以下三個階段：
　(1)求學時期　　五歲啟蒙至三十歲仕宦前。
　(2)仕宦時期　　三十一歲任職柳澤家至四十四歲去職為止。
　(3)自由學者時期　　四十五歲至六十三歲去世為止。

　1.求學時期

　　此一時期乃依照伊藤龜年《學則并附錄標註上》所述徂徠「五
歲識字、十歲能屬文、十四從父謫南總、志彌固、學彌勤、居總
紀會赦反東都、業儒」㉚為主要分期依據，此一時期可謂為其後來

─────────────

㉙　今中寬司：前引書，p. 37。

㉚　伊藤龜年：《學則并附錄標註上》，收錄於《荻生徂徠全集》第一卷，

功成名就之蘊育期，而「反東都、業儒」既指元祿三年（1690年）二十五歲以其父方庵獲赦並隨父自南總返回江戶之年起到仕官柳澤侯之前一年止。其中以儒為業，講學於芝增上寺門前，又因處女作《譯文筌蹄》而有文名，此五年間雖屬浪人時期，當可視為其仕宦之準備期。

2.仕宦時期

此一時期以元祿九年（1691年）三十一歲仕宦柳澤侯至寶永六年（1709年）四十四歲仕宦時期的十四年間為主，其於《徂徠集・卷二十一・與藤東壁第八書》中言及離開柳澤藩之景況曰：「昨日頓首百拜辭出藩門、僕蹴走所儈市中舍、則已薄暮矣」，❶ 以及《徂徠集補遺》〈得請罷授經〉一詩中所云：「工醴雖甘勞殺人」，❷ 不難想像徂徠此刻之心情與仕宦經歷之感受。此間除仕宦之外，學問思想則從伊藤龜年《學則并附錄標註上》所述：「夫子少學於家庭宗宋儒氏、中年得李滄溟王弇州之集而讀之、悟文章之道、乃盡棄其舊習、而專從事於古文辭、以之治經、大倡復古」，❸ 可視為其學問思想之轉換時期。

3.自由學者時期

此一時期以寶永六年（1709年）四十四歲離開柳澤藩邸定居於日本橋茅場町起至享保十三年（1728年）六十三歲時去世為止。其於《徂徠集・卷二十五・與朽土州書》中言及關於其任職柳澤藩邸

東京：みすず書房，1973年7月20日，p. 125。

❶　《徂徠集・卷二十一・與滕東壁第八書》，收錄於《日本漢詩3》，東京：汲古書院，昭和61年2月，p. 210。

❷　《徂徠集補遺》，收錄於《日本漢詩3》，p. 332。

❸　伊藤龜年：前引書，pp. 125–126。

之十五年間之景況為「六翮皆鎩、不鳴不蜚」， 而其去職後之景況
則是「縲絆雖存、樊籠忽脫、不侫所以強顏復出、消搖市中者、為
故吾尚在也」， 記述從束縛生活中解放出來傲骨未失，故「是豈有
所能復為乎、獨塊然自信已」。㉞四十四歲至五十歲之間雖未仕宦，
或因編輯《憲廟實錄》之公務，為柳澤侯顧問儒者之身分未變，俸
祿亦由四百石加至五百石，徂徠「祿隱」之印文的含義或者就是指
此一特殊情況。又其四十六歲之時創立萱園，四十九歲之時《萱園
隨筆》刊行，五十二歲時草定代表作《辨道》、《辨名》， 五十三歲
時草定經學方面之相關著作《論語徵》、《大學解》、《中庸解》、《孟
子解》等，而政治評論方面則先有五十一歲時草定之《太平策》以
及後來五十六、七歲左右草定之《政談》，此外尚奉幕府命記述《六
諭衍義》等校訂之文事，此期主要為無拘無束之民間自由學者之身
分外亦為幕府從事文事以及為其諮詢之對象。整體而言此一將近二
十年的自由之身可視為其獨樹一幟之思想的完成期。

當然人之生涯為不可分割的生命整體之延續，中間或有高潮起
伏或有風平浪靜也是因緣和合互為因果的，生平之分期只是為了檢
視其人生變化轉折之重點所在以便於對其精神特質、思想觀念、論
書著述之主張作一更清楚之解析。

依前述雖將徂徠生平概略分為求學時代、仕宦時期以及自由學
者三個時期，事實上彼此之間亦有介乎兩者之間者，比方說其早年
二十五歲時起於芝增上寺前的講學時代，一方面可視為其出道時期，
然而另一方面從其〈與伊仁齋〉書簡中所云：「後值赦東歸、則會
一友生新自洛來、語先生長者狀、娓娓弗置也、而益慕焉、迨見先
生大學定本語孟字義二書、則擊節而興以謂先生真踰時流萬萬」，㉟

㉞　《徂徠集·卷二十五·與杬土州書》，收錄於《日本漢詩3》，p. 258。

可知此時仍為積極的不斷增長見聞求取新知之時期，是以為方便起見，將其三十一歲仕宦柳澤家之前皆納入其求學時代。又，在此以其四十四歲時離開柳澤藩邸，遷居於日本橋茅場町開設私塾萱園起，除如前引〈與朽土州書〉中所述「樊籠忽脫……消搖市中者」外，其於《徂徠集・卷二十九・與悅峰第七書》中亦言「養痾城外市樓中、閑散自適」，❸故以此作為其自由學者時代之開始，然而事實上此時雖已離開柳澤藩邸但是仍領其俸祿，此時景況《徂徠集・卷二十九・與悅峰第八書》中云：「日唯偃臥元龍百尺樓上、而不干世間應酬之務者、業已一年有餘、其朝老藩也、亦唯一月之間不過三四次」，❸以及奉命參與《憲廟實錄》並因此加俸祿至五百石等，可知其雖為自由之身但是亦仍然執行幕藩交付之文事方面之公務。五十六歲左右奉命點訓《六諭衍義》，關於此一工作景況《徂徠集・卷二十・與猗蘭侯第十八書》中云：「祇不佞祇役靡鹽、鉛槧告勞、抱痾弗豫、藥石特曠。」❸以及《徂徠集・卷二十四・與墨君徽第五書》中所云：「不佞乃有六諭衍義之役、日趨執政者之庭、腰腹如杯圈、困頓之餘、歸乃偃臥一室之中、氣息厭厭焉」，❸可以想像徂徠因《六諭衍義》相關之工作而甚感疲憊。又從其《徂徠集・卷二十二・與爽鳩子方第九書》中自況為「一祿隱病夫、為法令所拘狼狽問舍、譬諸寄居蟲」，可知此時更須為居所遷移而操煩。❹因此，

❸　《徂徠集・卷二十七・與伊仁齋》，收錄於《日本漢詩3》，p. 283。

❸　《徂徠集・卷二十九・與悅峰第七書》，收錄於《日本漢詩3》，p. 313。

❸　《徂徠集・卷二十九・與悅峰第八書》，收錄於《日本漢詩3》，p. 315。

❸　《徂徠集・卷二十・與猗蘭侯第十八書》，收錄於《日本漢詩3》，p. 205。

❸　《徂徠集・卷二十四・與墨君徽第五書》，收錄於《日本漢詩3》，p. 249。

此時除了生計、自由著書立言之外，大半之精力亦投入公務之中。是以「祿隱」一語可謂道盡其雖無仕宦官方之實際身分確有執行公務領官方俸祿之實。然而此一時期之公務並未影響到其獨立思考創作之自由，甚至此一時期為徂徠學正式形成，且為徂徠個人獨特學說風靡之高峰時期，其學說之獨創性、精神特質與特色及對當世和後世之巨大影響，在當時皆難有與其匹配者，因此之故，在此將此一重要時期定為其自由學者之時代。

⓸ 《徂徠集・卷二十二・與爽鳩子方第九書》，收錄於《日本漢詩3》，
   p. 232。

第三章　徂徠的學思歷程

第一節　徂徠的求學時期（五歲啟蒙至三十歲）

　　從徂徠出生到三十一歲仕宦柳澤家，此三十年間，蓋可以分為啟蒙時期、流謫南總時期和授業講學時期三個階段。關於其求學過程大致上最早是從其五歲啟蒙起之家庭教育之薰陶和七歲左右入林家私塾為開始，之後影響其一生最重要的則是十四歲時隨其父方庵流謫南總，歷十一年後返還江戶之南總時代，至於其早年授業則是在二十五歲講學芝增上寺門前，並於第二年即二十六歲之時完成處女作《譯文筌蹄》初稿而名聲顯著，經歷五年授業講學後始於三十一歲獲聘柳澤家為儒臣止，此一期間其雖曾受業林鵝峰之門，然而卻因隨父流謫南總而使其在特殊環境之下成長並以獨立自學為主，是以，其能於往後力闢時流，獨創一說，皆與此南總時代獨立自學所培養出來之特有的學習方法與特殊氣質有關。因此此一時期實為其往後著書立說以及形成其影響時代思想觀念之基礎時期。以下則就其啟蒙之家庭教育和入門林家等之求學過程做一介紹。

㈠啟蒙時期

　　徂徠曾於四十六歲時〈與縣雲洞第二書〉中言：「僕至贛愚、少小親聞先大夫義方之訓、私心竊慕誦其詩弗衰者、四十年一日也」，❶ 由此推算大概可知其啟蒙之家庭教育應始於五、六歲左右。有關此一記載除前引伊藤龜年《學則并附錄標註上》所述：「為兒岐嶷、五歲識字、十歲能屬文」外，徂徠弟子太宰春臺亦於〈荻先生墓誌銘〉一文中云：「為兒岐嶷、五歲自識字、幼不與群兒遊、昂昂焉、十餘歲能屬文辭、喜與長老談論如成人、云云」，❷ 以上二文所述雷同且皆以五歲為其啟蒙，至於其幼時聰穎好學不同於一般幼兒之記載則從關西大學附屬圖書館泊園文庫所藏〈徂徠先生年譜〉中得知。年譜中記載自此時起始讀「經史百家之書」，「粗曉文義大意、而未曾受句讀、人皆奇之」，又相傳其「一日於窗下看人學圖、說甚樂之、家君問汝識字否、答曰否、止識一天人心等字耳、又問樂乎、答曰甚樂、家君乃嘆曰、斯兒之樂書、其天性乎」。❸

　　由上可知徂徠幼年時期除其天賦聰穎好學外，亦受其家庭教育之薰陶，特別是其父對其之影響，關於此可從方庵使其日錄口述筆記便可得知，《譯文筌蹄初編卷首》〈題言〉第五則云：「記予侍先大夫、七八歲時、　先大夫命予錄其日間行事、或朝府、或客來、

---

❶　《徂徠集・卷二十七・與縣雲洞第二書》，《日本漢詩3》，東京：汲古書院，昭和61年2月，p. 281。

❷　太宰春台：《紫芝園後稿・卷十一・荻先生墓誌銘》，轉引自岩橋遵成《荻生徂徠》，東京：名著刊行會出版，昭和57年2月27日，p. 106。

❸　關西大學附屬圖書館泊園文庫所藏〈徂徠先生年譜〉，轉引自平石直昭：《荻生徂徠年譜考》，東京：平凡社出版，1984年5月25日，p. 28。

說何事、做何事、及風雨陰晴、家人瑣細事、皆錄、每夜臨臥、必口授筆受、予十一二時、既能自讀書、未嘗受句讀、蓋由此故」，❹又由大約十歲之時自父方庵處聽得汋真之父親幼時奮勉之事、而大受鼓舞。故於〈與左汋真第一書〉中曰：「自不佞之髫齔侍先大夫膝下、聞尊府君讀書大醫塾中時事也、中夜壁外、尚琅琅吾咿響來遶夢寐三匝、起伺之、籌燈熒然射隙孔、蓋危坐挾書策達曙者、三年一日云、先大夫居常口娓娓道之弗置、即不佞雖弱植哉、心恆羨之」，❺此外《先哲叢談》卷六亦對其勤勉向學做了以下之描述：「徂徠看書向暮、則出就簷際、簷際亦不可辨字、則入對齋中燈火、故自旦及深夜、手無釋卷之時、其平生惜分陰者、率此類也。」❻

　　以上關於其幼年孜孜不倦之記載甚多，然而除了家庭教育外亦有其入林家私塾受業之記載，《萱園雜話》中言及徂徠七歲之時於林春齋處讀掛軸，春齋甚有所感，此時為徂徠入門林家之始，林家古入門名冊中記有徂徠之名。❼又《先哲叢談》卷一中亦記載以下之相關事項。

---

❹　《譯文筌蹄初編卷首》，《荻生徂徠全集》第二卷，東京：みすず書房，1973年8月30日，pp. 10–11。

❺　《徂徠集・卷二十七・與左汋真第一書》，收錄於《日本漢詩3》，p. 279。

❻　《先哲叢談》卷六，轉引自岩橋遵成：《荻生徂徠》，東京：名著刊行會出版，昭和57年2月27日，p. 113。

❼　「徠翁七歲の時、林春齋宅にて掛物を讀まれ、春齋甚感心せり、初は林家に入門せられしゆへ、林家の古き入門帳には徂徠の名もあり。」《萱園雜話》，收錄於《續日本隨筆大成4》，東京：吉川弘文館，昭和54年12月30日，p. 75。

或曰、物徂徠亦出鳳岡門、一日鳳岡過柳澤侯、侯使徂徠伴
接、鳳岡謂曰、聞女近倡異說以駁程朱、駁程朱猶恕之、然
其駁程朱者、乃駁思孟之漸也、至駁思孟則吾決不少假之、
徂徠頓首拜謝。❽

由以上所記「物徂徠亦出鳳岡門」以及林家入門名冊中有徂徠名字
或可推測其受業於林家之事為可信，然而若依平石直昭《荻生徂徠
年譜考》中所引述泊園文庫所藏《徂徠先生年譜》：「正月之末謁弘
文院學士林之道（「之道」既林春齋、鵝峰之字）受業，今年至來
年之臘，聽整宇（「整宇」既林鳳岡之號）子講書經」❾，則徂徠應
於十二歲時始入門林家受業於鵝峰，並聽鳳岡講《書經》。 於十三
歲時聽鵝峰講《西銘》，關於林家私塾徂徠於〈學寮了簡書〉中云：
「御家之儒者多處林家之流義……春齋時、學寮之教大抵全備、尤
見自道春傳來之家法……指南之致方立五科十等、五科曰經學科、
讀書科、詩科、文科、和學科」，❿ 又《政談》中亦記載曰：「春齋
當時居住於上野宅邸，宅邸之內當作學寮，弟子共計三十人，其教
立五科十等，言五科者，經學科・讀書科・詩科・文科・和學科也，
……凡分五科學文也，言十等者立十段階級……不失道春以來之
傳。」⓫

---

❽　《先哲叢談》卷一，轉引自岩橋遵成：《荻生徂徠》，東京：名著刊行
　　會出版，昭和57年2月27日，p. 107。

❾　《徂徠先生年譜》（泊園文庫收藏），轉引自平石直昭：前引書，p. 31。

❿　〈學寮了簡書〉，《荻生徂徠全集》第一卷，東京：みすず書房，1973
　　年7月20日，p. 565。

⓫　「春齋ハ其時分上野ノ下屋敷ニ居住シ、屋敷ノ內ニ學寮ヲ作り、弟
　　子共三十人計り付居タリ。其教方、五科十等ト言事ヲ立タリ。五科

　　而平石直昭《荻生徂徠年譜考》中記載徂徠十四歲延寶七年「正月十日宇學士諸生會南塾、賦詩各二首」如下：

　　　山悅鳥性
　　　和鳴春暖是知音　　　出入白雲深處林
　　　禽語相關仁者樂　　　山靈亦愛靜中心
　　　楊柳招□
　　　堪愛鵝黃綠未勻　　　萬糸嫋嫋引吟身
　　　□來因慣宮腰舞　　　招得遊人賞早春

鳳岡將其詩句刪改如下：

　　　和鳴春暖是知音→間關（綿蠻）互奏琴瑟音
　　　出入白雲深處林→風暖白雲深處林
　　　堪鵝愛黃綠未勻→酷愛鵝黃綠漸勻
　　　萬糸嫋嫋引吟身→萬糸曳曳慰吟身
　　　□來因慣宮腰舞→清風因慣宮腰舞⑫

由上引詩可見徂徠年少之時既已顯露其詩文方面之才氣，以及師承

　　　卜言八、經學科・讀書科・文科・詩科・和學科也……凡五科二分テ
　　　學文ヲサセタル也。十等卜言八、十段二階級ヲ立テ……道春ヨリノ
　　　傳來ヲ失ハズ。」《政談》，收錄於《荻生徂徠，日本思想大系36》，東
　　　京：岩波書店，1983年8月10日第八刷，p. 443。
　⑫　關西大學附屬圖書館泊園文庫所藏〈徂徠先生年譜〉，轉引自平石直
　　　昭：前引書，pp. 32–33。

之關係。不過關於其師承則有另一種說法，岩橋遵成於其《荻生徂徠》中引述《近世叢語》卷六太宰春臺之言曰：「伊藤仁齋有不可及者三焉、曰學不由師傳、曰不仕、曰有子東涯、物徂徠不有一於此」，❸相較於徂徠與仁齋，無子當屬徂徠一生之憾，仕宦對徂徠而言雖終究不能施展其抱負但亦應不違其出處之道，如其父方庵去世時依國制服喪五十日後即刻返仕，是以徂徠云：「利祿所絆、不能棄官終遵周孔之遺制、國制寧五十日、纔畢就出示了衙門、雖然如此、心裡有些不安」，❹由是可知徂徠是心在魏闕的，至於有無師承在江戶重視世系與背景的時代亦應是不可或缺之參考資料，否則其於家譜中就無須將祖先之淵源遠溯至不可考信之傳說時代了。因此之故，太宰春臺的「不可及者三焉」之說法或為挖苦或調侃亦不可知。❺

㈡流謫南總時期

然而就在徂徠十四歲之幼年發生了影響其父方庵因獲咎於主君德川綱吉而遭放逐之事件，於是全家被流配至上總國長柄郡二宮庄本能村（一作上總州長良郡二宮庄本納村），時為十一月五日，而本納村為母兒島氏之娘家鳥居氏之所在，而其母於流謫後未幾既於次年二月去世、葬於同村之箕澤、號朝雲院。❻至於方庵獲咎之理由多無從考起，一說為綱吉公為館林侯時、命方庵伴隨歸其封地，

❸ 《近世叢語》卷六，轉引自岩橋遵成：前引書，p. 107。

❹ 石崎又造：《近世日本における支那俗語文學史》，轉引自平石直昭：前引書，p. 60。

❺ 岩橋遵成：前引書，p. 108。

❻ 平石直昭：前引書，p.33。

然方庵不從是以獲咎，不過《萱園雜話・第六》則云：「徂徠翁之親方庵、本憲廟御醫、位法眼、為貞固之人、故得憲廟寵愛、然因同僚讒言、故謫上總」，**⑰** 上總即徂徠所謂「南總之野」，相當於今千葉縣茂原市西部，屬於房總半島脊梁線以東近海之地，為草長木深之鄉間田野。而此十一年之久的鄉間生活與江戶繁華生活之差異對徂徠而言自有極其深刻之體悟與感受，四十一歲之時奉主君之命與田中省吾往赴甲斐國，後於所著〈峽中紀行〉下中回想幼年流放南總時代的生活曰：

> 日夜奔走窮山谷間、與牧豎耕夫伍、被長稼穡之所艱難、十數年間、其所餬口四方者、大氐盤中堆盛藜藿芹藻、荒歲則草根樹皮居其大半、糅以半掬許菽麥、其所貢公上香稻白秔、悉皆眼飽而口未熟。**⑱**

而此上總時代雖僻處窮鄉僻壤，確為其在無師無友之情況下自立苦學，樹立個人獨特之讀書方法之時期，《徂徠集・卷十一・送岡仲錫徙常序》；

> 余幼從先大夫、遷於南總之野、距都二百里而近、然諸侯所不國、君子是以弗居、乃田農樵牧海蜑民之與處、性好讀書、

---

⑰　「徠翁の親方庵は、もと憲廟の御側醫師にて法眼にまでなられしが、貞固直なる人ゆへ憲廟きつう寵し玉ひしが、同僚にそねむ者あり、色色讒せしゆへ、上總に謫せられたり」。《萱園雜話》，收錄於《續日本隨筆大成4》，東京：吉川弘文館，昭和54年12月30日，p. 65。

⑱　《徂徠集・卷十五・峽中紀行下》，收錄於《日本漢詩3》，p. 154。

書無可借、無朋友親戚之雖者、十有二年矣、當其時、心甚
悲以為不幸也、然不染都人士之俗、而嫺外州民間之事、以
此讀書、所讀皆解、如身親踐、及後遇　赦得還、乃與都人
士學者相難切、寡陋之學、或能發一識、時出其右、由是遂
竊虛譽于海內者、南總之力也、假使予有天幸、而生不離都
下、何以能爾、亦唯得都人士而已矣、故予嘗謂、南總沐
憲廟恩者、為多於藩邸接見時、為是故也。⑲

以上述及此時「心甚悲以為不幸也」，　可是卻因不染都市奢迷浮誇
之流俗且能實際體驗民間疾苦，因此所讀之書皆得以親身體驗融會
貫通，其志識亦能超脫江戶都會之學者之上，凡此總總皆因得力於
此一時期，是故此「南總」時代「沐　憲廟恩者」實乃大過「藩邸
接見時」，是以徂徠認為讀書應「宦學千里、宦游萬里」，「異方山
川、秀特之氣、得諸遇而發于文章者、不其然乎」，　因此其批評不
知民間鄉野之都市學者如夏蟲之不可語冰者，其曰：「今都人士、
匏繫此土、而沈淫此俗、以此讀書、求識古今之事、其耳目所未嘗、
其何以能識之哉、習培塿以為山、問山不知、習污洼以為水、問水
不知、諺曰、夏蟲疑冰、以胸臆所無也」，⑳又曰：「其俗勝都下遠
甚、其山常山峨峨、其水大海洋洋、問山亦知、問水亦知、問諸外
州事、民間疾苦、行將悉知、以此讀書、何書弗解」，㉑由此文既可
知徂徠著重實際生活體驗與知識之結合。而其晚年《政談》中亦述
及「某幼少居田舍、十三年住上總之國」等之生活經驗，㉒可知其

---

⑲　《徂徠集・卷十一・送岡仲錫徙常序》，收錄於《日本漢詩3》，p. 110。

⑳　《徂徠集・卷十一・送岡仲錫徙常序》，收錄於《日本漢詩3》，p. 110。

㉑　《徂徠集・卷十一・送岡仲錫徙常序》，收錄於《日本漢詩3》，p. 110。

對鄉野純樸耿直風氣一直抱持著肯定之態度，是以徂徠自言為「狂生」「狂奴」或「斥跎之士」，足跡遍及兩總及安房山野之間，然其亦曾作詩「田家即興二首」，感嘆民間受都市奢靡之風氣之影響，如下：

　　其一
　　田家女子厭蠶桑
　　多學東都新樣粧
　　恰是年年官債重
　　賣身好與遊冶郎
　　其二
　　春風村落沸繁絃
　　日日江東米賤價
　　為是昇平多樂事
　　還教父老恨豐年❷

　　從以上二首詩中可看出其對民間風俗受都市享樂生活習染之感慨，又其於〈記義奴市兵衛事〉一文中述及農民生活之疾苦曰：「且夫　官家之租不薄、田主之稅愈刻、凡為佃客者、蔾藋弗粒、繿縷露肩、居則苫藁為坐、動則犁鑊之從、炎畦、雪蓑、晨牧宵綯、歲無虛日、日不虛刻、而其可以展布四肢、而償一日之勞者、唯在夢寐半枕之餘耳」，接著述及農民唯一之樂趣則曰：「而其可以暢舒

❷　「某幼少ヨリ田舍へ參リ、十三年上總國二住テ」。《政談》，收錄於《荻生徂徠，日本思想大系36》，p. 290。

❷　《徂徠集》卷五，收錄於《日本漢詩3》，p. 49。

精神、而取半晷之快者、唯在伉儷一床之上耳。」❷可謂對農民生活
之疾苦有相當深刻之體驗。

此時除了民間實際生活體驗外、在讀書方面獲益最大者則是以
《大學諺解》與《標註書》二書為主、《譯文筌蹄初編卷首》〈題言〉
第一則曰：「予十四流落南總、二十五值赦還東都、中間十有三年。
日與田父野老偶處、尚何問有無師友、獨賴先大夫篋中、藏有大學
諺解一本、實 先大夫仲山府君手澤、予獲此研究、用力之久、遂
得不藉講說、遍通群書也」、❷由上可知其幼年時代在無師傳授無友
切磋的情況下獨力自修、特別是在文章修辭方面用力之深、為往後
提倡古文辭學奠定深厚之基礎。文中稱父為「先大夫仲山府君」故
知此時方庵已去世、《譯文筌蹄初編》六卷刊於正德五年（1715年）
正月五十歲之時、岩橋遵成《徂徠研究》中以林鵝峰〈自敘譜略〉
寬永年九壬申條中有「見先考所作大學諺解云云」之記載而認為《大
學諺解》應為林羅山所著、今中寬司《徂徠學の基礎的研究》亦依
此說、但因林羅山著作目錄中未見記載、故解釋為或者《大學諺解》
就是《大學抄》、因為抄和諺解都屬於解說書的一種、《大學諺解》
應屬純粹朱子學立場的解說書、此書徂徠親炙十年之久、是以可知
徂徠對朱子學之研究絕非一朝一夕、往後倡復古學說並得批判朱子
學之正鵠不是沒有因的。❷對於《大學諺解》究竟是否為林羅山
之著作？吉川幸次郎〈徂徠學案〉中則提出相反之看法、認為《大
學諺解》應為「四書」之一的《大學》的朱子學的注釋書、既以中

---

❷　《徂徠集‧卷十一‧記義奴市兵衛事》、收錄於《日本漢詩3》、p. 118。

❷　《譯文筌蹄初編卷首》〈題言〉、《荻生徂徠全集》第二卷、東京：み
　　すず書房、1973年8月30日、p. 3。

❷　今中寬司：前引書、pp. 48–49。

國口語的儒者之注釋而非林羅山以日語講釋為體裁之國字解，㉗以上兩種說法似皆有其理，然而若從其《譯筌》〈題言〉中所云「予獲此研究、用力之久、遂得不藉講說、遍通群書」、「予惡講」、「十一二時、既能自讀書、未嘗受句讀」以及〈題言〉本身中所提倡反對和訓之學習方法而強調其學習方法為「譯學」來推論的話，此書之性質當屬後者，既屬中國口語的儒者之注釋之性質，如此纔與其徂徠學之發展脈絡相吻合。

又、野本定物曾撰文曰：

> 余嘗讀譯筌題言曰、在南總時、獨藏用大學諺解一本、以為窮僻之地、乏書如此乎、又以為、先生一時勸勉蒙生之言也、及閱此書、不覺敬起曰、先生精力之所用、其卓越於千古、誠不誣矣……又聞先生少而居田間、山巖屋壁之藏、適獲之牧豎之筆、乃手抄目錄以當拱璧耳、中間還東都、每獲一奇書、解衣縮食、以易之商賈、於是乎二酉之藏不啻也、最後撿括諸故書、少壯之所抄錄、與蠹嚙鼠侵、悉併焚之、此書在焚之中、香谷上人在傍請之、先生曰、持去矣、此南總之舊物、後足見予之所以勤也……此可以概先生南總時、又知東歸之奮、夫後之閱此書者、知先生之不我欺也、學之可以已哉。㉘

㉗　吉川幸次郎：〈徂徠學案〉，收錄於《荻生徂徠，日本思想大系36》，p. 645。

㉘　《萱園雜話》，收錄於《續日本隨筆大成4》，東京：吉川弘文館，昭和54年12月30日，p. 104。

由上文所述實可知從《大學諺解》一書足以印證其用功之勤。此外，除了《大學諺解》同為南總流謫中使徂徠獲益匪淺的就是宇都宮遯庵之《標註書》了。《徂徠集・卷二十七・與都三近》中云：

> 始自不佞茂卿幼讀書海上、蜒戶鹾丁之錯處、雖有疑義、其孰從問決焉、迨乎得先生所為諸標註者以讀之、迺曰、吁是惠人哉、二十五六時、還都教授、諸生貧窶者、其所旁引它經史子集、及稗官諸小說、率粲然可聽、退省其私、亦皆資諸先生所為云、不佞嘗論說先正夫子有大功德於斯文者而言曰、昔在邃古、吾東方之國、泯泯乎罔知覺、有王仁氏而後民始識字、有黃備氏而後經藝始傳、有菅原氏而後文史可誦、有惺窩氏而後人人言、則稱天語聖、斯四君子者、雖世尸祝學宮可也、今併先生而五矣……不費十金中人產、而四部書、其要與玄可鈞而致之、是豈不先生之所惠及窮邑子弟者廣邪、古時州縣各有童子師、而今先生所為標註者、獨布在海內、是先生一人之身兼之邪、是足不涉天下、而天下皆賴之。❷⁹

由上可知徂徠在自學過程遇到疑義而能使其解惑的唯有宇都宮遯庵的《標註書》了，其重要性可與王仁、吉備、菅原、惺窩四君子並稱為五君子，由是可見徂徠對其推崇之高，而因其《標註書》「獨布在海內」使學子們「足不涉天下、而天下皆賴之」。 然而《標註書》究竟為何？今中寬司《徂徠學の基礎的研究》中分析有以下幾種可能：1.孝經大義詳解二卷、2.小學句讀口義詳解十四卷、3.近思錄首書十四卷、4.杜律集解詳說十八卷、5.蒙求詳說十六卷、6.

❷⁹ 《徂徠集・卷二十七・與都近三書》，收錄於《日本漢詩3》，p. 282。

錦繡段首書三卷、7.三體詩絕句詳解二十三卷、8.古文真寶前集首書增註八卷、同後集七卷等，以上多為與宋學相關之儒書、中國詩文集、文詩辭典之類，為徂徠古文辭學、復古學不可缺之基礎研究❸。

　　相關於徂徠南總時代之記載其於享保九年（1724年）五十九歲之時亦於《徂徠集・卷九・復軒板君六十序》一文之中云及此時遊歷之生活：

> 不侫茂卿、十四五時、從先君子、東游于房總、總之南、蓋有帆丘之山云、迺板倉氏之虛也、荒廢百年、城復于隍、然其顛猶有壘壁臺池之遺、隱隱可睹已、左控高原、又帶灄水、東鶩以踞屬鄉二十有四、可俯窺焉、外之九十九里之沙、大海銜之、遙碧彎彎然、風雨或晦、滔天之濤、若蹴林杪以來者焉、時時陟其顛、以眺日月之所緣出、雲物之所儵忽變眩、颯飀飀然以來、其下彷彿乎若有蓬萊靈仙之宅、神之與往、冀之不可得也、惘惘然以下、下則或與鄉父老相語、頗有能道勝國時事者、偉其戰績、歷歷指言之、若在目也、悵然以想。❸

從上述所引大致可窺徂徠於南總時期之學習環境與學習對象，此時之總總體驗非但未使其受鄉野之侷限，反而開闊其視野，養成獨特之見解與自學之獨立性，對其成就往後之學說與批判之性格自有深遠而不可磨滅之影響，綜上所述此求學時代所讀《大學諺解》、遜庵《標註書》為其打下中國古典語學研究之基礎，並由此語學之基

---

❸　今中寬司：前引書，p. 50。

❸　《徂徠集・卷九・復軒板君六十序》，收錄於《日本漢詩3》，p. 88。

礎開拓後來之古文辭學與復古學說進而從古文辭之解讀上批判宋學
之錯誤，成為徂徠學發展之根本方法，而其處女作《譯文筌蹄》即
屬於語言辭典之性質。

㈢授業講學時期

元祿三年（1690年）徂徠二十五歲之時父方庵遇赦歸江戶，徂
徠亦隨父返江戶並於芝增上寺門前以講學為業直到元祿九年（1696
年）仕宦柳澤家為止，此二十五歲到三十歲之間未仕宦的講學時期
可謂是浪人時期，而元祿三年庚午孟秋之日即自南總歸江戶之前作
七言律詩一首：

> 修竹茅齋過雨涼 　　垂帷棐几對秋光
> 芙蓉出水照初日 　　蘭菊著霜搖曉芳
> 隔澗清猿伴明月 　　映門紅葉帶斜陽
> 西風惆悵故人遠 　　一擲禿毫一斷腸 ❷

詩中描寫景物似為南總風光，而此詩題於〈唐詩訓解序〉之後，詩
中云「芙蓉出水照初日」，似乎暗喻徂徠自南總返還有如「芙蓉出
水照初日」，從其門人東野〈萱園隨筆序〉中所云「徂徠先生其芙
蓉白雪耶」、「見堭堁天際者芙蓉已、則芙蓉大乎天下」、「逮虖芙蓉
一晴、初日始湧、皓崿偃蹇、眾美皆廢」、「莫非為芙蓉之增其勝者
也」❸ 等文句中亦可知以芙蓉比擬徂徠並印證其往後之功成名就。

---

❷　《萱園雜話》，收錄於《續日本隨筆大成4》，p. 104。

❸　安藤東野：〈萱園隨筆序〉，《荻生徂徠全集》第一卷，河出書房新社，
　　1973年2月28日出版第一刷，p. 461。

　　然而初返江戶時之生活景況依岩橋遵成引述《先哲叢談》卷六之記載，似乎此時景況尚靠他人接濟，與此時貧困記載相關的資料有《文會雜記》、《近世叢語》、《萱園雜話》等，《先哲叢談》卷六之記載如下：

　　　　初卜居于芝街、舌耕殆不給衣食增上寺前有腐家憐徂徠貧而有志、日饋腐查、後至食祿月贈米三斗以報之。㉞

　　又，《萱園雜話》云：

　　　　徠翁出江戶時占易得掛云否之九五繫于包桑、桑若為桑門僧徒、既自是為增上寺僧徒講釋。㉟

　　徂徠此時寓居豆腐屋，功成名就之後，因不忘當年豆腐屋之接濟而回饋豆腐店，此一因緣即往後傳為美談之「徂徠豆腐」。㊱

　　此五年浪人期間之講學依《徂徠集卷・二十七・與都近三書》一文中所述可知蓋以宇都宮遯庵的標注類為範本依據，〈與都三近書〉：

㉞　《先哲叢談》卷六，轉引自岩橋遵成：前引書，p. 117。

㉟　「其前徠翁江戶に出らるる時易にて占れけるに、否の九五繫于包桑に云卦を得たり。桑は桑門僧徒のことなれば、是より增上寺の僧徒に講釋などいたされしとなり」。《萱園雜話》，收錄於《續日本隨筆大成 4》，東京：吉川弘文館，昭和54年12月30日，p. 66。

㊱　《文會雜記》卷之二上，收錄於《日本隨筆大成14》，東京：吉川弘文館，昭和50年12月20日，p. 238。

二十五六時、還都教授、諸生貧窶者、其所旁引它經史子集、
及稗官諸小説、率粲然可聽、退省其私、亦皆資諸先生所為
云。❸❼

同時約三十歲左右因讀仁齋《大學定本》、《語孟字義》而深有所感。
《徂徠集·卷二十七·與伊仁齋》:

後值赦東歸、則會一友生新自洛來、語先生長者狀、娓娓弗
置也、而益慕焉、迨見先生大學定本語孟字義二書、則擊節
而興、以謂先生真踰時流萬萬。❸❽

當然自南總返回江戶難免會對都會武士生活感到相異之處,關於此,
可從《政談》中略窺一二。❸❾ 除此以外此時最重要的即元祿四年
(1691年)二十六歲時處女作《譯文筌蹄》之完成,《譯筌初編》
除〈卷首〉外共六卷,蓋為字解,正德一年(1711年)刊行之時(一
說刊行於正德五年)被譽為「學海之津梁、文途之指南」,〈卷首〉
記「徂來先生口授　武陵　吉有鄰臣哉甫筆受」,有〈題言十則〉,
其自序成立經緯如下:

---

❸❼　《徂徠集·卷二十七·與都近三書》,收錄於《日本漢詩3》,p. 282。
❸❽　《徂徠集·卷二十七·與伊仁齋書》,收錄於《日本漢詩3》,p. 283。
❸❾　「當時ハ御奉公ノ筋ニテモナク、傍輩中ヘ自分ノ見舞ニ步行ヲ勤ト
　　名付テ出ル樣ニ成タリ。某田舍ヨリ出タル砌リ、聞ナレヌトキハ、
　　腹ノ皮痛クヲカシクテコラヘ兼タリ」。《政談》,《荻生徂徠,日本思
　　想大系36》,p. 390。

是編、予二十五六時所口說、僧天教、及吉臣哉、筆受成帙、
以今視之、一如老姆師誨痴騃女兒、其口諄諄然不能自已、
而蒙生傳寫、無脛走千里外、洛中來者、往往說家享拱璧、
珍襲帳中、不啻中郎論衡矣、近者剞劂氏、懇求上木、以息
毛穎脫帽屢謝之勞也。❹

又其針對以往以和訓學習華文，認為和訓實際上與翻譯無異並不是
訓詁，是以其言「曰和訓曰譯、無甚差別」，並批評此種讀書方法無
異是隔靴搔癢，其於〈題言〉第二則：

此方學者、以方言讀書、號曰和訓、取諸訓詁之義、其實譯
也而其人不知其為譯矣、古人曰、讀書千遍、其義自見、予
幼時、切怪古人方其義未見時、如何能讀、殊不知中華讀書、
從頭直下、一如此方人念佛經陀羅尼、故雖未解其義、亦能
讀之耳、若此方讀法、順逆迴環、必移中華文字、以就方言
者、一讀便解、不解不可讀、信乎和訓之名為當、而學者宜
或易於為力也、但此方自有此方言語、中華自有中華言語、
體質本殊、由何脗合、是以和訓迴環之讀、雖若可通、實為
牽強、而世人不省、讀書作文一唯和訓是靠、即其識稱淹通、
學極宏博、倘訪其所以解古人之語者、皆似隔靴搔癢、其援
毫慮思者、亦悉侏儷鳥言、不可識其為何語。❹

---

❹　《譯文筌蹄初編卷首》，《荻生徂徠全集》第二卷，東京：みすず書房，
　　1974年8月30日，p. 3。

❹　《譯文筌蹄初編卷首》，《荻生徂徠全集》第二卷，p. 4。

因此徂徠主張「故學者先務、為要其就華人言語識其本來面目」，因其認為語言隨時代變遷，能知其言必知其時代，是以其曰：「予讀三代以前書、人情世態如合符契、以此人情世態作此言語、更何難解之有也、書、唯六經為至奧眇者、而詩風謠歌曲、典誥榜諭告示、春秋爛朝報、禮為儀註、易即卦影發課、假使聖人生於此方、豈能外此方言」，❷因此其特別強調不用以往和訓譯文之方法，是以其言「能譯其語、如此方平常語言、可謂能讀書者矣」，並以此為《譯文筌蹄》開卷第一義。

接著其強調此一「譯」字之好處曰：「且俚俗者、平易而近於人情、以此而譯中華文字、能使人不生奇特想、不生卑劣心、而謂聖經賢傳、皆吾分内事、左騷莊遷、都不佶屈、遂與歷代古人、交臂晤言、尚論千載者、亦由是可至也、是譯之一字、利益不少、孰謂吾好奇也哉。」❸

徂徠因強調此一學習方法之重要，是以其對其時著重講釋之風尚亦作批評，並云「予惡講」，同時詳細分析「其害十也」，並云「十害為母、百弊孳生、故予嘗為蒙生定學問之法、先為崎陽之學、教以俗語、誦以華音、譯以此方俚語、絕不作和訓迴環之讀、始以零細者、二字三字為句、後使讀成書者、崎陽之學既成、乃始得為中華人、而後稍稍讀經子史集四部書、勢如破竹、是最上乘也」。❹

〈題言〉最後則云：「古云、通古今謂之儒、又云通天地人謂之儒、故合華和而一之、是吾譯學、合古今而一之、是吾古文辭學、此等議論、大似與是編沒交涉、其實亦大有關係存焉、故此附言

---

❷　《譯文筌蹄初編卷首》，《荻生徂徠全集》第二卷，p. 6。

❸　《譯文筌蹄初編卷首》，《荻生徂徠全集》第二卷，p. 7。

❹　《譯文筌蹄初編卷首》，《荻生徂徠全集》第二卷，p. 9。

爾。」❹由上所述可知徂徠自言其學為結合日語與華語之「譯學」以及結合古今之「古文辭學」，由此吾人概可知其學之發展脈絡與根基了。事實上徂徠亦因《譯筌》而名聲遠播，又從以下記載可知其廣受重視之程度。

《萱園雜話・第一八》：「山君彝本在洛時為仁齋門人、見譯文筌蹄、夫千里獨步謁徂徠」。❹

《徂徠集・卷二十五・答島叔謙》：「譯筌、迺村夫子教小兒號嗄語、何足以掛大方齒牙哉」。❹

《徂徠集・卷二十六・與江若水書第九》：「足下欲以譯筌上仙洞、是乃家塾中教童子語、何以上干天威、而能無惶恐邪……」。❹

《徂徠集・卷二十八・復安澹泊第三書》：「譯筌一書、不侫二十四五時、從學之士、錄不侫口語、其後十年許、頗有增損、現今印行、若夫寫本、則舊稿耳、要皆兔園冊了、豈足掛齒牙乎。」❹

《譯文筌蹄》內容為前後編和三四九綱目，收錄二四三四字之辭典，揭示字音、字解、用例等以便於作詩作文或讀書，其名「筌蹄」正如《莊子・外物》中所云「筌者所以在魚」「蹄者所以在兔」，❺正好說明了此書為名實相符之最佳工具書。

---

❹　《譯文筌蹄初編卷首》，《荻生徂徠全集》第二卷，p. 15。

❹　「山君彝は本仁齋門人にて、洛に在し時、譯文筌蹄を見て、夫より千里獨步して徂徠に謁せしとかや」。《萱園雜話・第一八》，收錄於《續日本隨筆大成4》，p. 67。

❹　《徂徠集・卷二十五・答島叔謙》，收錄於《日本漢詩3》，pp. 265–266。

❹　《徂徠集・卷二十六・與江若水第九書》，收錄於《日本漢詩3》，前引書，p. 273。

❹　《徂徠集・卷二十八・復安澹泊第三書》，《日本漢詩3》，p. 299。

❺　《莊子・外物》。

第二節　徂徠的仕宦時期（三十一歲仕官至四十四歲去職）

此一時期以元祿九年（1691年）三十一歲仕宦柳澤侯至寶永六年（1709年）四十四歲仕宦時期的十四年間為主，此一期間徂徠雖然是柳澤家之文臣，然而實際的境遇不過是柳澤家裝飾門面之「家飾」❺¹，在此情況限制之下就不能期望在政治上發揮對為政者之影響力或政治抱負了，而隨著改朝換代，綱吉的死、柳澤的失勢，徂徠也因離開此一環境之偏限而有自由發揮其思想之空間，此一改變可說是徂徠從裝飾性的文儒學者身分轉型為開創新觀念影響後世之思想家，《萱園隨筆》、《太平策》、《學則》、《答問書》、《辨道》、《辨名》、《論語徵》等主要著作皆屬離開宦途之後所完成，不過此段仕宦期間從事唐話、唐音之研究，以及與李王古文辭之接觸已引發其對宋學之質疑與不滿，或許礙於綱吉與柳澤對程朱學之崇敬而未公開批判，不過在回復自由之身後也就無所顧忌的批判宋學提倡古文辭學了。總之，此一時期可視為其早年與晚年思想抗衡與轉換之過渡時期。以下就其① 仕宦柳澤家之經歷、② 對仕途之看法與志向之確立、③學問思想之奠定與轉變作一介紹。

㈠仕宦柳澤家之經歷

徂徠自筆〈由緒書〉中云及其仕宦柳澤家之原由為「元祿九子

---

❺¹　「家の飾り惣右衛門」，《柳澤家秘藏實記》，轉引自今中寬司：《徂徠學の基礎的研究》，東京：吉川弘文館，昭和41年9月5日，p. 68。

八月二十二日、以學術為出羽守所聘、領拾五人俸祿」，[52]同書中並云同年九月十八日常憲院（既將軍綱吉）蒞臨出羽守（既柳澤保吉）處，徂徠因此初次得以面見將軍，拜聞將軍講釋和觀賞能劇等，又被詢及司馬溫公疑孟之得失議論，同時也與當時朱子學之代表林大學頭相問難，並獲賜時服，之後每月三次登城拜見參與講釋，觀賞能劇亦每年二三次，同年十一月九日並奉召登城於桂昌院（綱吉母）前討論性字並領受紗綾三卷，此後常憲院與桂昌院蒞臨松平美濃守（即柳澤吉保）處，議論周易之道理，有與護持院大僧正容隆光議論三密具闋之法問，由上可知徂徠常伴於殿中與君臣議論學問，而每每獲得賞賜且不能一一詳記，有一次在拜聞後獨徂徠一人露出不甚理解的樣子，將軍見狀責問命徂徠趨前回答，徂徠謹慎奉答並獲讚許而自將軍手中親自領受所賜印籠等，除了君臣同堂討論學問之外徂徠亦奉命為文照院小姓眾之學問指導，以及為御內服務等。[53]

　　如〈由緒書〉中所云徂徠因學問入仕柳澤家，然此亦與綱吉提倡文學，使文學遊藝化之文飾政策有關，因綱吉在政治上雖屬獨斷跋扈，但是在文事因好附庸風雅被稱作「將軍藝」，是以文藝之風盛行，而柳澤吉保為其寵臣，原名保明後特賜「吉」字而為吉保，與護持院大僧隆光同被寵信而被史家評為佞臣，[54]彼此皆互相勾結以投其所好。由上〈由緒書〉中綱吉多次蒞臨柳澤藩講釋儒書，徂徠以陪席身分每月三次登臨城中聽講，蓋可知獎勵文學之文治政策。

　　至於徂徠能入仕柳澤家，依據《武門諸說拾遺》之記載是因增

---

[52]　〈親類書由緒書〉，轉引自今中寬司：前引書，p. 65。

[53]　〈親類書由緒書〉，轉引自今中寬司：前引書，pp. 65–66。

[54]　「真希世之佞才、萬代之污吏」，鄭學稼：《日本史》（四），黎明文化事業，66年1月15日出版，p. 114。

上寺大僧正了也和尚向將軍綱吉推崇徂徠之學問，柳澤遂依將軍之命聘徂徠，❺❺增上寺了也和尚之所以推薦徂徠正因為徂徠二十五歲返還江戶時即講學於增上寺並於二十七歲時完成《譯文筌蹄》深獲好評之故吧，除此以外其父方庵為綱吉御用醫師，或與其父之影響有關亦未可知，如徂徠於《徂徠集卷二十一・與縣次公第二書》中所云：「　憲廟又以先大夫之故、時時召見、校藝御前、拜賜沐恩。」❺❻在徂徠自入仕柳澤家前的同一年其父方庵先為幕臣小普請後任藩醫，第二年由藩醫轉升為奧醫之職並敘法眼之位。

　　徂徠自入仕柳澤家之後俸祿逐年增加，關於其增俸記載如下：

> 元祿十丑（1697年、32歲）九月十八日增加十人俸祿。
>
> 十三年辰（1700年、35歲）正月十九日俸祿兩百石。
>
> 十五午年（1702年、37歲）十二月十八日記錄（柳澤家《禪錄護法常應錄》）完成因功加俸百石為三百石。
>
> 寶永二酉年（1705年、40歲）三月十九日加俸五十石為三百五十石。
>
> 寶永三戌年（1706年、41歲）四月二十七日完成勅序護法常應錄加俸五十石為四百石。❺❼

　　由上可知，於柳澤家的十四年間徂徠俸祿每隔兩三年便增加並

---

❺❺　《武門諸說拾遺》，轉引自岩橋遵成：《荻生徂徠》，東京：日本名著刊行會出版，昭和57年2月27日，p. 120。

❺❻　《徂徠集・卷二十一・與縣次公第二書》，《日本漢詩3》，東京：汲古書院，昭和61年2月，p. 217。

❺❼　〈親類書由緒書〉，轉引自今中寬司：前引書，p. 66。

由最初的十五石增至四百石，顯示徂徠此一方面之才幹獲得認可，
非但如此在寶永六年柳澤失勢，徂徠離開藩邸之時，柳澤囑徂徠定
居江戶中便於以學術廣交並廣羅書籍，同時也期許其為日本無雙之
名儒，❺姑且不論史家對將軍綱吉或柳澤之評價如何，由徂徠仕宦
之經歷可知將軍對徂徠之恩寵與柳澤對徂徠提攜與知遇之恩，如其
弟子太宰春臺於《紫芝園後稿卷十二・與子遷書》中既云：「以命
世之才、雖勤勞侯家、非柳澤公之知遇、則先生之窮達為可知
也」，❺是以岩橋遵成於《荻生徂徠》中將徂徠與吉保之關係比擬於
藤原惺窩之於赤松侯；林羅山之於家康公，其曰：「徂徠為天下之
徂徠、實以柳澤吉保的勃興、因其拔擢為最大之因由、恰如藤惺窩
之於赤松侯、林羅山之於家康公、又如山崎氏之於保科侯之關係、
其為柳澤氏所識、與所謂蛟龍之得雲同、其天稟之才能於茲得以充
分的發揮。」❻不過徂徠雖獲賞識但卻未以此為榮，反而認為是藩侯
因他而榮，如《徂徠集拾遺・與縣次公》中云：「不知者則以為茂

---

❺　「寶永六年(1709)丑年三月二十四日、美濃守樣格段之存ヲ以町宅申
　　付江戶中ニ罷在、學術ヲ以守廣致突合、書物等數多手ニ入所持之イ
　　タシ、日本無雙之名儒之聞モ相立」、〈親類書由緒書〉，轉引自今中
　　寬司：前引書，p. 66。

❺　太宰春台：《紫芝園後稿卷十二・與子遷書》，轉引自岩橋遵成：前引
　　書，p. 119。

❻　「徂徠をして天下の徂徠たらしめたものは、實に柳澤吉保の勃興に
　　よって其拔擢する所となったことが大なる因由をなしてゐる。恰か
　　も藤惺窩の赤松侯に於ける、林羅山の家康公に於ける、將た又た山
　　崎氏の保科侯に於けるが如き關係である。彼れが柳澤氏の認むる所
　　となったのは、所謂蛟龍の雲を得たると同じで、その天稟の才能は
　　茲に遺憾なく發揮することを得たのである」　岩橋遵成：前引書，
　　p. 119。

卿榮矣、是豈足以為茂卿榮哉、亦藩侯所自以為榮耳」，**❻①** 是以柳澤
家《秘藏實記》中有以徂徠為榮之讚許之句「家の飾リ惣右衛門」，
而徂徠之所以能獲得柳澤侯之青睞，除了其在學問方面之才能成為
柳澤家裝飾門面之「贅毓」 **❻②** 外，其於論斷時事切中要理和洞見利
弊得失之能亦為柳澤諮商之對象，例如三十二歲初入柳澤家第二年，
評斷柳澤家領地川越所發生的棄親事件，直言不諱的向柳澤言明，
要問棄親之罪，應先科罰第一代官、郡縣官之過失，其上是家老之
責，其上還有可科罰者，道入（棄親者）之過甚輕， **❻③** 由此概可見
其耿介之性格。此外尚有義奴市兵衛事件以及三十八歲時，柳澤向
其諮詢赤穗浪人四十七義士事件之處分。 **❻④** 而〈親類書由緒書〉中
亦有記載徂徠在聽將軍綱吉講釋之時，當下即顯露疑惑之表情， **❻⑤**
其於著作《政談》中亦云：「某自幼赴田間、十三歲住上總、身經

---

❻① 《徂徠集拾遺・與縣次公》，轉引自岩橋遵成：前引書，p. 138。

❻② 「要之一贅毓、不久終當潰決耳」，《徂徠集・卷二十一・與縣次公第
二書》，《日本漢詩3》，p. 217。

❻③ 「某存侯ハ、箇樣ナル者ノ、所ヨリ出ルヤウニ致スコト、第一代官・
郡奉行ノ科也。其上ハ家老ノ科也。其上ニモ科人可有。道入ノ咎ハ
甚輕キコト也」，《政談》，《荻生徂徠，日本思想大系36》，東京：岩
波書店出版，1983年8月10日八刷，p. 290。

❻④ 「赤穗の士吉良を伐し時、死罪に刑定りたりしを、柳澤侯に徂徠申
上られしには、君の仇を報ずること故切腹仰付ら可く存する旨申上
られし故、夫より急に評定かはりて士の格にて切腹に定りたり」，《萱
園雜話》，收錄於《續日本隨筆大成4》，東京：吉川弘文館，昭和54
年12月30日，p. 73。

❻⑤ 〈親類書由緒書〉：「其外登城於御座之間、議論兩度并講釋之節、一
統拜聞之中、茂卿壹人不得心之樣子有之を被遊上覽」，轉引自今中
寬司：前引書，p. 65。

總總患難、又獲種種見聞、加以野人不嫻禮貌、人所不能言者、亦向主人言之……、倘自始即住城下、自然習於風俗、故心浮而不著、常住城下之高官世祿之人、心無所至、狃於風俗、不能言事、亦不得已之事也。」❻❻ 除了自言「野人不嫻禮貌」外，其於《徂徠集拾遺・與縣次公》中云：「不佞茂卿大不與人間世相容、次公所悉也、其在憲廟時、亦既以多忤。」❻❼ 又，《徂徠集・卷二十一・與縣次公》

---

❻❻ 「某幼少ヨリ田舍ヘ參リ、十三年上總國二住テ、身ニモサマザマノ難儀ヲシ、人人ノコトヲモ見聞シ上、田舍者ニテ無忽ナル故、人ノ得云ハヌ、カヤウナル事ヲモ主人二向テ言タル也……、始ヨリ御城下二住續タラバ、自然ト移ル風俗故、浮浮トシテ何ノ心モ著マジト存ルニ附テモ、御城下二常ニスム高官世祿ノ人ハ、何ノ心至リモナク、又風俗二連テ物ヲ得言ヌト云コトハ、余儀も無コトト存候也」，《政談》，《荻生徂徠，日本思想大系36》，東京：岩波書店出版，1983年8月10日八刷，p. 290。

❻❼ 「不佞茂卿大不與人間世相容、次公所悉也、其在憲廟時、亦既以多忤、而陸沈藩邸者爾、然猶時時從中貴人之後、召見拜賜也、不知者則以為茂卿榮矣、是豈足以為茂卿榮哉、亦藩侯所自以為榮耳、云云、以予觀之大東文章誂我以興、今日之盛、振古所無、次公東壁之外、吾藩服子遷、信陽太宰純、東奧平子和、東野秋子帥、我鄉石叔潭、僧則西肥皓大潮、北越卓彗巖、皆彬彬一時之雋、雙木半林、應氏之門得其一人、皆足以嚇也、而悉華吾黨、是豈人力、抑天意也云云、不佞自未及五十、既已服膺知命、不求聞達於諸侯間、或有召者、輒辭以疾、唯下館豐侯以先廟侍從故、西臺豫侯於斯文微窺一班、接來執布衣交、爾汝相命、放浪詩酒間、自是而外、一切拒絕、其於藩邸、朔望亦或弗朝者、藩中大夫而下、足不躡其門、何況書問、日集伶倫、絲竹自娛、二侯及東壁德夫子師卓上人輩、皆有所操曲、冀足以養性命全天年、而有成夫千秋之業者、是已、酒酣則曰、五百石于我何有也、天倘餓我乎、何輒使我與斯文乎、不佞所恃以傲然自肆者為是故、

中云:「不佞茂卿匪人哉。」❻❽蓋可見其個性了。不過徂徠雖獲知遇之恩,對於五百石加身之俸祿晚年卻曾作詩〈增祿五百石口號〉戲言曰:

> 五百曼容未輒辭
> 謝恩縱是折腰時
> 勝如方朔長安米
> 三尺侏儒九尺譏❻❾

此外,從〈又次感懷韻〉第二首詩中亦可看出其對入仕亦有所慨嘆,其曰:

> 由來才子傲詞林
> 一入侯門便陸沈
> 不是梁園人散後
> 相如始有倦游心❼⓿

依上所述,蓋可知武家以文治世的太平盛世,徂徠意欲以文從政,然而仕途雖然順遂,對於宦途之經歷仍有倦怠之意。

夫聲名所持、蓋亦大矣哉、雖世人不相容、亦其如我何矣」,《徂徠集拾遺・與縣次公》,轉引自岩橋遵成:前引書,p. 138。

❻❽ 《徂徠集・卷二十一・與縣次公》,收錄於《日本漢詩3》,p. 216。
❻❾ 《徂徠集・卷五》,收錄於《日本漢詩3》,p.52。
❼⓿ 《徂徠集・卷五》,收錄於《日本漢詩3》,p. 52。

㈡對仕途之看法與志向之確立

　　此一仕宦期間除了因幕藩公務所需之便得以充實華語、華音等
方面研究外，亦是其從早年宋學邁向晚年古文辭學之間的轉型期，
此一期間除因接觸古文辭學產生思想變革外，同時也是其後來棄官
確立以「立言」為其儒者志向之時期，而學而優則仕向來為儒者出
處之道，可是仕途是否就是儒者唯一之出路，似乎徂徠對儒者之定
位有不同於世俗之觀念，如上文所引《徂徠集拾遺・與縣次公》：「不
求聞達於諸侯間、或有召者、輒辭以疾」、「冀足以養性命全天年、
而有成夫千秋之業者」，是以以下就其對仕途之看法作一介紹。首
先徂徠於《徂徠集・卷二十一・與縣次公》中言及仕宦十四年之光
景曰：

　　　　不佞雖陪臣矣、亦嘗叨辱恩澤、僭廁乎朝廷侍從臣之後、時
　　　　時咫尺天威、講藝拜賚、沐浴乎日月之末光者十四年矣。❼

又於《徂徠集補遺・得請罷授經》一詩中曰：

　　　　細席談經寵賜頻　　罷來閒署臥青春
　　　　今時更異穆生日　　王醴雖甘勞殺人❼

可知仕宦之途雖榮寵有加，然而相對的付出亦使得徂徠有「王醴雖

---

❼　《徂徠集・卷二十一・與縣次公》，收錄於《日本漢詩3》，東京：汲
　　古書院，昭和61年2月，p. 216。

❼　《徂徠集補遺》，收錄於《日本漢詩3》，p. 332。

甘勞殺人」之無奈慨嘆，承前所述，關於儒者之出處從古自今皆定
位為學而優則仕，能得榮寵或高官為人人所稱羨，至於其他如何似
乎多不計較，徂徠仕宦之初的動機或亦在於學而優則仕，然而官是
官，儒是儒，儒雖得為官卻未必能行儒者之志業，是以徂徠雖能飛
黃騰達、致身青雲之機會，但似乎高官與榮寵並非其之志向，關於
其志向可從其《徂徠集・卷二十二・復于士茹第二書》中所言可知，
其云：

> 辯道辯名不佞之業也、古人謂不朽者三、德功與言、豈有優
> 劣、亦從吾所好、各自至矣、不爾、麒麟伏轅、而鳳皇司晨
> 也。[73]

由上可知其對自己身為文儒之定位，然其對功成名就所帶來的榮寵
雖與有榮焉但對伴隨而來之應酬卻甚有厭煩之感，如其於《徂徠
集・卷二十三・與藪震庵第十書》中云：

> 鄉承召見、伏謁殿上、鴻臚特奏名、蓋破格之遇云、遠近賀
> 者、人與書、狼藉乎環堵之室、不遑應酬、大覺榮名之可厭
> 也。[74]

又《徂徠集・卷二十八・復安澹泊第六書》中亦描述拜謁後賀客雜

---

[73] 《徂徠集・卷二十二・復于士茹第二書》，收錄於《日本漢詩3》，
p. 235。

[74] 《徂徠集・卷二十三・與藪震庵第十書》，收錄於《日本漢詩3》，
p. 247。

多之景況：

> 忽蒙召見、執謁殿上、則賀者踵門、無復虛日、書牘紛沓、
> 令人眩嘔、殆復踰月、夫天違顏咫尺、陪臣之節、榮莫甚焉、
> 而麋鹿之性、遂乃落落、於是撫躬自省、轉堪愧歎。**⑦**

以上雖為其晚年之言但是仍然可以看出其之志向不在仕宦所帶來之名望，而在立德、立功、立言三不朽中，以立言為其所好，是以其將離開柳澤家形容為「樊籠忽脫」，且於《徂徠集・卷二十六・與江若水第二書》中述及對於從事官樣文章之不滿，其曰：「若夫所需官樣文章、迺吾生平所大不滿意者、辟則有韞玉與武夫檀中、雖人或索武夫乎、何心迺薦其不貴重者哉、要之皆非玉耳、亦各言其志也、東行吟留之日久矣、近者 憲廟即世、遂爾放閒、而後方使得受讀卒業、從事丹鉛已、謹呈案上之玩、何評之有、亦各言其志也」，**⑦** 從上文蓋亦可知其仕宦的歲月並非其志之所在，似乎因綱吉去世以及柳澤失勢，及至「百拜出藩門」才得以有閒暇完成其讀書著述之志。對此種生活志趣之轉折其在《徂徠集・卷二十五・與朽土州書》中也言道：「一行作吏、游道益塞、蓋非世君子之絕我也、而我之絕世君子也、賴有天幸、遭逢鼎革、縲絏雖存、樊籠忽脫」，**⑦** 可見其對於因綱吉去世，柳澤失勢所帶來的世代交替稱之為「天幸」，

---

⑦ 《徂徠集・卷二十八・復安澹泊第六書》，收錄於《日本漢詩3》，p. 301。

⑦ 《徂徠集・卷二十六・與江若水第二書》，收錄於《日本漢詩3》，p. 269。

⑦ 《徂徠集・卷二十五・與朽土州書》，收錄於《日本漢詩3》，p. 258。

之所以會以此為「天幸」， 其理由大概是因此免去了其為「贅毓」之無奈與「狗馬之勞」之慨嘆有關吧，由此可知雖然柳澤家對其有知遇之恩，其亦曾受將軍榮寵，但是明顯的因此際會之便反而使其有重新獲得自由之感，而仕宦對其而言是使其不能「游道」之因由，是以其去官並「非世君子之絕我也、而我之絕世君子也」， 從此可看出徂徠充滿自知與自信的獨立自主之性格。此一性格或淵源於其武家祖先之背景或源出自南總鄉野樸直堅毅之薰陶，又其晚年《徂徠集・卷二十三・與藪震庵第十書》中曰：

> 況不佞陪臣也、一蒙召見、豈能言朝政得失乎、夫君所不及、臣且不言、古之道為爾、況陪臣乎、且吾邦數百年來、一切武斷、而文儒之職、備顧問應對而已、豈能言朝政得失乎、朝臣尚爾、況陪臣乎、不佞乃一伏謁外廷已、雖非常之榮乎、亦陪臣之榮已、豈足語進退乎。[78]

除了人各有志之外，或許也是因為徂徠能洞視當時之政治生態環境，覺悟到作為一介文儒的他是無法在此世代之政治環境上展現其「文章者經國之大業」， 以文從政之理想抱負吧。關於此亦可從其《徂徠集・卷二十七・與縣雲洞第二書》之文中看出端倪，其文曰：

> 去夏辱尺牘、疊疊數十百言、大氐稱引國風伐檀弗素餐之義……僕至贛愚、少小親聞先大夫義方之訓、私心竊慕誦其詩弗衰者、四十年一日也、而弗能微酬其志。[79]

---

[78] 《徂徠集・卷二十三・與藪震庵第十書》，收錄於《日本漢詩3》，p. 247。

從上述蓋可推測縣雲洞引《詩經‧國風‧伐檀》篇中素餐之文義以勸徂徠，而徂徠亦告知雖憃愚然自小從先大夫既已知曉並心嚮往之四十餘年，但始終不能得償所願，就其因由或許誠如徂徠所言因武家執政凡是專斷之故，其云：

> 蓋嘗以吾東方、由帝降而王、控弦成俗、士大夫之間、業自有一道、以世相沿承是傳……至於政事、一切武斷、念亦莫不謂漢家法、雜五霸有之、猶何取諸彼異代殊俗之人、其骨久朽之言為也哉、當是時雖有聖哲、孰以易之。❽

因此徂徠認為在武家專斷之情況下即使是聖哲亦不能改變當時之政治氣象，更何況其不過是為武家裝飾門面之「贅毓」，是以徂徠接著又云：

> 蓬板之子、果矣為贅毓於世、加以夙罹家難、出處盪心、一行為史、萬事掣肘、遂歷選前脩三不朽之說、斷然獨執其下焉者、唯是可以古為徒矣、為是可以百世竢聖人而弗貳矣、為是可以弗素餐乎天地間矣、此其心所期、或異於足下者之撰邪、若夫所為食於官、僕僕之勞、適與五斗米相蔽、而況世以史視儒、儒又何能為毫髮於史之外哉、刀筆瑣瑣、其諸謂之弗素餐其主也已。❽

---

❼⁹ 《徂徠集‧卷二十七‧與縣雲洞第二書》，收錄於《日本漢詩3》，p. 281。

❽⁰ 《徂徠集‧卷二十七‧與縣雲洞第二書》，收錄於《日本漢詩3》，p. 281。

《禮記》以及《後漢書‧服輿志》中有「逢掖之衣」，即指儒服之意，是以由上可知徂徠以儒者自許，不幸的是僅僅為世皆視之「贅毓」，再加上早年逢家難（指流謫南總之事），對於出處自知有所不可行之處，再加上為官卻萬事掣肘，所以才選擇「三不朽」中之下者「立言」為其之志業，如此才可以「以古為徒」、「以百世竢聖人而弗貳」，也因此才能「弗素餐乎天地間矣」，更何況自古以來皆以史來看待儒者、作為儒者自不能自絕於史之外，是以「刀筆瑣瑣、其諸謂之弗素餐其主也已」。 由此可看出其雖為柳澤家之文臣，然而實際的境遇不過是柳澤家裝飾門面之「贅毓」之另一種無奈，徂徠認同武家政權的主體性自身亦以武家背景自豪卻又無法參與政權，對於個性剛直的徂徠而言此一無奈感應是特別的強烈吧，另外徂徠於《徂徠集‧卷二十一‧與縣次公第二書》中對於出處之抉擇亦表明其根本之態度，其云：

> 如余者、真世棄物、嬾仍病劇、傲世與違、加以狂僻、痼且弗拔、一月間呻吟發屋者、率不下二十日、而號笑之聲輒從之、一日束帶三日僵牀、興至、數百千言欬欬衝出口、而禮俗書牘、指忽為腫、此自次公所見、吾且不能有以自解於世君子之前、則又何萬一人之信我哉、祇以一二故人在蕆藩者、頗諳其生平、愍其奇疾、宛轉調護、白於藩主、遂得輿疾出邸、稱祿隱於蕘洲上也、不知者、則見以為予故嘗有狗馬之勞于藩、藩答以優待、豈有是哉、要之一贅毓、不久終當潰決耳、然來書言、予值其時也、何其謬哉、何其謬哉、其意

㉛　《徂徠集‧卷二十七‧與縣雲洞第二書》，收錄於《日本漢詩3》，pp. 281–282。

蓋謂聖政方新、退遴拔茹、乘此機會、或可以致身青雲際邪、是何所望於予乎、予方先朝之時、業已藉府公顯赫之勢、身雖陪臣哉、尚且朝金城、躡玉堦、廁鵷班、咫龍威者、十有餘載、非暫也、礆憲廟又以先大夫之故、時時召見、校蒐御前、拜賜沐恩、有踰同列者、非新也、段使予當其時、稍自脩飭、知媚於上、奉對稱旨、俯拾青紫、易於地芥、而獨不者、殆非奇疾之徵乎、奇疾之徵以其久而故也、猶不能奪焉、而況于一旦僥倖之求者、予雖不佞且貪、所不敢矣、予始得次公書、爽然自失、不媮快於心者數日、輒謂次公何以有是言也。㊷

由上可知、徂徠身旁多人對其之出仕有所期許、對此徂徠非但認為「何其謬哉、何其謬哉」、反而有「爽然自失」朋友不知己之嘆。綜上所述、徂徠深知為官之道、憑其才能與背景致身青雲易如拾芥、然而非不能也實不為也之理由除了客觀政治因素使其不能發揮外、主觀因素既在於其不願僅為一「贅毓」、如其於《徂徠集‧卷二十七‧答屈景山》中所言：「此方之儒、不與國家之政、如贅毓然」。㊸是以、其以「刀筆吏」㊹自許、選擇以「三不朽」之「立言」為其儒之志業。由此蓋可見其見識之高超、志向之遠大非常人所能企及、其於《徂徠集‧卷二十一‧與縣次公》中引弇州山人之話曰：「行天下、乃知天下大也、夫行天下大、乃又悲天下小也」、㊺此段話除

㊷　《徂徠集‧卷二十一‧與縣次公第二書》，收錄於《日本漢詩3》，pp. 216–217。

㊸　《徂徠集‧卷二十七‧答屈景山》，收錄於《日本漢詩3》，p. 292。

㊹　《徂徠集‧卷二十‧與獼蘭侯》，收錄於《日本漢詩3》，p. 200。

了可看出其生命氣象之無限開闊、向上攀升外，亦可以此知其不屑於仕宦之理由了了。

最後，其於《徂徠集拾遺·與縣次公》中云：「以予觀之大東文章竢我以興……不求聞達於諸侯間……而有成夫千秋之業者」，蓋可看出其傲然自信的一面。 **⑧** 又其於享保十二年六十二歲之時〈復玄海上人〉書簡中云：「不佞以四月一日、召見殿中、豈識邪、然不佞不欲青雲生腳下、不久將竢君於白雲鄉已」， **⑧** 蓋可見其豁達之另一面。

(三)學問思想之奠定與轉變

關於此時徂徠學問發展之主要方向即在於中華語文方面之研究以及受明李攀龍、王世貞古文辭學影響所帶來學問上之轉變。如前所述，對於華語文之鑽研在早年《譯文筌蹄》中既已現出端倪，而能使其更上層樓並進一步發揮的就有賴仕宦柳澤藩的這段期間了，雖然早年已因《譯文筌蹄》而奠定深厚之基礎，但仕宦柳澤藩十四年間因儒書講釋之文職公務所需，與曉諳華語之學者、同僚、僧侶和通事翻譯官的接觸以及易於獲得中華書籍之便，為徂徠在中華語言和詩文的研究上開拓了一片新的天地，使其脫離早年宋學之窠臼提倡古文辭學邁向復古之道。如今中寬司所言華文語音之研究不但影響復古學和古文辭學，基本上也是徂徠學的基礎構造。 **⑧** 事

---

⑧　《徂徠集·卷二十一·與縣次公》，收錄於《日本漢詩3》，p. 216。

⑧　《徂徠集拾遺·與縣次公》，轉引自岩橋遵成：《荻生徂徠》，東京：日本名著刊行會出版，昭和57年2月27日，p. 138。

⑧　《徂徠集·卷三十·復玄海上人第二書》，收錄於《日本漢詩3》，p. 330。

實上徂徠提倡古文辭學之發端即是從學華語文入手，如其〈文淵〉
「須習華讀」一項中云：「學者解書著文、不及華人者、以國讀之
為其祟焉也、將錯就錯、埋沒一生、沿襲之久、禍於無窮、是故通
曉華音、而後把古人之書、瀏亮上口、則得脫舊弊」，❽又於「偏泥
國讀則有剩複之誚」項中曰：「國語素有假華者或否者、故不免以
眥為目之差、如嚼於父肉、及縱雖未至於其至、是也、嚼字失義、
縱雖剩複、皆為國讀所誤也、不惟是已、用字顛例錯襮、不勝其謬、
故華音之學不可不以講焉。」❾又「講書有利有害」一項中曰：「國
語（日語）講書……所以有害者、亦為辭吐所誤、以至畫蛇添足、
失其本體也。」❾由上蓋可知徂徠對學習華語文重視之程度。

　　關於此一期間與曉諳華語之學者、同僚、僧侶和通事翻譯官交
往之狀況除了從彼此往返書簡中可得知以外、亦可從四十六歲萱園
譯社創始時所寫的〈譯社約〉一文中窺其大概。岡島冠山為〈譯社〉
撰寫的《唐話類纂》卷頭列有譯社會員十二名，如下：

長崎　　　冠山岡嶋援之玉成
肥州　　　釋大潮
但州　　　釋天產
肥州　　　釋惠通

---

❽　今中寬司：《徂徠學の基礎的研究》，東京：吉川弘文館，昭和41年9
　　月20日，p. 76。

❾　荻生徂徠：〈文淵〉，收錄於《荻生徂徠全集》第一卷，東京：みすず
　　書房，1973年7月20日，p. 545。

❾　荻生徂徠：〈文淵〉，收錄於《荻生徂徠全集》第一卷，pp. 545–546。

❾　荻生徂徠：〈文淵〉，收錄於《荻生徂徠全集》第一卷，p. 546。

三河	徂徠荻生茂卿		名宗右衛門
東都	東野安藤煥圖東壁		仁右衛門
信陽	春台太宰純德夫		彌右衛門
東都	東海篠崎維章子文	三悅	後改金吾
信陽	曾原天野景胤		文右衛門
東都	翠柳山田正朝麟嶼	宗見	後改大助
東都	東華度會常芬	三周	改修理久志本氏
東都	東洲馬島孝元	有庵❾	

　　以上譯社主要成員十二人中除了徂徠、冠山、釋大潮、釋天產、釋惠通、安藤東野、太宰春臺、山田麟嶼屬萱園學派、亦有屬於伊藤東涯古義學派的、因此由譯社成員可知其為超學派的、亦可看出中華語文之流行發祥於江戶萱園又及於京都古義堂並遍及全國、徂徠門下能言唐話者比比皆是、如安藤東野、太宰春臺、荻生北溪、三浦竹溪、山田麟嶼、木下蘭皋之外尚有田中省吾、山縣周南、大內熊耳、朝比奈玄洲、岡井嵫州、高野蘭亭、松崎觀瀾、服部南郭等。❾

　　以下就其此時學習中華語文之動向作一介紹。

　　如前所述、將軍綱吉嗜好漢學、君臣常以講學為樂、是以元祿十六年將軍綱吉薨臨柳澤邸時、鞍岡元昌即以華語講《大學・小序》而由徂徠擔任翻譯、蓋可見徂徠此時在語言方面之造詣或已有相當之水準。此時雖然江戶時代以儒學為主、不過中日文化之交流仍然藉助於僧侶之力、因此在幕府的庇護下設立了許多黃檗宗之寺廟、亦有以中國僧侶為住持者、而柳澤吉保本身即為黃檗宗之皈依者、

❾　今中寬司：前引書，p. 93。
❾　今中寬司：前引書，pp. 93–94。

如《政談》中所說：「美濃守（吉保）為禪者、於平日多不信仰儒者之理」，[94]又前引徂徠《親類書由緒書》中寶永三年四十一歲之時因完成《勅序護法常應錄》而加俸五十石為四百石之事，《勅序護法常應錄》實際上是吉保與黃檗宗僧侶往來書簡與法語，由此可見吉保除了對禪學有興趣外亦得意於以華語和中國和尚交談，[95]總之此時在綱吉、吉保對漢學的癖好下，如徂徠之類者多能操華語。石崎又造《近世日本における支那俗語文學史》中記載黃檗宗第八代的中國住持悅峰道章和尚奉將軍之召滯留江戶時徂徠與其筆談之景況，曰：「小的前年學學唐話幾話、卻像鳥言一般、寫是寫、待開口的時節、實是講不得。」[96]而《徂徠集》卷二十九中多有與通曉華語之學者和僧侶之書簡往返，關於此可由以下《徂徠集》中所收錄相關資料得知。

《徂徠集·卷二十九·與香國禪師》：

> 不佞嘗與諸善華語者、石鼎菴、鞍蘇山、及所偕岡生相識，則每擊節以為希有未曾有矣、而亦唯一鄉士耳、及聽老和尚之譚、雅嘗隨口、杭福惟意、不知一莖蓮、其大能幾許……誠所謂長廣舌相者非邪、歸而困、寐而夢、夢而醒……不佞

---

[94] 「美濃守ハ禪者ニテ、儒者ノ理筋ハ余リ平日ハ信仰セザリシ也」，《政談》，收錄於《荻生徂徠，日本思想大系36》，東京：岩波書店出版，1983年8月10日八刷，p. 289。

[95] 「吉保の儒書講讀は單に和讀し解釋するに止らず、華音を以て讀み下し、中國僧や長崎通詞らと華音を操ることに最大の關心を持っていた」，今中寬司：前引書，p. 76。

[96] 吉川幸次郎〈徂徠學案〉，收錄於《荻生徂徠，日本思想大系36》，東京：岩波書店出版，1983年8月10日八刷，p. 658。

之悃然心醉、以至今日也。㊾

此書簡為寶永末年徂徠寫給當時宮城大年寺住持唐話僧相國禪師之信，信中言及石原鼎菴、鞍岡元昌蘇山、岡島冠山等皆善華語，同時亦對香國上人所言之中華文物表露嚮往之意。其與香國禪師之交往亦見於《徂徠集・卷九・賀香國禪師六十序》：

> 不佞茂卿之於香國禪師、昔者從友人田省吾所、稍稍獲觀其所論著敘記偈頌、及它雜事、心已慕說之也、嗣乃偕崎人岡玉成、一趨品川精舍、實始接其丰采、聆其譚論……心面人殊、代載辭遷、音因土限、古今不相及、而和弗華是若者、疊疊乎言之、雖然相視莫逆乎懷也……而禪師亦不忍塵土其袈裟、以訪予市樓中、徒爾神交心照寥寥寅寅之外、三數年于茲矣……聖人至孔子、肇文肇儒、六籍不朽……㊿

此為正德改元四十六歲時慶祝宮城大年寺大龍相國禪師還曆之文章，由此可見徂徠重漢文輕和文之態度，以及對中國古典之愛好。

又對萱園學派之華音影響極大的有其入門弟子中野撝謙，其於《徂徠集・卷十・送野生之洛序》中云：

> 嗚呼、吾之冥游崎陽者久矣哉、管子有言、思之不已、神將來助、予始之、得崎人蘇山鞍生、次之、得東野藤生、藤生

㊾　《徂徠集・卷二十九・與香國禪師・第一》，收錄於《日本漢詩3》，東京：汲古書院，昭和61年2月，p. 316。

㊿　《徂徠集・卷九・賀香國禪師六十序》，收錄於《日本漢詩3》，p. 84。

也者、學諸崎人石吳峰氏者也、又得撝謙野先生者以友之、亦崎人林蘿山氏之甥也、是皆入其戶、闚其人、倭其衣冠、華其笑語、無不愕眙相顧、以為六十有六州之地、所鍾何閒氣以生若人焉、其學大氐主水滸西游西廂明月之類耳、鄙瑣猥褻、牛鬼蛇神、口莫擇言、唯華是效、其究也、必歸乎協今古、一雅嘖、以明聲音之道乃止耳、習而通之、則大海之西、赤縣之州、其人蓋旦莫遇之矣、夫然後華人之所艱、吾亦艱之、華人之所易、吾亦易之。⑲

此為寶永二年四十歲時為中野上洛時所贈與的送別辭，文中所言「吾之冥游崎陽者久矣哉」蓋可知徂徠對華語文之心儀，崎陽即指長崎，為日本鎖國時期開放之門戶，為與中華貿易往來之要衝，曉華語者眾，是以多為通事即翻譯官。中野撝謙即為其中翹楚，其雖著倭服，言行舉止卻唯華是效，對此徂徠的看法是「必歸乎協今古、一雅嘖、以明聲音之道乃止耳、習而通之」，由此可知徂徠華語研究之方法論即知此時代之文學須先知其時代之言語，特別是世上共通的俗語，即使是被尊信的中國儒教古典之雅言，實際亦是古典時代之俗語，此即徂徠華語研究之結論。⑳

又《徂徠集・卷十・送魯子歸海西序》中言及徂徠曾從釋大潮魯寮學習華語，其曰：

---

⑲　《徂徠集・卷十・送野生之洛序》，收錄於《日本漢詩3》，p. 97。
⑳　「即ちその時代の人と文學を知るには、先ずその時代の言葉、ことに世上の共通語である俗語を知ることであり、また雅言と信じられ尊ばれて來た中國儒教古典さえ、實は古典時代の俗語であるというのが、徂徠の華語研究の結論である」，今中寬司：前引書，p. 82。

夫仲尼不興、我不幸而為儒、瞿曇之道踰蔥領魯子幸而為儒、
況今海內立不朽之業者幾人邪、魯子信能儒哉、予又學華音
於魯子、是吾黨所以有魯子焉。⓫

又，關於徂徠與黃檗宗第八代住持悅峰上人之交往如下，《徂徠
集・卷二十九・與悅峰和尚》：

昨扣梵僑、始接慈丰、種種眇譚、如響應鍾、大則舂容、小
則吁喁、筆飛生風墨落成花……但覺甘露堂中醍醐味、猶且
著齒頰間、漱口不去也、伏願甘露味三字。⓬

此書簡為寶永四年九月十七日於芝紫雲山瑞聖寺甘露堂與黃檗第八
代住持悅峰上人會談次日寫給悅峰的問候信，徂徠堂弟香州與悅峰
上人為舊識，此次會面或由香州安排，在座者有田中省吾、安藤東
野陪侍，徂徠與悅峰二人之間答依《荻生徂徠新黃檗章悅峰筆語》
由安藤東野筆錄，二人會談皆以華音，信中並向悅峰求「甘露味」
三字。接著《徂徠集・卷二十九・與悅峰和尚第二書》中曰：

嚮者辱蒙特差柏侍者、訪及敝舍、賜以答柬、加以鈔墨及手
爐一事、薰盥披讀、情意深厚、不覺三嘆……毋論不佞幼耽
典籍、景慕華風、即和尚亦以不佞為箇中人哉……不佞當日
召在世子左右、不得遽離職局、私自款語、可恨可惜、但憑

⓫ 《徂徠集・卷十・送魯子歸海西序》，收錄於《日本漢詩3》，p. 101。
⓬ 《徂徠集・卷二十九・與悅峰和尚第一書》，收錄於《日本漢詩3》，
　　p. 309。

甘露味三字、遂如所欲。⑩

言及對中華仰慕之情並雖因公務未得見面,獲贈墨跡也算如願以償。

關於前述崎陽之地翻譯之士人才濟濟之說法亦於《徂徠集・卷八・國思靖遺稿序》中得知, 其曰:

> 蓋余自學華音、則稍稍聞崎陽有國先生者、其聲藉甚也、乃意獨以是特譯士師耳、夫崎陽、夷夏之交、海舶之所來集……譯士之富、又為甲于崎陽……己又從其門人岡玉成游、則稍稍得聞其為人也凡五……昔衡山以書掩其德、先生之於譯亦爾、玩其言、考其德行、何謂之譯士師耳、而鄉人皆以譯識先生、其門人亦以譯師先生、所惜豈在其弗備乎……正德四年冬十月。⑩

文中言及崎陽多翻譯之士並讚揚思靖外, 也說明岡山為其弟子, 而思靖即上野玄貞、名熙、號塵隱、私謚思靖、字玄貞、長崎人從明人蔣眉山學儒、弟子甚多, 有與徂徠交往者, 如岡島冠山、盧草拙、釋大潮、天產上人、惠通上人、雨森芳洲等。⑩《徂徠集・卷一・贈海西慧通上人歌》:「小少受學華音、有思靖先生遺文、雖通也身在空門、寧背祖德忘師恩、欲得片辭以垂不朽」、⑩亦說明慧通學於

---

⑩　《徂徠集・卷二十九・與悅峰和尚第二書》, 收錄於《日本漢詩3》, p. 310。

⑩　《徂徠集・卷八・國思靖遺稿序》, 收錄於《日本漢詩3》, p. 74。

⑩　今中寬司: 前引書, p. 89。

⑩　《徂徠集・卷一・贈海西慧通上人歌》, 收錄於《日本漢詩3》, p. 12。

思靖。

　　以上蓋列舉徂徠自仕宦以來因公務所需獲得公務之便多與同
儕、師友、學問僧切磋研究華語文之相關交往記錄，與此同時亦因
購入明李攀龍、王世貞之文集而使其棄宋學轉而鑽研古文辭學，如
伊藤龜年《學則并附錄標註上》所述：「夫子少學於家庭宗宋儒氏、
中年得李滄溟王弇州之集而讀之、悟文章之道、乃盡棄其舊習、而
專從事於古文辭、以之治經、大倡復古。」⑩以下便就其接觸古文辭
學之機緣作一介紹。

　　如前述柳澤吉保隱退時命徂徠居江戶的理由，除了可廣交學術
外之另一理由即是有「廣致書物」之便，相信其在仕宦柳澤藩期間
亦享有書籍之便，因其用功甚勤故購書亦從不吝惜，《萱園雜話》
中言及有人求購於徂徠，問價一百六十金，金不足則盡家產，購時
三十九或四十歲左右，是故徂徠書甚富，其中有李王集而修古文
辭，⑩又《近世叢語・卷六》：「物徂徠倜儻闊達、有多藏書者、徂
徠欲悉得之、乃除武器、傾盡家貲、竭庫而買焉、由是其學弘闊。」⑩

---

⑩　《荻生徂徠全集》第一卷，東京：みすず書房，pp. 125–126。

⑩　「徠翁の方に人來りて、庫一つに盈る書籍を賣る者の候、購ひ玉ひ
　　なんや、價百六十兩金なりと云ふ。徠翁予求むべしとて、家器武具
　　をばのこし、大方拂物に出し疊をもあぐる程にして價をやられた
　　り。其中に種種の書あり、詳に子迪より聞く。子迪は物子の方に十
　　七八の比居たる由。尤も其の購はれたるは徠翁三十九か四十歲の時
　　の由、子迪が物語なり。それ故徠翁殊に書籍に富まれたり。其中に
　　李王が集もありて、古文辭を修せられしことそれよりなりとぞ。」《萱
　　園雜話》，收錄於《續日本隨筆大成》，東京：吉川弘文館，昭和54年
　　12月30日，p. 93。

⑩　《近世叢語・卷六》，轉引自岩橋遵成《徂徠研究》，名著刊行會出版，
　　昭和57年2月27日發行，p. 135。

　　關於徂徠不以後人為師而以復古為其高遠之志向可由〈文淵〉「莫自畫為韓杜之奴」一項及文中「奚甘終生韓杜之門」蓋可看出其積極進取不為舊俗所束之態度。

　　從上可知徂徠自中年既已接觸古文辭學並因此轉向另一新的天地，但並未言明確切之年月，但若依《萱園雜話》所載則為三十九、四十歲之間，而其門弟子周南則於《周南先生文集・卷九・學館功令》中曰：「昔者我徂徠先生、年方四十、始修古文辭、蓋十年做辨道。」⑩又周南子山縣泰恆撰〈先考周南先生行狀〉中則曰：「（周南）年甫十九、良齊君（周南父雲洞）攜往東都、謁徂徠先生、是時先生始倡復古學、疑難蝟起、從信之士尚少、獨先考與勝東壁、一意從事斯道、左提右攜、羽翼大業、名聲籍籍四方」，⑪周南十九歲為寶永二年（1705年），徂徠正好四十歲。

　　是以關於徂徠轉向古文辭之年代一般皆以四十歲為基準，又如上所舉此一期間徂徠往返書簡多與唐話僧交往之例，以及君臣同堂以華語講書問答和與長崎通事治公等皆可證明其於華語文之訓練與學習已非一朝一夕的事了。

　　而徂徠四十四歲離開柳澤家從官宦俗務中解放出來獲得自由之身的同時，其家庭生活也有所轉變，先是四十歲時元配三宅休去世，四十一歲時父方庵亦去世，與元配雖有生有五子，然而其中三人皆殤，餘女增二歲，男熊僅一歲，可惜的是熊亦早逝，後約於四十六歲前後再婚，亦未有子嗣。此雖其個人家庭生活之不幸，然而對一專注於學術著述之學者而言，沒有家累或亦是一種解放也未可知。

---

⑩　《周南先生文集・卷九・學館功令》，轉引自《日本漢詩3》，p. 7。

⑪　〈先考周南先生行狀〉，轉引自《日本漢詩3》，p. 7。

第三節　徂徠的自由學者時期

　　寶永六年（1709 年）一月十日將軍綱吉去世，享年六十四歲，「生類憐憫令」隨之廢止，寵臣柳澤吉保亦於同年二月二十二日辭職，二、三月間藩校結束外，六月十八日吉保以老為由隱退與妻移居六義園。依《由緒書》所記載「寶永六丑年三月二十四日」美濃守即吉保吩咐徂徠以町為宅，於是徂徠正式離開柳澤藩，不過因仍受柳澤家之俸祿故與柳澤家主從關係並未中斷，是以自此時起便稱之為「祿隱」時期。而此期亦正是其自由著述立說成就其學問思想不朽志業之時期，首先，影響其人生之轉折點即是將軍綱吉之去世。

　　關於將軍綱吉之去世，徂徠曾作詩「正月十日作」一首，曰：「嘗說漢家恩澤疏、金莖不到病相如、從今中使茂陵路、封禪誰求死後書」，⑫不論是吉保或是徂徠，也不論有意或無意仕宦，總之隨著將軍綱吉之去世，縱使如前所述徂徠以此為「天幸」，並且認為是其從事儒者「三不朽」中以「立言」為其志業之發端，其仕途終歸是無望的了，此時心境如何雖不能知，從前引其《徂徠集・卷二十一・與藤東壁第八書》中所云：「昨日頓首百拜辭出藩門、僕踉走所僦市中舍、則已薄暮矣」，十四年的藩邸生涯一旦離去，或多或少難免有些悵然吧，只不過對志不在此的徂徠而言，此種轉變則如其同書中所言：「要之違城中而市中、違市中而山林、漸入佳境。」⑬是開拓人生另一佳境之開端。關於此一人生新方向的轉變，

---

⑫　《徂徠集》，收錄於《日本漢詩3》，東京：汲古書院，昭和61年2月，p. 45。

⑬　《徂徠集》，收錄於《日本漢詩3》，p. 211。

吾人亦可從《徂徠集・卷二十一・與藤東壁第三書》中得知其大概，
其云：

> 頃府公（指吉保）告老之期近、菟裘則遠郊外、僕迺將車其
> 書郭門、以即往來之便、庶乎駕之不可竢也、府公則語僕、
> 毋也、　憲廟時、若所拮据、皆國事也、若憊矣、吾不欲再
> 勞若、其及若年之未艾、勉為名高哉、城中豪傑士所止、養
> 交所以養名也、若其毋離城中為也、芙蓉之在峽、豈不峽是
> 重乎、是若之事吾也、僕頓首再拜出、省吾輩旁聞之、妄意
> 以謂斯文可指日興矣、足下見賀、意者亦是耳、謬矣哉、僕
> 斤斧餘也、何能為、且名者造化之嗇也、是可倖致焉乎、故
> 僕則竊自喜以可藉此優游自遂、比古之祿隱者、吾願足矣。⑭

由上所述，蓋可知不僅是吉保對徂徠有「勉為名高哉」之期望，徂
徠同僚田中省吾從旁聽聞轉轉相告，門人皆以為指日可待，唯徂徠
似乎以「名者造化之嗇也」為由而不敢存僥倖之念，只以能優游「祿
隱」而竊喜。不過從前引《徂徠集拾遺・與縣次公》一文中所云：
「大東文章俟我以興」觀之，此一「名高」正合徂徠之意也。

　　此一期間為徂徠學問思想之轉換以及其獨特學說之形成期，倡
古文辭學、成立「譯社」、反對宋學以及代表徂徠學的政治論述和經
學著述亦於此時相繼完成，而其志向與才學得以發揮，一方面得自
於「祿隱」的自由不必受藩務干擾與生活之無慮外，一方面或與無
甚家累有關吧。以下僅就此期祿隱期間家庭生活狀況和志業作一介
紹。

⑭　《徂徠集》，收錄於《日本漢詩3》，p. 209。

　　關於此時期家庭狀況如前所述，因妻三宅休及父方庵皆先後於
其四十歲和四十一歲時去世，子女亦多早殤，四十八歲時雖續絃娶
彰考館總裁佐佐宗淳之姪女即佐佐立慶之女兒，此時續弦之事見於
《徂徠集・卷二十一・與縣次公第六書》中，其曰：「不侫劣劣、
牛門居行將合完、近謀續弦乃水府故史臣著復讐記者姪女。」⑮然僅
兩年便先徂徠而去，徂徠元配與繼室兩者去世時間雖然相隔十年，
可是喪葬儀式卻以兩種不同之方式，由此或亦可窺出其思想之轉變，
如《徂徠集拾遺》所錄其與元配三宅休之墓誌銘中曰：

　　　　嬪諱休、姓源、父步隊與泰、本姓藤原、氏竹本、為其外兄
　　　　統隊騎士三宅幸忠之義子、遂冒其姓氏、母步隊副長香取喜
　　　　次之女、嬪以延寶元年癸丑、八月壬寅、曉丑時、生于城北
　　　　下古車坂、歲已巳、九月已亥、入仕、奉酒掃事、所謂三間
　　　　眾也、戈丙子、十一月甲子、歸于我、生五子、其三皆殤、
　　　　女增二歲、男熊一歲寶永二年乙酉、十月乙未、夜亥時、以
　　　　疾終于道三橋我甲藩官舍、日已亥、假葬于城東千束莊今戶
　　　　坊勝運寺坤隅、南向、後事請于官、一遵文公家禮云。⑯

由上「一遵文公家禮」可知，此時徂徠仍以朱子學為本，至於徂徠
繼室佐佐氏葬於長松寺，而墓之形制則為馬鬣封，如《萱園雜話》
所云：「長松寺徂徠次嬪佐佐氏之墓為馬鬣封之形制。」⑰而此一形

---

⑮　《徂徠集》，收錄於《日本漢詩3》，p. 220。

⑯　《徂徠集拾遺》，轉引自岩橋遵成：《徂徠研究》，東京：名著刊行會
　　出版，昭和57年2月27日，p. 143。

⑰　《萱園雜話》，收錄於《續日本隨筆大成4》，p. 83。

制根據《禮記・檀弓》記載為：「子夏曰、昔夫子言之曰、吾見封之若堂者矣、見若坊者矣、見若覆夏屋者矣、見若斧者矣、馬鬣封之謂也」，⑪徂徠五十歲時以古禮葬其繼室佐佐氏夫人，是以由此蓋可見其思惟之轉變。

　　按照徂徠弟子太宰春臺所撰〈荻生先生墓誌銘〉中：「次配佐佐氏亦先沒無子。」⑲可知徂徠五十五歲時所喪之女為與元配所生，如《徂徠集・卷二十二・與富春山人第七書》中云：「方其時、不佞亦伏枕者久矣、藉是不能作報香老、又不能問足下一字、中間功令所驅、興疾移居、復有喪女之戚、加以虛名所使、權貴側目、流言蠭涌、不佞乃以定力勝之……不佞晚知天命、業已作身後計。」⑳又《徂徠集・卷二十三・與藪震庵第五書》所云：「一臥十有餘旬、猶未起、加以第宅之令下、都人士為是騷然、則興疾以徙西郊、人事旁午、琴書狼藉、與湯液之具相仍乎湫隘之中焉、本月出七日、又值哭女之慼。」㉑此一哀傷之情於《徂徠集・卷五・吉臣哉歌國風三章見慰因依其韻自攄非酬也》七言絕句三首中更顯感傷，詩云：

　　　　歌罷鼓盆知一時、中年却作西河悲、歸家只是無歡樂、騎馬出門何所之。

　　　　黃鳥哭花花泣露、尋常草色似墳墓、始訝掌珠光許多、青春到處總成暮。

　　　　此事何關白雪高、淒然一似讀離騷、相憐知是君同病、哭而

---

⑪　《十三經注疏 5 禮記》，臺北：藝文印書館，p. 149。

⑲　太宰春台：《紫芝園後稿・卷十一》，轉引自岩橋遵成：前引書，p. 146。

⑳　《徂徠集》，收錄於《日本漢詩3》，p. 226。

㉑　《徂徠集》，收錄於《日本漢詩3》，p. 242。

哭妻到二毛。 ⑫

由上可見因親人一一離世的哀傷寂寥和晚年為病與遷居之苦外亦為
虛名所累。同年則以兄春竹子三十郎為養子即荻生金谷。總之，其
晚年可謂無甚家累，至於晚年終因病去世，其門弟子太宰春臺於《紫
芝園漫筆》中云：「徂徠先生甚重生、自飲食居處以至出入動止賓
客應接之事、苟可以傷身者斷弗為也、然其所以病死者乃以思慮過
度也、蓋先生有志於功名、自少以著述為事、年過六十舊痾數發猶
不能清心靜養、遂致篤疾而死、謝在扼云、思慮之害人甚酒色誠
矣」、⑬又《徂徠集・卷二十九・與香國第十書》中云：「尊者之枉
書者數矣、而值不佞之疾也、疾而不瘳、懼天命之不永也、閉戶而
修先王孔子之業焉、呻吟之與吾伊、雜然有聞於戶外、外人則謂維
摩示疾、豈其然、經夏涉秋、及至冬月、疾稍稍瘳、而所修之業亦
成矣」、⑭以及《徂徠集・卷二十五・與佐子嚴第四書》中所云：「不
佞因疾而知衰、乃力疾著書、因是而又樂以忘憂」⑮可知，其晚年
治學甚勤並以此為樂，雖疾病纏身亦唯藉讀書著說以忘憂者。忙於
著述的同時又因奉命點訓《六諭衍義》以及被幕府重視為御用諮詢
顧問等雖為其晚年成就一世之功名，卻也如春台所云「志於功名」
「著述為事」而不能「清心靜養」以至於終因思慮過度引疾而逝。
而《萱園雜話》記載徂徠病危時將軍吉宗聞訊賜徂徠御藥一事曰：
「賜陪臣御藥無先例、其死甚惜」。⑯可知徂徠雖以一陪臣之身分卻

---

⑫ 《徂徠集》，收錄於《日本漢詩3》，p. 51。

⑬ 太宰春台：《紫芝園漫筆》，轉引自岩橋遵成：前引書，p. 148。

⑭ 《徂徠集》，收錄於《日本漢詩3》，p. 319。

⑮ 《徂徠集》，收錄於《日本漢詩3》，p. 262。

仍獲將軍如此關注益顯徂徠之名氣，關於徂徠死後之事、門弟子服部南郭回給水足博泉之信中有簡潔描述，《南郭先生文集二編・卷九》中記載曰：「承問先生後事、先生春秋六十有三、東都三田有長松寺、實先塋所在、乃就葬焉、墓石已立、不作私諡、篆曰徂來物先生之墓而已、碑銘則乞之今參政西台滕公、公心既許之、但亦以朝務故、為敢定其成否、太宰德夫為志埋之、先生無子、養其兄子字大寧、即今為後、其遺文遺書若干、不侫劣劣承乏經紀之、行當上木。」⑫⑦ 而本多猗蘭為其所寫碑銘曰：「嗚呼大東物先生之墓也、嗚呼先生復學於古歸道於鄒魯、博窮物理、立言修辭、德崇名垂、不朽莫大焉、嗚呼先生也如日之升也、乃影之及、無所不照其矇焉、嗚呼實出先生天意可知也、其為人其行狀弟子識矣、享保戊申正月十九日六十有三卒、姓物部茂卿以字行、銘曰：

洋洋聖謨	世用惑人	天降文運	斯人云受
乃化乃弘	徵獻維章	大業已成	日新富有
瑕其不壽	天奪斯人	匪天維奪	有司列辰
嘻我小信	瑕能孚神	盛德不朽	永于牖民⑫⑧

---

⑫⑥　「徂徠病革なりしとき病狀上聞に達し、德廟よりうにかうる一角を賜はりたり。陪臣にて公儀より御藥を賜はると云ふは先格なきことなり。其死を甚だ惜まれしと云ふ。是れは學風の著述あきたらず。且つ德廟厚く徂徠を用ひ給ひ」，《萱園雜話》，收錄於《續日本隨筆大成4》，東京：吉川弘文館，昭和54年12月30日，p. 78。

⑫⑦　《南郭先生文集》，收錄於《日本漢詩4》，東京：汲古書院，昭和60年5月，p. 192。

⑫⑧　轉引自岩橋遵成：前引書，pp. 167–168。

又，龜田鵬齋為徂徠畫像作贊，讚其功績曰：「先生胸襟豁達、氣象卓犖、毅然以先王之道為己任、爰唱復古之學、掊擊程朱之理學、排五百年之新義、擬議李王之脩辭、徵二千歲之古言、東方文辭於是乎美矣、漢家之古訓於是乎存焉、前謁憲廟講筵說經、後見德廟談笑驚聽、此服則上之所賜也、其人則一時之英靈也、其名茂卿號曰徂徠、天下學士誰人不知、若欲晰先生之家學、則須再採西漢以上之書而熟讀爾。」**⑫**

徂徠名望如此之高，除因學問崇高風靡一世外，晚年亦因為將軍吉保私下「隱密御用」之諮詢顧問有關。依《由緒書》中所記載：「享保六丑年九月十五日戶田山城守殿六諭衍義一冊交付奉旨訓點」，**⑬**可知徂徠五十六歲時奉命點訓《六諭衍義》，關於此事,《徂徠集・卷九・官刻六諭衍義敘》中曰：「是歲冬、有司奉 教梓行六諭衍義、洒以茂卿旁嫺象胥之學也、政府行本府、特 召俾譯進、又俾作敘敘其由……斯乃琉球國所致、藏諸天祿石渠之上、無復兼本流落人間者、或聞其名希一覿、末由獲之、故有司特奉行其事焉、我 國家所以崇教尚學、啟迪斯民、其用心豈不至深厚也乎、海內受讀者、其仰體 盛德之意、其君子務端已率物、先風化、期於刑措、其小人務孝慈成俗、安分樂業、遑於罪戾、全其首領、長其子孫、優游乎 昇平之澤、冀以弗負 國家仁民之心哉、陪臣茂卿授簡、謹敘所聞於政府者如此、享保六年辛丑十月十一日、甲斐國臣物茂卿、拜手稽首奉 教敬撰。」**⑬**

又，《萱園雜話》中亦有關於奉命點訓《六諭衍義》之記載。**⑬**

---

⑫　岩橋遵成：前引書，p. 168。

⑬　《由緒書》，轉引自岩橋遵成：前引書，p. 126。

⑬　《徂徠集》，收錄於《日本漢詩3》，pp. 79–80。

總之，點訓《六諭衍義》所帶給徂徠直接的影響即名望的提升，《徂徠集・卷二十二・復福師之第一書》中記載曰：「頃者政府奉教命不佞以事、是誠稀有之例、闔傳都下、因蒙華簡、盛儀見賀。」❶❸❸
文中所言蓋指有關奉命點訓《六諭衍義》之事不用幕府儒臣而以陪臣徂徠為「公用」實為「稀有之例」。　翌年便因功獲賞賜，弟子南郭賀作五言排律〈徂徠先生奉　教校書、書頒行、特賜時服、賦此奉贈〉詩云：「校書投覽御、上策協咨詢、名達元無近、德聞必有鄰、即今經國業、敷施太平人」，❶❸❹詩中所云「經國業」蓋為徂徠念念不忘之志業，是以縱然因此困頓勞累如《徂徠集・卷二十四・與嵯君徵第五書》中所云；「日趨執政者之庭、腰腹如杯圈、困頓之余、歸乃偃臥一室中、氣息厭厭焉」，此外同書中亦曰：「蓋不佞嘗有所爭於執政者之前者、亦刀筆末事、草野常態耳、迨竣事畢拜賜殿上、執法在座、禮官行事、亦國臣恆例耳、而傳聞者乃謂干預經國大計、恩意甚優、賀聲四至、深至愬惡。」❶❸❺文中言及與執政者爭乃「草野」常態，可見對事或有爭執但並未見其對此隱密御用諮詢顧問之職有所不滿，關於其與政治之統治理論有關的《太平策》或於此時執筆，一般皆以享保元年即徂徠五十一歲時執筆，然而依丸山真男〈太平策考〉則認為執筆於享保四年至七年之間，❶❸❻而平石

---

❶❸❷　「德廟の時、加納遠江守殿有馬兵庫頭殿を以て六諭衍義の訓點を林家に仰付られ候へども宜しからざる旨にて、徠翁に點つけ差出し候やうにと仰により、夫より六諭衍義官刻仰付られ、其の外諸事御隱密御用……」《萱園雜話》，收錄於《續日本隨筆大成4》，p. 72。

❶❸❸　《徂徠集》，收錄於《日本漢詩3》，p. 234。

❶❸❹　《南郭先生文集》，收錄於《日本漢詩4》，p. 30。

❶❸❺　《徂徠集》，收錄於《日本漢詩3》，p. 249。

❶❸❻　「……享保四年から享保七年という期間以上にせばめることは今

直昭氏《荻生徂徠年譜考》則主張執筆於享保六年徂徠五十六歲之時。[137]而徂徠晚年六十歲時奉校《樂書》，並於六十一歲前後執筆《政談》， 六十二歲時亦登城拜謁將軍吉宗，此一景況正好與五十六歲時奉校《六諭衍義》、 執筆《太平策》和登城拜謁相呼應，只不過《政談》的內容為政治制度改革方面，而《太平策》則是與政治統治理論相關的著作。徂徠六十一歲時〈與富春山人第八書〉中云：「……則有校書之役、中貴傳命、事屬壼祕、雖無儼然之跡、乃有季氏之責」，[138]關於此平石直昭氏的看法則是如《樂書》之類乃屬「文墨之事」，應勿須「中貴傳命」，更勿須於「壼祕」中進行，而推測或者是以校書的背後有與幕政機密有關，[139]再者按照徂徠華文造詣，不論是點訓《六諭衍義》或校正《樂書》， 應皆屬輕而易舉之事，勞苦應不至於如前引文所述：「歸乃僵臥一室中、氣息厭厭焉。」而其弟子春臺所云「所以病死者乃以思慮過度也」來看的話，晚年「思慮過度」與其為幕府政治諮詢顧問參與幕政機密或許有關亦未可知。

總之，自四十四歲「祿隱」以來，四十九歲時雖因編修《憲廟實錄》而增加俸祿為五百石，非但未引以為榮反而作「增祿五百石口號」一詩諷之，五十六歲時因奉校《六諭衍義》而名聲「閧傳都下」，或如其六十二歲時因校書或因《政談》而蒙將軍召見，如《徂徠集·卷二十三·與藪震庵第十書》中云：「鄉承召見、伏謁殿上、

の私にはできない。」丸山真男：〈太平策考〉，收錄於《荻生徂徠，日本思想大系36》，東京：岩波書店出版，1983年8月10日八刷，p. 821。

[137] 平石直昭：《荻生徂徠年譜考》，東京：平凡社出版，1984年5月25日，p. 229。

[138] 《徂徠集》，收錄於《日本漢詩3》，p. 226。

[139] 「『校書』という表向きの仕事の背後で幕政の機密に關する仕事（『壼秘』）が進行中である……」平石直昭：前引書，p. 151。

鴻臚特奏名、蓋破格之遇云、遠近賀者、人與書、狼藉乎環堵之室、不遑應酬、大覺榮名之可厭也」，❹可知不論其有意或無意於功名皆可見為功名之累。或者晚年所著與政治有關的《太平策》和《政談》之目的皆為其欲藉此以實踐「先王之道」之志業，而非關世俗之功名亦未可知。

　　綜上觀之，徂徕此時五十五歲之前因《譯文筌蹄》、《萱園隨筆》、《辨道》、《辨名》、《論語徵》等著述而聲名廣播，學說亦由宋學轉向復古之學，為徂徕一生學問之大成，至於其五十六歲之後所著《太平策》以及《政談》則為其真正以文章作為「經國大業」之實踐。以下則就其學問思想之轉換以及其獨特學說之形成作一介紹。

---

❹　《徂徕集》，收錄於《日本漢詩3》，p. 247。

第四章　徂徠的學說

事實上徂徠於《譯文筌蹄題言十則》中云：「故合華和而一之、是吾譯學、和古今而一之、是吾古文辭學。」❶ 又，《學則附錄先生書五道答屈景山書》中云：「李王二公沒世用其力於文章之業、而不遑及經術、然不侫藉其學、以得窺經術之一斑焉。」❷ 可知，徂徠之學是以譯學為基礎，而後發展出古文辭學，再由古文辭學進入復古先王之道的經學，並欲以經學完成其所謂「夫文章者、經國大業、不朽盛事」，故其以文儒之身闡明先王之道為務，是以徂徠復古之學非宋儒心性高妙義理之學，尚李王古文辭之學卻非僅止於李王修辭之文學，而在於藉此開創其經世治國之理想，絕非世俗所謂「茍為之乎」的舞文弄墨之事，晚年並以《太平策》和《政談》作為具體實踐政治理論之依據。因此，徂徠學術思想之歷程簡言之以「譯學」作為「古文辭學」之方法學，由「古文辭學」轉向以「先王之道」「六經」為本的「復古之學」，繼而將之實際推行於現實政治，故其所倡復古之學有與當下實際生活以及政治現實面息息相關之實

---

❶　《譯文筌蹄題言十則》，收錄於《荻生徂徠全集》第二卷，東京：みすず書房，1974年8月20日，p. 15。

❷　《學則附錄先生書五道答屈景山書》，收錄於《荻生徂徠全集》第一卷，東京：みすず書房，1973年7月20日，pp. 37–38。

效性的一面。此蓋徂徠所自知其思想學問之「道」與人不同之特異處，故其於〈復安澹泊第二書〉中曰：「是自不佞之所為道、與足下異耳。」❸

如前所述，此一時期為徂徠人生從「漸入佳境」到「大東文章待我以興」以至成就其「不朽事業」意氣風發之時期。關於其文學創作理論、哲學思想、政治評論等著述甚豐，其門弟子服部南郭曾作〈物夫子著述書目記〉曰：

> 國家興百有四十年、治平所化、詩書之道、洽乎海內、其間
> 通儒豪傑之士、蠡出並作、各有所著、學術中興之盛、稱踰
> 前古、然創闢蓁塞者、芟鋤力微、鹵莽所遺、蕪穢未治、及
> 乎累　朝、文明益融、物夫子者出、乃以命世之器、馳宏覽
> 之才、著述撰述、兼綜具有、即自經術文章、群儒所誨、以
> 至雜家小數、凡所撰若干卷、恢然如天地之苞萬物也、且卓
> 識所開、學問之業、宇宙為之一新、於是海內仰止、風靡影
> 慕、苟挾書笈者、一望其旌題、相與歆衿、莫不祇敬之曰、
> 是真先君子之書也、因此貴尚之餘、乃又有姦巧以射利者、
> 拾其唾餘、綴以為全物、甚乃至有造無根之言、假托夫子之
> 名者、欺者作之、昧者行之、涇渭混合、清濁難辨、喬嘗與
> 萱社之盟久矣、且臨夫子易簀時、親受著述傳貽之屬、乃與
> 二三子、患其瞀亂如此、相與以其平日所與聞、重討論之、
> 定錄其書目、以防姦偽、有已刊者、有刊後自廢者、有秘而
> 不傳者、有略搆起端而未定者、有一時戲作者、各分辨記之

❸　《徂徠集》，收錄於《日本漢詩3》，東京：汲古書院，昭和61年2月，
　　p. 297。

如左。❹

---

❹　《南郭先生文集》，收錄於《日本漢詩4》，東京：汲古書院，昭和60
　　年5月，p. 366。
又，詳列徂徠著述如下：
辨道一卷
辨名一卷
論語徵十卷
大學解一卷
中庸解一卷
文集三十一卷
度量考二卷
絕句解三卷
答問書三卷
孫子國字解十三卷
　　右十部既刊行者
　　絕句解拾遺一卷
　　右夫子撰絕句解時、於稿中刪去者、夫子沒後、門人惜其遺落、而
　　收拾刊行焉
譯文筌蹄六卷
　　右夫子初年、授門人而令筆受者、雖既刊行焉、晚歲頗有毀廢之志、
　　故棄而不用、後編未刊者、亦舉以火之、不藏于家、今世姦獪之徒、
　　私刊後編、或更題目行之者、往往有之、皆所不用者
萱園隨筆五卷
　　右夫子中歲之作、至于晚歲、亦毀廢不用
文𧦡一卷
　　右初年所作、前已焚毀
吳子國字解五卷
讀荀子四卷
讀韓非子三卷

讀呂氏四卷

古文矩一卷

明二直隸十三省考定圖一帖

　　右六部、中歲作、未成者、或起端而不竟者、必當竣刪定、然後視
　　人者也

唐後詩十集七卷

　　右半已刊行、餘乃本未成

四家雋六卷

　　右評未全備

明律國字解三十七卷

　　右晚年作、唯為律語多難讀、而作解以藏于家而已、既而夫子曰、
　　法律之政、非先王以德禮之本、今天下依封建之制、則同乎三代之
　　所以直道而行者也、若依此為律易解、人輒用之、則害於其政、當
　　秘而不視爾、乃與盟者八人、特得賭耳、餘雖同社、不許輒視

樂制篇一卷

樂律考一卷

鈴錄二十卷附三卷

　　右三部亦頗秘、不許刊行者

琉球聘使記一卷

幽蘭譜抄一卷

琴學大意抄一卷

文變一卷

韻概一卷

滿文考一卷

喪禮略一卷

詩題苑三卷

南留別志五卷

廣象碁譜一卷

　　右十部、一時戲作、亦小而辨物爾、不必當弘行者、以上凡三十六
　　部百九十一卷不見以上目中者、皆非真也、惟後進君子有取裁焉、

　　由上文所述「著述撰述、兼綜具有、即自經術文章、群儒所誨、以至雜家小數、凡所撰若干卷、恢然如天地之苞萬物也」，蓋可知徂徠學術之廣博，亦如南郭〈祭徂來先生〉一文中所云：「六藝絲分九流雜糅、恢恢先生、網而不漏、醫卜稗官、觸目迺富、孫吳韓申、靡籍不究、濟濟多士、斐然是裁。」❺

　　承上所述，徂徠以譯學為基礎，而後發展出古文辭學，再由古文辭學進入復古先王之道的經學，五十五歲之前即因《譯文筌蹄》、《萱園隨筆》、《辨道》、《辨名》、《論語徵》等著述而聲名廣播，樹立獨特之學說，為徂徠一生學問之大成，至於其五十六歲之後所著《太平策》以及《政談》則應為其真正以文章作為「經國大業」之實踐，如此經世致用才是徂徠學說之理想。以下則就其「譯學」、「古文辭學」、「經學」之主張論述之。

第一節　徂徠的「譯學」

　　如徂徠自言「合華和而一之、是吾譯學」，正德元年（1711年）徂徠四十六歲時與弟叔達及井伯明三人組織「譯社」，並以岡島冠山為譯師，徂徠並起草〈譯社約〉，述及其原由曰：

> 譯家學、果有當於道邪、古昔王者有事於四夷、四夷以世王於中國、迺有以寄象狄鞮譯、供其職鴻臚之館、輶軒之前者、非士大夫所事事也、果亡當於道邪、東音之流傳於今、豈盡

世固多姦偽、或有盜藏而私寫者、至深秘焉、益為韞匱而藏諸、以待高價、然魚魯失真、一同棄物、有學識者、自知其不可用。

❺　《南郭先生文集》，收錄於《日本漢詩4》，p. 184。

盒山氏之遺哉、而士大夫所誦讀以淑己傳人者、壹是皆中國
之籍、籍亦無非中國人之言者、是同人所為務洗其歉、以求
如彼楚人之子處身於莊嶽間者也。❻

----

❻　《徂徠集》，收錄於《日本漢詩3》，p. 183。
　　又，〈譯社約〉全文如下：
　　「譯家學、果有當於道邪、古昔王者有事於四夷、四夷以世王於中國、
　　迺有以寄象狄鞮譯、供其職鴻臚之館、輶軒之前者、非士大夫所事事
　　也、果亡當於道邪、東音之流傳於今、豈盡盒山氏之遺哉、而士大夫
　　所誦讀以淑己傳人者、壹是皆中國之籍、籍亦無非中國人之言者、是
　　同人所為務洗其歉、以求如彼楚人之子處身於莊嶽間者也、茲與井君
　　伯明、及舍弟叔達、結社為會、延崎人岡生為譯師、會生補國子博士
　　弟子員、就舍其宅中、不得數數出、出月僅六七、迺得俾其請出為會
　　期焉、日必五十、其在上旬、為初五、為初十、中旬為望、為二十、
　　二十為予橫經藩邸日、則闕、下旬為二十五、為三十、小盡則闕、總
　　而計之、為日或五或四、尚餘二三以為生旁訪其朋舊故人、時澣濯、
　　及諸營私事之日、則庶乎其不借口有所迫以侵奪會期云、傳曰、參會
　　則地、謂其有主也、飭館邸、眠牲牢、戒有司、以具會事、春秋地主
　　之禮也、今我三人者、差其會期、更相為主、是寧莫有所以待賓客者
　　哉、奢則弗繼、禮苟志分、志分則妨學、恆浚則妨務、不有折衷、焉
　　能可久、於是正德紀元冬十月初五、實始會於我牛門之舍、不佞茂卿
　　以辱有一日之長也、為之約曰、凡會之日、不改卜、生有事則改卜、
　　為其事不由己也、凡會之日、主有事則辭、不徒勞於行也、賓有事、
　　不必報、為無供設故也、服必便、從必寡、欲不眩耀其鄰里也、堂不
　　必汛、庭不必洒、食不必戒、唯其常、大氐羹一、菜若肉、併其菹為
　　二、某不必備、酒不必勸、若或佳肴美味、它人時有贈遺、而非己所
　　辦置者、何妨也、凡會之人、可減、不可增、為惡乎喧故也、雖然、
　　主人所厚善而其人不俗、時或一臨之、不必簡也、集多在午前、散則
　　晡後、有時而夜歸、不可以為典常也、凡會之譚、其要在以夏變夷也、
　　不許以俗亂雅也、凡會之約、其可言者具是、其不能悉者、亦在不失

文中開宗明義指出日本學者所學「皆中國之籍、籍亦無非中國人之言者」而所要求的是「同人所為務洗其龐、以求如彼楚人之子處身於莊嶽間者也」， 主張以華文解華文為直接正確的學習方法，因此「凡會之譚、其要在以夏變夷也、不許以俗亂雅也」。❼

此一以華解華以漢釋漢之方法學與傳統以和釋漢的和訓學習方法大相逕庭，可謂為徂徠語言學獨到之處，也具有近代批判詮釋學之精神，即具有以正本清源的考察並透過分析、釐清，且批判性強之治學性格。至於其「譯學」之重要可由其〈稽古釋義〉一文中得知。

其於〈稽古釋義〉一文中曰：「虞書堯典曰若稽古帝堯先釋文次釋義」，釋文之後又曰：「釋義曰釋文徒解其言、文史之事也、長國家志於聖人之道者、不可不知其義也、故又有釋義」，並言：「稽古非徒欲以夸博物也、又非徒以潤飾政治也、乃欲通盛衰志亂之道、法古聖王為志也」，最後則言：「故稽古者、非必欲其泥古、乃欲其知今也、通古而後知今、知今而後可治今故稽古者、書經開卷第一義、而亦治天下國家之第一義也。」❽由此可推出稽古方法在於先釋文後釋義，目的則是通古以知今並以知今而後治今的政治目標，而釋文正確才不致於導致釋義錯誤，釋義正確才能通古今而治今，所以徂徠強調先王「六經」之復古之學以政治目的為依歸，而以「古文辭學」為基礎，以「譯學」為方法，由是可見其「譯學」， 在其徂徠學中重要之所在。

所以會之意也耳、凡我同志、敬聽斯言、庶永弗替、以底有成」，
p. 183。

❼　《徂徠集》，收錄於《日本漢詩3》，p. 183。

❽　《徂徠集》，收錄於《日本漢詩3》，pp. 178–179。

相關於其「譯學」方法之自述甚多，如《徂徠集卷・二十六・與江若水第五書》中言及與一般以和訓釋漢文之方法之根本差別曰：

> 其根本分歧處、在以和語推漢語、與以漢語會漢語也、或人所派、是近世精細學問、其於讀書法、亦搜抉無遺、但其所未達一間者、亦在由和訓而入焉、是以究未離和語境界也……吾黨則異是、其法亦只以漢語會漢語、未嘗將和語來推漢語、故不但把筆始無誤、平常與同人輩、胡講亂說、語語皆漢語、莫有一字顛倒差誤者……文戒中必諄諄乎此者、此乃受學之基址、故設以為入門蒙生第一關、透得此關、纔得為無學識不會文章的華人耳、如年年來長崎張二官李三官輩、商客何足尚焉、若夫一派、學問雖高、基址不立、如陂陀地上建九層浮屠、緣何不歪倒乎。❾

由上蓋可見其「譯學」主張很明確簡要，即是以「漢語會漢語」，此即學問之根基，非此則學問再高也將出現東倒西歪之窘況。關於此其於正德元年四十六歲時所作〈學則一〉中，便曰：

> 有黃備氏（即吉備真備，因避諱將軍綱吉）者出、西學於中國、作為和訓以教國人、亦猶易乳以穀、虎迺於菟、顛倒其讀、錯而綜之、以通二邦之志、於是乎吾謂之侏儷鴃舌者、吾視猶吾……雖然、易乳以穀、虎迺於菟、顛倒其讀、錯而綜之、吾謂之侏儷鴃舌者、吾視猶吾、吾視猶吾、而詩書禮樂、不復為中國之言。❿

---

❾　《徂徠集》，收錄於《日本漢詩3》，pp. 270–271。

認為以和訓讀漢文已失其本來面目，雖文義通然失其言，故其比喻為「目之則是、耳之則非」，而此一方法「可訓以故、不可誦以傳」，是以其於同文中接者曰：「筌乎筌乎、獲魚舍筌、口耳不用、心與目謀、思之又思、神則通之、則詩書禮樂、中國之言、吾將聽之以目。」⑪此語乃出自《莊子》：「得魚而忘筌」，「筌」即指捕魚工具即方法之意。在此徂徠認為吉備氏所教和訓之方法雖不失本義但在方法上則是錯誤的。此一錯誤如《徂徠集・卷二十五・答崎陽田邊生》一書中云：「夫以和訓讀書、所讀雖中華書、必顛倒其上下以從和語、究是和語、夫和與華、同在意而異在語、故以和訓讀書、唯得其意、不得其語。」⑫以上皆其自言其所學之法，因此之故，徂徠特別於〈學則一〉最後加以告誡曰：「迺申之以戒曰、若能不為黃備氏者、迺能為黃備氏者、嘻、若何必黃備氏之為。」⑬由此可知此一〈學則〉所謂作學問的方法即在學問之獨立自主性，直探源頭而不假手第二者，否則即喪失獨立學問之自主性，而此即徂徠所主張的「故學者先務、為要其就華人言語識其本來面目」，以本來面目還其本來面目。

與其「譯學」有關的著作除了《譯文筌蹄》之外尚有《訓譯示蒙》、《韻概》、《滿文考》等。又從《萱園隨筆》卷二：「我之所以作文戒文罫也」，⑭以及正德元年四十六歲時《徂徠集・卷二十一・

---

⑩　《徂徠集》，收錄於《日本漢詩3》，p. 174。

⑪　《徂徠集》，收錄於《日本漢詩3》，p. 175。

⑫　《徂徠集》，收錄於《日本漢詩3》，p. 260。

⑬　《徂徠集》，收錄於《日本漢詩3》，p. 175。

⑭　《萱園隨筆》，收錄於《荻生徂徠全集》第一卷，河出書房新社，1973年2月28日初版第一刷，p. 472。

與縣次公第三書》中：「予作文罫、備言華人言語、纔出口輒自有天秩、位置森然、有不可得而紊者、稿未成、成將寄」 ⑮ 之記載和《徂徠集・卷二十六・與江若水第十書》：「併求文罫文變、二書失藁、詩草亦散落、殆不可搜矣。」 ⑯ 此外〈譯文筌蹄題言〉中亦有：「予嘗作文罫一書、具言其天秩森然不可得而紊焉」 ⑰ 、「或授以是編及文罫」 ⑱ 、「文罫中所說、上下位置之法、必以四者為準」 ⑲ 等語。蓋可知尚有〈文戒〉、〈文罫〉與〈文變〉。〈文戒〉附錄於《萱園隨筆》卷五，〈文罫〉依上所言稿失，〈文變〉則不知所指，關於〈文罫〉失稿一事亦見於〈與江若水第五書〉中，其云：

> 詩俗語等諸筌蹄、不留藁本、何以塞來意、雖然、是皆我胸中所出、藁本雖失、舌尚在矣、倘或得一二後生心彗筆敏堪受寫者、不過一二月、藁本失者、不追而得也、不佞不敏、學乃日覺少進、則再成之藁、未必不勝舊日者矣、獨苦此方近來、卻少聰慧堪受筆者已、煥圖沒工夫、亦不能寫文罫作足下人情也。 ⑳

⑮　《徂徠集》，收錄於《日本漢詩3》，p. 217。

⑯　《徂徠集》，收錄於《日本漢詩3》，p. 274。

⑰　《譯文筌蹄》，收錄於《荻生徂徠全集》第二卷，東京：みすず書房，p. 5。

⑱　《譯文筌蹄》，收錄於《荻生徂徠全集》第二卷，東京：みすず書房，p. 10。

⑲　《譯文筌蹄》，收錄於《荻生徂徠全集》第二卷，東京：みすず書房，p. 11。

⑳　《徂徠集》，收錄於《日本漢詩3》，p. 270。

由上所言「再成之稿、未必不勝舊日者矣」，然終不知稿是否有重新完成。而今中寬司《徂徠學の基礎的研究》中所推測〈文鄴〉與〈文戒〉兩者是名異而內容相同，雖不可得而知，[21] 不過就其自形容〈文鄴〉內容為「有天秩、位置森然、有不可得而紊者」和「上下位置之法」來看的話則〈文鄴〉當非〈文戒〉。

至於〈文戒〉中徂徠「譯學」之主張如下：

> 予業已為諸生來吾社中者立三戒、以簡夫學華而不純乎華者、
> 則言曰、文章非它也、中華人語言也、中華語言與此方不同
> 也、先脩有作為和訓顛倒之讀以通之者、是蓋當時一切苟且
> 之制、要非其至者、而世儒裵裵守為典常、今諸生求諸方策
> 之不能面承古人、挨諸辭藻之不能傳後世不朽、究其弊源、
> 均之是物已、故和訓所牽、字非其字、語理錯迕、句非其句、
> 二者之病、或著無可指摘、篇章之間、實受其弊者、往往乎
> 有之、則我設戒之所以必三也、諸三苟能於是三者莫有所羅
> 累之、使謂之中華人語言、而其工拙不與焉、其法已載於文
> 鄴及譯筌中、而其戒具是矣。[22]

而其所立「三戒」即「第一戒和字」，認為「和字者謂以和訓誤字義者也、如いろは、為中文所不須」，並一一舉實例以證之，

---

[21]　「兩者の寫本が、內容において同一文章であることは兩者が同內容
　　　で異名の徂徠著であったかも知れない。」今中寬司：《徂徠學の基礎
　　　的研究》，東京：吉川弘文館，昭和41年9月20日，p. 100。

[22]　《萱園隨筆》，收錄於《荻生徂徠全集》第一卷，河出書房新社，
　　　p. 487。

如：「語孟字義曰、陰陽故非道、一陰一陽往來不已者、便是道」，徂徠認為「便字當作乃」，而此「亦緣和訓誤、便字卒看若無害者、語氣終是不相接」。㉓

　　「第二戒和句」，理由是「和句者謂語理錯縱、失位置上下之則者也、亦緣此方顛倒迴還之讀而誤也」，譬如其認為「後學只亦以為、吾聖人之學真如此」中之「只亦當作亦只」。㉔

　　「第三戒和習」，因為「和習者謂既無和字又非和句、而其語氣聲勢不純乎中華者也、此亦受病於其從幼習熟和訓顛倒之讀、而精微之間不自覺其非已」，同時亦一一列舉，如：「蓋孔子之學、及堯舜文武之道、孟子之說、即孔子之學、皆堯舜文武治天下之道、外此而豈有所謂學問者邪、蓋非以王道為主而行之、修己治人萬般工夫、皆由王道而出」一段，其認為「外此已下、語氣不相蒙、是亦和習所使」。㉕

　　由上可見徂徠以語言學技法對仁齋學之批評。總之，徂徠語言學主要是以「譯學」作為其讀書作學問的方法學，〈譯文筌蹄題言〉便云：「譯之一字、為讀書真訣」，㉖又云：「以譯為筌」，㉗「筌」

㉓　《萱園隨筆》，收錄於《荻生徂徠全集》第一卷，河出書房新社，p. 487, 488。

㉔　《萱園隨筆》，收錄於《荻生徂徠全集》第一卷，河出書房新社，p. 490。

㉕　《萱園隨筆》，收錄於《荻生徂徠全集》第一卷，河出書房新社，p. 491, 492。

㉖　《譯文筌蹄》，收錄於《荻生徂徠全集》第二卷，東京：みすず書房，p. 5。

㉗　《譯文筌蹄》，收錄於《荻生徂徠全集》第二卷，東京：みすず書房，p. 11。

即方法。關於讀書方法步驟，其認為「讀書欲速離和訓」，㉘此法主要即是透過「譯學」直讀原點，接著「能讀海舶來無和訓者田地、便當讀古書、古書是根本、譬如據上游、登泰山絕頂、眼力自高、胸襟自大」。㉙徂徠之主張簡言之即以「譯學」直識本來面目，進而直達古書之根本。

第二節　徂徠的「古文辭學」

　　如前所引徂徠自言其學為「譯學」之外尚有「古文辭學」，其接觸古文辭學依宇佐美灊水《萱園雜話》中所說是以三十九、四十歲之際因收購書物中有李王詩文集而決意學古文辭。而徂徠約三十八、九歲之時亦曾致書伊藤仁齋對其《大學定本》、《語孟字義》表達仰慕之意，其文錄於《徂徠集》卷二十七，如下：

　　　鄉憑子固、通殷勤于左右、辱蒙弗外、允致寒暄于左右、幸甚曷加、始不佞少在南總、則已聆洛下諸先生、凶踰先生者也、心誠鄉焉、後值赦東歸、則會一友生新自洛來、語先生長者狀、娓娓弗置、而益慕焉、迨見先生大學定本語孟字義二書、則擊節而興以謂先生真踰時流萬萬、居一二歲、入仕本衙、乃獲與子固友也、則觀其為人、忠信可愛、歲壬午（元祿十五年）來、同局共事最熟、而益想先生教誨之有在焉、

㉘　《譯文筌蹄》，收錄於《荻生徂徠全集》第二卷，東京：みすず書房，p. 10。

㉙　《譯文筌蹄》，收錄於《荻生徂徠全集》第二卷，東京：みすず書房，p. 13。

子固亦時時與不佞討論上下語孟諸書、則驚歎以謂何與吾先
生之言肖也、而一二有所聞於子固者、不佞斯未能全信焉、
雖然、不佞豈敢自信、亦思所以質於先生者耳、烏虖茫茫海
內、豪杰幾何、一匕當於心、而獨鄉於先生、否則求諸古人
中已、亦曰不佞不自揣之甚也、先生或能思其情、豈不大哀
憫乎、此不佞所以神飛左右之久也、山川千里、唯賴斯文、
氣脈流通、唯先生恕其狂妄、而待以子固之友人、幸更甚、
伏惟冰鑑、時下漸寒、千萬自重、不宣。❸

關於此一書信內容今中寬司《徂徠學の基礎的研究》一書中整
理出以下五點：

　⑴流謫南總的青年時代起以與伊藤學問當代第一之評價。

　⑵柳澤侯仕官中的元祿十五年仁齋弟子渡邊子固自京都來同
仕柳澤侯、兩人因此相識、接觸《大學定本》、《語孟字義》二書而
為仁齋學所感動。

　⑶且如渡邊子固所說徂徠的學問傾向與仁齋學相符、而向仁齋
乞教。

　⑷為子固親友之故、徂徠向仁齋懇願欲枉加垂教門下。

　⑸若此願不得實現則於古人中求。❹

事實上從文中所言：「子固亦時時與不佞討論上下語孟諸書、
則驚歎以謂何與吾先生之言肖也」來看的話、徂徠應是認為在與渡

---

❸　《徂徠集》卷二十七，收錄於《日本漢詩3》，東京：汲古書院，昭和
　　61年2月，p. 283。

❹　今中寬司：《徂徠學の基礎的研究》，東京：吉川弘文館，昭和41年9
　　月20日，pp. 97–98。

邊子固討論語孟諸書之間子固已覺得徂徠之學力與其師仁齋相當，不過徂徠接著說：「而一二有所聞於子固者、不佞斯未能全信焉、雖然、不佞豈敢自信、亦思所以質於先生者耳」，可知徂徠從子固所聞未能全信而欲求證，所以才會致書仁齋以求賜教，如其所云：「烏虖茫茫海内、豪杰幾何、一ㄥ當於心、而獨鄉於先生、否則求諸古人中已」，當今之世徂徠獨獨嚮往仁齋之學，若不然則只有以古為師了。

　　是以文中除了客套話外值得注意的尚有以下三點：

　　⑴徂徠對自己學力之自信。

　　⑵徂徠於仁齋之說並未全信且欲對仁齋提出質疑。

　　⑶若不蒙仁齋應允則向古人中求。

蓋⑴⑵兩點即為徂徠於文後請仁齋「恕其狂妄」之故吧，但重要的是其「求諸古人」一句話或者即意味著其往後倡古文辭走向復古之發端。依上所述此期應只是對仁齋學有所質疑，並未開始倡復古之學，然而究竟其復古之學於何時倡導，今中寬司於《徂徠學の基礎的研究》中引述徂徠六十歲時即享保十年左右《徂徠集・卷二十四・與復水神童第一書》中所記載：「予不佞倡學東方、殆且二十年矣、妄不自揣、皆天下為之先。」❸❷認為三十九、四十歲時為徂徠自稱古文辭學之開創期；而以《先哲叢談年表》中東條耕所言：「享保元年、物徂徠始以明李王之說倡修辭之業、別搆一格、時五十一歲」，認為世上一般以享保元年為古文辭之開創時期。❸❸

　　不過從徂徠三十九、四十歲始接觸古文辭且由〈與伊仁齋書〉中不得仁齋賜教則求助古人來看推測的話，此時或已入古文辭之門

---

❸❷　《徂徠集》卷二十四，收錄於《日本漢詩3》，p. 251。

❸❸　今中寬司：前引書，pp. 152–153。

但應還談不上開創古文辭學派。因從前引《譯文筌蹄題言十則》中所云：「故合華和而一之、是吾譯學、和古今而一之、是吾古文辭學」來看的話，徂徠「古文辭學」與「譯學」是並行的，依徂徠四十四歲時《徂徠集・卷三十・與香律師第三書》中所云：「不佞今夏頗勝暑、但未得半畝宅可藏嬾身者、尚在市樓中、作偷閒計也、峽中紀行、整理已完、將鋟問世、韓非子解亦成、譯筌未就緒、以故近來無它作」❸中所言來看，文中「譯筌未就緒」所指應為出版《譯文筌蹄》所作〈題言〉尚未就緒之意。又，依《譯文筌蹄》「凡例三則」中所言：「題言十則、不佞所請　先生以載筆者、附於卷首……寶永辛卯二月望　吉有鄰謹識。」❸可知〈題言〉完成於寶永辛卯二月望即正德元年徂徠四十六歲之時。是以，以此為根據的話，徂徠於〈題言〉中自言其學為「古文辭學」應是在正德元年即四十六歲之前，寶永六年四十四歲之後。又，徂徠〈經子史要覽附錄徂徠先生書一首〉所云：「不佞學古文辭者十年矣。」❸以及若依平石直昭《荻生徂徠年譜考》以《論語徵》為徂徠五十五歲之作，而以〈論語徵題言〉中所云：「余學古文辭十年矣」❸來推測的話，亦相當於徂徠四十四歲左右，正與其從柳澤藩邸解脫開創其人生新方向之時期相吻合。

　　關於伊藤仁齋對徂徠書簡作何反應並未有文獻記載，依今中寬

❸　《徂徠集》卷三十，收錄於《日本漢詩3》，p. 324。

❸　《譯文筌蹄題言十則》，收錄於《荻生徂徠全集》第二卷，東京：みすず書房，1974年8月20日，p. 19。

❸　《荻生徂徠全集》第一卷，東京：みすず書房，1973年7月20日，p. 533。

❸　《荻生徂徠全集》第三卷，東京：みすず書房，1977年7月25日，p. 4。

司《徂徠學の基礎的研究》中所敘述的理由為仁齋因病之故或因柳澤、綱吉失政導致對徂徠之不信任所致。❸不過從徂徠對仁齋學所抱持「未能全信」以及欲「質於先生（即仁齋）」的「狂妄」態度應是仁齋之未作回應之理由。只是耿直樸實的徂徠本身或許未能察覺此一微妙道理所在而對仁齋相應不理之態度耿耿於懷，如於四十九歲時《徂徠集・卷二十六・復芳幼仙》中所云：「憶不佞嘗修書伊仁齋、而仁齋不報、予至于今薄其為人矣、今而不畢罄其愚陋」，❸而其四十九歲時刊行的《萱園隨筆》即其對仁齋學不滿所作的直接批判。如《萱園隨筆》卷二：

> 予與仁齋門人邊子固、同寮相善、所處舍亦相接、暇則相往來、與共論說語孟諸書、上下其說、子固迺言曰、先生之言、何與吾仁齋先生相似也、若朱子之說、則初與先生不類、不知先生從何得之、是蓋信其師說云爾、又及從子固而叩其所聞乎其師者、則有不愜乎予心者矣、遂介紹子固、以寄書仁齋、其意則謂、定交之後、庶有以質吾之所未信者、裁其過而就其正、是不有益於彼則必有益於我也、子固又從旁稱其謙虛無我弗已、予亦旦夕竢其報至者垂一年、仁齋死而報不至矣、於是予稍稍疑之也、其後其徒桀其形狀碑碣以行於世、則卷後附以安省菴及予寄書、於是予又愈益疑之也、及閱其所著語孟字義童子問大學辨者、至於其謂宋諸老先生為禪儒、朱子為不仁之人、則足薄其為人也、蓋其意專以立門戶為務、雖我書牘百往、其何能容人之言乎。❹

---

❸　今中寬司：前引書，p. 98。

❸　《徂徠集》卷二十六，收錄於《日本漢詩3》，p. 274。

不難想像因此所引發之爭議亦是非常大的，且依《文會雜記》所載：「徂徠初世上不聞其名，萱園隨筆刊行以後，世上廣稱其名也」，此即為其名播天下之原因之一。❹

至於其古文辭學之內容，簡言之即反今學以回復古學。其過程是先反今學，而反今學中先反伊藤仁齋後反宋學，反伊藤仁齋是藉朱子學，反宋學是藉明李王之古文辭學，反宋學之內容要言之有二：一是反宋議論之文學，此以李王古文辭為依據；二是反宋傳注之理學，此徂徠以六經先王古道所載「事」、「辭」為本而反之，至此為其復古學之完成。然又化其經學為其現實實用的政治之學，實為徂徠復古之學之終極目標。關於其學問思想之轉換由其自述便可得知，如六十一歲時於《徂徠集・卷二十八・復安澹泊又（第三書）》云：

　　萱園隨筆者、不佞昔年、消暑漫書、聊以自娛、本非以公諸
　　大方君子、誤墜剞劂、遂背本心、且其時、舊習未祛、見識
　　未定、客氣未消、自今觀之、懊悔殊甚、忽承獎借、不啻泚
　　顙、蓋不佞少小時、已覺宋儒之說、於六經有不合者、然已
　　業儒、非此則無以施時、故任口任意、左支右吾、中宵自省、
　　心甚不安焉、隨筆所云、乃其左支右吾之言、何足論哉、何

❹　《萱園隨筆》，收錄於《荻生徂徠全集》第一卷，東京：河出書房新
　　社出版，1973年2月28日初版第一刷，p. 468。

❹　「徂徠ハ、初名ハ世上ニサノミ聞ズ。萱園隨筆刊行已後、世上ニ名
　　ヲ廣ク稱セラレタリト也。」湯元禎之祥：《文會雜記》，收錄於《日
　　本隨筆大成14》，日本隨筆大成編輯部編輯，吉川弘文館，昭和50年
　　12月5日，p. 182。

足論哉、中年得李于麟王元美集以讀之、率多古語、不可得
而讀之、於是發憤以讀古書、其誓目不涉東漢以下、亦如于
麟氏之教者、蓋有年矣、始自六經、終于西漢、終而復始、
循環無端、久而熟之、不啻若自其口出、其文意互相發、而
不復須注解、然後二家集、甘如啖蔗、於是回首以觀後儒之
解、紕繆悉見、祇李王心在良史、而不遑及六經、不佞乃用
諸六經、為有異耳、然六經殘缺、其不可得而識者、亦復不
鮮、君子於其所不知、益闕如也、豈足以為恥乎、而宋儒句
為之解、字為之詁、是強其所不知以為之者也、其謬不亦宜
乎、不佞則以為道之大、豈庸劣之所能知乎、聖人之心、唯
聖人而後知之、亦非今人所能知也、故其可得而推者，事與
辭耳、事與辭雖卑卑焉、儒者之業、唯守章句、傳諸後世、
陳力就列、唯是其分、若其道、則以竢後聖人、是不佞之志
也。㊷

又五十五歲時於《徂徠集 · 卷二十二 · 與富春山人第七書》：

不佞好古文辭、足下所知也、近來閒居無事、輒取六經以讀
之、稍知古言不與今言同也、迺徧採秦漢以上古言以求之、
而後悟宋儒之妄焉、宋儒皆以今言視古言、宜其舊沒理窟矣、
李攀龍王元美、僅為文章之士、不佞乃以天之寵靈、而得明
六經之道、豈非大幸邪、蓋中華聖人之邦、孔子歿而垂二千
年、猶且莫有乎爾、迺以東夷之人、而得聖人之道於遺經者、
亦李王二先生之賜也、足下吾黨祭酒、故以告知。㊸

㊷　《徂徠集》卷二十八，收錄於《日本漢詩3》，p. 298。

由上徂徠晚年自述可知早年已疑宋儒，然因業儒而未能從中脫困，
《萱園隨筆》即是此景況下之表現，直到受李王影響而發憤於古學
才得由宋學中脫困，再由其中得古道，故以「東夷之人、而得聖人
之道於遺經者」而自豪。以下則就其反仁齋之學以及反宋文章之學
和反宋之理學之內容作一介紹。

　　事實上伊藤仁齋亦為復古學之倡導者，雖然徂徠與之同樣倡導
復古，可是明顯的兩人之復古說出現了很大的歧異。關於兩者之差
異杜鋼建於其〈儒學與荻生徂徠的作為主義法思想〉一文中曰：

> 　　荻生徂徠繼仁齋之後成為古學派的重要代表。荻生徂徠也是
> 宣揚漢文學提倡經史考證的日本萱園學派的創立人。徂徠繼
> 承了仁齋的人道論，同時又有所發揮和發展。仁齋以仁義為
> 道，徂徠則以禮樂刑政為道。仁齋注重人道的精神價值和倫
> 理的內容，徂徠則強調人道的社會歷史性和規範形式。孔子
> 思想中的仁和禮這兩大要素被仁齋和徂徠分別繼承。仁齋之
> 道與徂徠之道的區別猶如孟子之道與荀子之道的區別一樣，
> 枝節有差，本可歸宗。❹

誠如上文所述，仁齋學之根本在孟子，如其《語孟字義》； 然而徂
徠學之本源在荀子，如其《辨道》、《辨名》。 只不過有趣的是，孟
子力闢楊墨、作義利之辨，荀子作非十二子，而徂徠《萱園隨筆》

---

❸　《徂徠集》卷二十二，收錄於《日本漢詩3》，p. 226。

❹　杜鋼建：〈儒學與荻生徂徠的作為主義法思想〉，第一屆兩岸儒學會議
　　論文，南京：1993年1月8～12日。

中亦對仁齋多所批評而與人好辯之形象，如《徂徠集・卷二十七・答屈景山第一書》：「不佞往歲作萱園隨筆、其時識見未定、爭心未消、然隨筆之作、自書以自玩、聊以消閒、初非以示人也、獨奈誤墮剞劂之手、遂公諸海內、海內諸君子、因謂不佞好辯者、非不佞之心也。」❹試圖為好辯之形象作一辨解，以說明其無好辯之心，然而其於《徂徠集・卷二十五・答島叔謙》中云：「後儒好辯、自孟子始、孟子書、其非闢楊墨尊孔子者、是其著書本旨……不佞昔年亦坐是弊、心實惡黨、黨由是立、辟諸惡影日中走、豈不悔乎。」❻卻是坦白承認往年好辯之事實和悔意。

　　其對仁齋之批評除了如〈文戒〉以語言學之立場出發指正仁齋之誤外，另一途徑則如「不佞始習程朱之學、時作萱園隨筆」所云，以程朱學來批判仁齋之學。關於此今中寬司《徂徠學の基礎的研究》中已有相當之論述。以下略舉《萱園隨筆》中對仁齋之批判。《萱園隨筆》卷一：

> 近歲伊藤仁齋先生者、非天地開闢之說、有曰、此想像之見耳……以予觀之、猶有未盡矣、仁齋若謂六和之外、天地始終、措而勿論則可也、而以想像譏之、則所謂知六和之無窮者、亦豈非想像邪。❼

又《萱園隨筆》卷一：

❹　《徂徠集》卷二十七，收錄於《日本漢詩3》，p. 289。
❻　《徂徠集》卷二十五，收錄於《日本漢詩3》，p. 266。
❼　《萱園隨筆》，收錄於《荻生徂徠全集》第一卷，東京：河出書房新社出版，p. 464。

予十七八時、有見於斯、而中夜便起、不覺手之舞之足之蹈
之、自此之後、愈益戴程朱諸先生之德弗衰、以至於今三十
年一日也。而仁齋者緣此遂視程朱若仇讎也、世之可怪者、
豈有過於是哉、細觀其書、其於中華言語、未能視之如此方
言語、則其所解程朱諸先生語者、不能全得程朱諸先生之心、
而皆此方時師之陋見也、祇以其聰明有過人者、故忽有見一
隅、則輒自以為至珍至寶、而不能反之乎三隅、遂爾排擊程
朱、建立門戶、過此以往、自是非人、種種病痛、無所不至、
豈不惜乎。**⓭**

又《萱園隨筆》卷二：

或疑程朱性理之說、甚精微高玅、如與古聖人教法或有不同
者、蓋不知古聖人亦有精微高玅者、皆寓諸禮樂六藝中、禮
樂皆事也、古之人直據其事以行之、則聰明者思而得之、否
者亦遵守而不違焉、皆可以不失其中正至當之則、此聖人教
法之所以為妙也、及程朱二夫子生於禮樂泯絕之後、則自不
得不以理推之、此高玅精微之說所以興也、然程朱性理之說、
得之於易者為多、而旁參諸禮樂諸書、一以陰陽五行為之綱
紀、而陰陽五行、迺易與禮樂之蘊也、此又程朱之言、所以
與聖人教法不違盭故也。**⓮**

⓭ 《萱園隨筆》， 收錄於《荻生徂徠全集》第一卷，東京：河出書房新
社出版，p. 467。

⓮ 《萱園隨筆》， 收錄於《荻生徂徠全集》第一卷，東京：河出書房新

又《萱園隨筆》卷三：

> 仁齋惡理字殊甚、然今觀其語孟字義童子問大學辨等書、豈
> 不勃率理窟乎……其言曰、理字從玉從里、故道字活、理字
> 死、彼已能謂仁者人也義者宜也、皆借音發其義、而至此特
> 引六書製字纏繞立言、可以見其為強詞硬語耳。❺⓿

又《萱園隨筆》卷三：

> 仁齋謂程朱以持敬換忠信、可為強詞、程朱何嘗廢忠信、如
> 仁齋謂忠信是本業、敬亦何妨本業、若不持敬則家無主、以
> 何力其本業哉。❺❶

由上蓋可見徂徠此時學問尚以程朱學為規範，是以對反宋學性理之
說而倡古義學之仁齋批判甚多。試歸納其批判之理由則有以下三點：

　(1)因徂徠三十八、九歲之時仍崇信程朱之學，而對仁齋駁斥程
朱大表不滿，故曰「世之可怪者、豈有過於是哉」。

　(2)認為仁齋的「中華言語、未能視之如此方言語」，因而認為
仁齋所解讀之程朱有誤。

　(3)認為仁齋欲借排擊程朱以自立門戶，而此一以己為是以人為

　　社出版，pp. 470–471。

❺⓿　《萱園隨筆》，收錄於《荻生徂徠全集》第一卷，東京：河出書房新
　　社出版，p. 474。

❺❶　《萱園隨筆》，收錄於《荻生徂徠全集》第一卷，東京：河出書房新
　　社出版，p. 479。

非之心態是不當的。

由上可見，徂徠對仁齋之批判在情緒上佔了相當多的因素在裡面，是以晚年對此一情緒之發洩似有悔意，態度亦有所轉變。

如《徂徠集·卷二十三·與藪震庵》中云：

> 不佞始習程朱之學、時作萱園隨筆、是不佞之學未成者也、夫程朱固豪傑之士矣、然吾所願則學孔子。❺❷

以及《徂徠集·卷二十三·與藪震庵第四書》：

> 蓋百年來儒者巨擘、人才則熊澤、學問則仁齋、餘子碌碌、未足數也。❺❸

以及《徂徠集·卷二十五·與島叔謙》：

> 承喻萱園隨筆一書、不佞一時惡伊氏務張皇門庭所著、當其時、實未聞道、以今觀之、華辯傷德、少識害道、深可惶懼。❺❹

以及《徂徠集·卷二十七·答屈景山》：

> 不佞往歲作萱園隨筆、其時識見未定、爭心未消、然隨筆之作、自書以自玩、聊以消閒、初非以示人也、獨奈誤墮剞劂

❺❷ 《徂徠集》卷二十三，收錄於《日本漢詩3》，p. 238。
❺❸ 《徂徠集》卷二十三，收錄於《日本漢詩3》，p. 242。
❺❹ 《徂徠集》卷二十五，收錄於《日本漢詩3》，p. 265。

之手、遂公諸海內、海內諸君子、因謂不佞好辯者、非不佞
之心也。⑤

《徂徠集・卷二十八・復安澹泊又（第三書）》云：

> 萱園隨筆者、不佞昔年、消暑漫書、聊以自娛、本非以公諸
> 大方君子、誤墜剞劂、遂背本心、且其時、舊習未袪、見識
> 未定、客氣未消、自今觀之、懊悔殊甚。⑤

如前所述，因徂徠不滿仁齋對其相應不理且批判程朱之學故作《萱園隨筆》以駁之。往後徂徠雖捨程朱之學，不過仍不苟同於仁齋之說，如晚年轉向復古之學時的代表作《辨名》下中曰：

> 仁齋先生駁宋儒者至矣、然其學猶之後世之學也、其言曰、
> 以有心視之、則流於災異、若漢儒是也、以無心視之、則流
> 於虛無、若宋儒是也、可為善為調停者也巳、果其說之是乎、
> 則天也者有心無心之間者也、可為妄已。⑤

又《徂徠集・與藪震菴第一書》：

> 如仁齋一元氣、本於漢儒訓太極之言、然漢儒狃老莊之說、

---

⑤　《徂徠集》卷二十七，收錄於《日本漢詩3》，p. 289。

⑤　《徂徠集》卷二十八，收錄於《日本漢詩3》，p. 298。

⑤　《辨名下》，收錄於《荻生徂徠全集》第一卷，東京：河出書房新社
　　出版，p. 443。

而以太極為混沌一氣、仁齋則不取天地開闢及理氣之說、乃
就今日之天地、而言一元氣也、故漢儒之所為元者、始也、
仁齋之所為元者大也、是仁齋輩皆以己心而恣言之。❺❽

可謂是批仁齋外連帶的宋儒以上漢儒以下皆在其批駁之內。繼批判
仁齋之後主要的即是其對宋學之批判。徂徠對宋儒之批判，如上所
述，徂徠〈與伊仁齋書〉中說到若仁齋不能解答徂徠之疑問徂徠將
「求諸古人」，　不過此時「求諸古人」之目的不是後來因倡導古文
辭學而反程朱學，而是欲借古以證明仁齋批評程朱學之誤，只是沒
想到反而從古人中發現程朱之誤。其對宋學產生質疑應始於明李王
古文辭。如《徂徠集‧與藪震菴第一書》：

不佞始習程朱之學、而修歐蘇之辭、方其時、意亦謂先王孔
子之道在是矣、是無它、習乎宋文故也、後有感於明人之言、
而後知辭有古今焉、知辭有古今、而後取程朱書讀之、稍稍
知其與先王孔子不合矣、夫然後取秦漢以上書、而求所謂古
言者、以推諸六經焉、則六經之旨、瞭然如指掌矣、是亦無
它、習乎古文故也。❺❾

又，依照吉川幸次郎〈徂徠學案〉之說，徂徠四十至五十歲之間為
文學創作期，此一時期文學論完全脫去宋學完成以李王為尊以歐蘇
為敵，然而儒學說仍以程朱學為是，　❻⓪五十歲之後才從宋儒束縛中

---

❺❽　《徂徠集》卷二十三，收錄於《日本漢詩3》，p. 239。
❺❾　《徂徠集》卷二十三，收錄於《日本漢詩3》，p. 238。
❻⓪　「ところでかく文學說は、この時期において、完全に宋的なものか

完全脫離並反撥以樹立期獨特的新的學說。**❻**是以在此便將徂徠反宋學之說分作反宋文學說和反宋經學說兩個階段，而對宋學批判之內容有二：一是反對宋儒文章之論；二是反對宋儒經學之說。有關其對宋儒批判之文章資料如下：

㈠對宋文學說批判之論述

《徂徠集・卷十九題・唐後詩總論後》：

> 蘇黃之派、氾濫江湖、七百年以來、謂無詩可矣……又或經生作詩、先入者為主、則宋風淪髓、汙下不能祛。**❻**

《徂徠集・卷十九・四家儁例六則》：

> 六朝之靡、韓柳以理勝之、別開門戶、宋元之弊、李王以辭勝之、復古之業始備、雖復歷千載、唯此四家為作文之規矩

ら脫卻して、李王を神として歐蘇を敵とする學說を完成する。にもかかわらず、儒學說はなお宋の程子朱子の學を、この時期でも守っている。」吉川幸次郎：〈徂徠學案〉，收錄於《荻生徂徠，日本思想大系36》，東京：岩波書店出版，1983年8月10日八刷，p. 710。

❻　「前の時期に果たされた文學說の宋からの脫卻、そうして明の李攀龍王世貞からの示唆による「古文辭」の新文學が、このさいごの時期ではいよいよ一世な風靡するうちに、儒學說もまた、「萱園隨筆」までは保持した宋儒の束縛から、完全に脫卻して、それに反撥し、獨特の新しい學說を樹立する。」吉川幸次郎：〈徂徠學案〉，收錄於《荻生徂徠，日本思想大系36》，p. 714。

❻　《徂徠集》卷十九，收錄於《日本漢詩3》，p. 196。

準繩也、故特拔雋其集中、以授句讀、範蒙學、塗轍一定、
聰明以生、繇是而往、六經十三家、庶可得而學焉、是余選
錄之意也。

唐稱韓柳、宋稱歐蘇、而今所以不取歐蘇者、以宋調也、宋
之失、易而冗、其究必至於註疏而謂之文矣、是李王之所以
痛心也……蓋滄溟全不用韓柳法、弇州非不用之、迺修辭以
勝之、唯修辭復古、是二子之所以異於韓柳也。**⑥③**

《徂徠集・卷二十一・與縣次公第三書》：

予笑彼世儒綿力、文唯喜歐曾、詩唯喜中唐以下、古與今、
茫茫乎不相涉、每如隔弱水萬里者、皆坐是故也、李王大才、
其於古、未嘗屑屑乎作訓詁、而退省其文章、亦足以發也、
故予特賞二公者為其能梯航乎古也、不獨取其詞藻也。**⑥④**

《徂徠集・卷二十四・復水神童第二書》：

雖韓愈倡古文、程朱二公倡古學、亦皆以今言視古言……不
佞之求古、必以事與辭、事則莫詳於三禮、故不佞以為士不
通三禮、則不足以為好古也。**⑥⑤**

《徂徠集・卷二十四・復水神童第二書》：

---

⑥③ 《徂徠集》卷十九、收錄於《日本漢詩3》, pp. 198–199。
⑥④ 《徂徠集》卷二十一、收錄於《日本漢詩3》, p. 217。
⑥⑤ 《徂徠集》卷二十四、收錄於《日本漢詩3》, pp. 254–255。

後儒乃以己之心、黜陟古人、不佞則謂之僭妄已。❻❻

《徂徠集・卷十九・譯文筌蹄題言十則》：

> 予覽世作詩者、率皆清弱枯槁、少有春風著物、花木燁發、
> 天然富貴氣象、察其弊由、率緣初學皆經生、經生語、纏入
> 詩中、便覺寒乞相、其小有識者、動說意味如何、殊不知外
> 詩家語、以求詩家意味、終是沒交涉、求之語言、似淺實深、
> 求之意味、雖深便墮外道、其在中華、唐宋分歧處、實在
> 此。❻❼

《徂徠集・卷二十六・與江若水第八書》：

> 蓋詩以格為別、高華雄渾、古雅悲壯、是盛唐所尚也、而足
> 下詩有此邪、流暢圓美、宛切動人、是中唐所長也、足下則
> 肖之、新奇尖巧、刮目快心、是晚唐所擅、而非鳴春不足以
> 當之也……夫盛唐主格、中唐主情、晚唐主意、古人曰、在
> 可解不可解之間、可見情意二者非最上乘焉。❻❽

《徂徠集・卷二十六・與春竹庵》：

---

❻❻　《徂徠集》卷二十四，收錄於《日本漢詩3》，pp. 256–257。

❻❼　《徂徠集》卷十九，收錄於《日本漢詩3》，p. 194。

❻❽　《徂徠集》卷二十六，收錄於《日本漢詩3》，p. 272。

韓柳八家之文、世所欣慕、然其文有篇無句、理勝而辭病、
長議論、而短敍事、何況風雅乎、是文之偏者已、故不佞不
屑為之、且其人皆豪儁之才、不修辭、不師古、率以今言行
其英特之氣、甚口喜辯、隨意所至、斐然成章、是皆以才氣
勝者、烏可學哉……若以不佞素所嫺習歟、則莫若師古已、
上焉六經、中焉先秦西京、下焉明李王汪三家、亦師古者、
其文主乎辭、而道在焉……夫害文章者、則宋儒傳注、是其
尤甚矣……然不佞亦昔年尸祝程朱、迺睹明人多厭舉子業、
忽然有省、遂廢其學者三年、而後文始成矣、何者、程朱之
言、主明理以喻人、人之未喻、益詳其說、必究於俚言、然
自幼習讀、尊信之至、猶且以文章視之、間或覺之、其冗腐
之氣、既已浹於腎腸、不可得而洗焉、亦不自知其與之俱化
矣、是所以害文章之故也……故宋人之病、皆在不修辭……
故歐蘇非文之至者、而程朱之言害乎文也、足下苟能學古修
辭、則文與道豈必裂焉哉。⑥⑨

《徂徠集・卷二十六・與春竹庵第二書》：

足下之言謂傳注以譯古、何必廢焉、是其心以為不譯古不可
通、而不能割愛於程朱矣……且程朱昧乎古言、必假其譯邪、
猶如求華言於朝鮮已、不亦迂乎、不佞十年前所見、與足下
不殊矣、後因學古文辭、目無漢後書、乃稍稍識所謂古言者、
蓋廢倭訓而後華言可通焉、廢傳注而後古言可識焉……身不
習其事、而欲知其理、不習其辭、而欲得其意、難矣哉。⑦⓪

---

⑥⑨　《徂徠集》卷二十六，收錄於《日本漢詩3》，pp. 284–285。

《徂徠集・卷二十六・與春竹庵第五書》：

> 學詩之方、當學其辭矣。❼

《徂徠集・卷二十七・答稻子善》：

> 中唐情婉易感、晚唐辭巧易眩、此所以失乎格故也……要之
> 盛唐自有盛唐語、中晚自有中晚語、古詩自有古詩語、歌行
> 律絕各有其語、不可強合、苟學其語、習之熟、而格調自
> 至、不爾、必有錯出不倫之失、故不佞嘗曰、學之在辭。❼

㈡對宋經學批判之論述

《徂徠集・卷十七・私擬策問一道》：

> 子罕言性、性命之道、稽諸古昔、即一二見於殷商之書。❼

《徂徠集・卷十六・贈長大夫右田君》：

> 而其所以脩己者、或求諸心、或求諸理、剖蠶絲、析牛毛、
> 義勝而仁亡、知盛而德衰、遂忘先王之道……或以惻隱之心
> 為仁、不忍人之心為仁、雖有之心、然無安民之道、亦姑息

耳、或曰擴天理、遏人欲、務去其惡、是其操心不寬、是以
不知先王之教養以成德也、不知夫惡者也、善之未成者也、
或曰、知而後踐之、務欲窮理、殊不知理豈可窮而盡乎……
故先王教以禮樂、習之久、自然與之化、然後知之、謂之物
格而知至……我不順先王之教、而欲求諸心以知之、多見其
不知量也、今禮樂雖亡、六經具在。**❼❹**

《徂徠集・卷二十二・與平子彬第三書》：

世儒醉理、而道德仁義、天理人欲、衝口以發、不侫每聞之、
便生嘔噦乃彈琴吹笙、否則關關雎鳩、以洗其穢。**❼❺**

《徂徠集・卷十六・長藩川子因縣生請言》：

自孟子好辨闢楊墨、而後之先生大師、率以明道為己任、其
教人也、亦妄意謂知可傳諸不知、德可傳諸不德矣。**❼❻**

《徂徠集・卷十七・學則七》：

故命也者、不可如之何者也、故學而得其性所近、亦猶若是
夫、達其財成器以共天職、古之道也、故學寧為諸子百家曲
藝之士、而不願為道學先生。**❼❼**

---

❼❹　《徂徠集》卷十六，收錄於《日本漢詩3》，p. 166。

❼❺　《徂徠集》卷二十二，收錄於《日本漢詩3》，p. 230。

❼❻　《徂徠集》卷十六，收錄於《日本漢詩3》，p. 168。

《徂徠集・卷二十二・與富春山人第七書》：

> 不佞好古文辭、足下所知也、近來閒居無事、輒取六經以讀
> 之、稍稍知古言不與今言同也、迺徧採秦漢以上古言以求之、
> 而後悟宋儒之妄焉、宋儒皆以今言視古言、宜其舊沒理窟矣、
> 李攀龍王元美、僅為文章之士、不佞乃以天之寵靈、而得明
> 六經之道、豈非大幸邪、蓋中華聖人之邦、孔子歿而垂二千
> 年、猶且莫有乎爾、迺以東夷之人、而得聖人之道於遺經者、
> 亦李王二先生之賜也、足下吾黨祭酒、故以告知。⑱

《徂徠集・與藪震菴第一書》：

> 故居敬窮理、及理氣之說、皆程朱取諸己心、而立是言、以
> 為教者也、古聖人之教所無也、大氐世人、自幼讀程朱書、
> 而習之所化、尊信程朱過於古聖人矣、且六經古言艱奧、難
> 可通曉、故喜於程朱書之易讀、且其意謂程朱大儒也、其解
> 六經、宜若無誤矣、故今人止以理之當否辨之、而不復問辭
> 之合否……辭有古今、程朱雖豪傑之士、亦不識古言、是其
> 所由而失邪。⑲

古文辭學為徂徠學之重點所在，其往後經學的闡述與發揚亦根基於

---

⑰　《徂徠集》卷十七，收錄於《日本漢詩3》，p. 178。
⑱　《徂徠集》卷二十二，收錄於《日本漢詩3》，p. 226。
⑲　《徂徠集》卷二十三，收錄於《日本漢詩3》，p. 239。

此，其内容與主張如松下忠《江戶時代の詩風詩論》論述徂徠提倡古文辭的目的有二，即一是對宋學的反對，二是徂徠詩論的主張。並就其主張歸納出以下三點：①理想的時代人物②尚辭論③兼備說。❽關於此，《徂徠集・卷二十七・答屈景山》中云：

> 夫六經辭也、而法具在焉、孔門而後、先秦西漢諸公、皆以此其選也、降至六朝、辭弊而法病、韓柳二公、倡古文、一取法於古、其紕辭者、矯六朝之習也、然非文章之道本然、故二公亦有時乎修辭……宋歐蘇、學韓柳者也、但不求諸古、而求諸韓柳、所以衰也、其文以理勝、不必法、而其紕辭者自若、夫文以道意、豈患無理、西漢以上深矣、俾人思而得之、宋人乃欲瞭然乎目下、是以淺矣、蹊逕皆露、其所長議論耳、縱橫馳騁、肆心所之、故惡法之束也、況乎辭、紕辭、故不能敘事、夫明㸦是務、欲瞭然乎目下者、注疏之文非邪、是以末流之弊、語錄不啻也、明李王二公、倡古文辭、亦取法於古、其謂之古文辭者、尚辭也、主敘事、不喜議論、亦矯宋弊也、夫後世文章之士、能卓然法古者、唯韓柳李王四公、故不佞嘗作為四大家雋、以誨門人……且傳注之作、出於後世、古今言之殊、彼亦猶我也、彼且以理求諸心、而不求諸事與辭、故其紕繆、不可勝道……不佞從幼守宋儒傳注、崇奉有年、積習所錮、亦不自覺其非矣、藉天之寵靈、暨中年、得二公之業以讀之、其出亦苦難入焉、蓋二公之文、資諸古辭、故不熟古書者、不能以讀之……且二公之文主敘事、而于鱗則援古辭以證今事、故不諳明事制者、雖熟古書、亦

不能讀焉、夫六經、皆事也、皆辭也、苟嫺事與辭、古今其
如視諸掌乎……宋儒傳注、唯求理於其心以言之、夫理者、
無定準者也、聖人之心、不可得而測矣、唯聖識聖、宋儒之
所為、豈不倨乎……如陽明仁齋、亦排宋儒者也、然唯以其
心言之、而不知求諸辭與事、亦宋人之類耳、故不佞不取焉、
李王二公沒世用其力於文章之業、而不遑及經術、然不佞藉
其學、以得經術之一斑焉……且古言簡而文、今言質而冗、
雅言之於俚言也、華言之於倭言也、亦猶如是歟、夫華言之
可譯者意耳、意之可言者理耳、其文采縈然者、不可得而譯
矣、故宋文之與俚言倭言、其冗長脆弱之相肖、亦必從事古
文辭、而後可醫倭人之疾。 **⑧**

由上蓋可知，徂徠詩論中理想的時代人物以主張復古的韓柳李王為
榜樣。而其尚辭論則以六經為本，強調六經求諸事與辭且法具在。
至於徂徠兼備說，《徂徠集・卷二十五・答崎陽田邊生》中云：

夫詩情語也、喜怒哀樂鬱乎中而發乎外、雖累百千語、其氣
不能平、於是不得巳而咨嗟之、咏嘆之、歌乎口、舞乎手、
片言隻語、其氣乃洩、吾情可以暢、故詩之至長者、纔與文
之至短者相抵……詩情語也、文意語也、所主殊也……此詩
之所以主情而不與文章同科者爾、六朝至唐、皆其流風、獨
宋時學問大閘、人人皆尚聰明以自高、因厭主情者之似癡、
遂更為伶俐語、雖詩實文也、蘇公輩、為其魁首……詩之衰
莫衰乎宋者是也、是又無它故也、主意故也、今觀此方之詩、

---

⑧　《徂徠集》卷二十七，收錄於《日本漢詩3》，pp. 289–290。

多類宋者、亦主意故也……以此觀之、得意而不得語者之不
能盡夫詩也審矣、且夫情唯喜怒哀樂愛惡欲、而意之曲折萬
變、然意之曲折萬變、可言而盡、無復餘蘊、至於情、其名
雖七、而態度種種、不可言而盡、唯語之氣格風調色澤神理、
庶幾可以發而出之、以此觀之、得意而不得語者之不能盡夫
情也亦審矣、故予斷以為學詩之法、必主情而求之語是已、
此方之人得意而不得語、其於唐詩也茫不見趣、於宋詩也愈
覺有味、不亦宜乎……⑧

由上可知徂徠詩論是以「主情而求之語」的兼備說。此外《徂徠集・
卷二十六・與江若水第八書》:「夫盛唐主格、中唐主情、晚唐主意、
古人曰、在可解不可解之間、可見情意二者、非最上乘焉」⑧。即
如松下忠所謂徂徠詩論主張合詩格、詩情、詩意為一之詩論。在文
論方面由《譯文筌蹄題言十則》中所云:「韓柳以達意振之……李
王以修辭振之。」⑧亦可知文論方面亦主張合修辭與達意二者為一。
其亦於《徂徠集・卷十八・跋詩筌》中云:「世之學詩者、迺不嫺
乎辭而欲其巧、辟諸舍規矩而學大匠之所為、豈可得乎……吾得先
王禮樂之教、而施於詩。」⑧認為學詩必嫺熟於「辭」、規矩「法」
度外、亦應加以先王禮樂之教方面經學之「事」才行。此即徂徠古
文辭說中與李王相異之處、經學詩文兼修與詩文中辭與法之具備即

---

⑧　《徂徠集》卷二十五，收錄於《日本漢詩3》，p. 260。

⑧　《徂徠集》卷二十六，收錄於《日本漢詩3》，p. 273。

⑧　《譯文筌蹄題言十則》，收錄於《荻生徂徠全集》第二卷，東京：み
すず書房，p. 14。

⑧　《徂徠集》卷十八，收錄於《日本漢詩3》，p. 185。

為徂徠學之特色。

第三節　徂徠的「經學」

除了從上述所引可知其復古學說之目的與理由外，關於其復古之態度，可由《徂徠集・卷十七・學則二》中得知，其云：

> 吾奉于鱗氏之教、眡古修辭、習之習之、久與之化、而辭氣神志皆肖、辭氣神志皆肖而目之眡、口之言、何擇、夫然後千歲之人、旦莫遇之、是之謂置身仲尼之時、從游夏親受業也、是之謂與古為徒也。⑧⑥

徂徠除了現實政治、經世致用之實學中，亦有「置身仲尼之時、從游夏親受業也、是之謂與古為徒也」的浪漫情懷。而其此時致力經學所下之工夫，可由以下皆為徂徠於享保五年五十五歲時所作幾封書簡中得知。

⑴《徂徠集・卷二十五・與佐子嚴第四書》：「不佞因疾而知衰、乃力疾著書、因是而又樂以忘憂、詳諸富春書中、足下亦非外人、宜就叟而觀之、慎勿語之外人哉。」⑧⑦

⑵《徂徠集・卷二十九・與香國第十書》：「懼天命之不永也、閉戶而修先王孔子之業焉、呻吟之與吾伊、雜然有聞於戶外、外人則謂維摩示疾、豈其然、經夏涉秋、及至冬月、疾稍稍癒、而所修

---

⑧⑥　《徂徠集》卷十七，收錄於《日本漢詩3》，東京：汲古書院，昭和61年2月，p. 175。

⑧⑦　《徂徠集》卷二十五，收錄於《日本漢詩3》，p. 262。

之業亦成矣。」㊳

（3）《徂徠集・卷二十・與下館侯第二書》：「不佞近修先王孔子之業以自娛焉、鑽研之久、頗有所得、論語二十篇先成。」㊴

承前所述，徂徠學中古文辭學之重要。然而其最具代表性之重要意義則是藉古文辭以達其經世致用之六經之學。如前引《徂徠集・卷二十二・與富春山人第七書》中所言：「李攀龍王元美、僅為文章之士、不佞乃以天之寵靈、而得明六經之道、豈非大幸邪、蓋中華聖人之邦、孔子歿而垂二千年、猶且莫有乎爾、迺以東夷之人、而得聖人之道於遺經者」。㊵

由上蓋可見徂徠對其由古文辭闡揚經學的學術論見之自我肯定，而以孔子之後二千年東夷人之身分為「得聖人之道於遺經者」。此時徂徠之自信與自得又遠勝於早年提倡古文辭學之初「大東文章待我以興」之豪語。也是徂徠學術生涯向上攀升的另一境界。關於徂徠由李王古文辭學中的文章之道的範疇中跳脫而開拓另一新的學術領域之發展歷程，蓋由以下資料可得知其概況。首先徂徠認為「六經皆史」，《徂徠集・卷十八・左史會業引》中云：

六經皆史也、是言也知言哉、故能為古文辭者、皆稱述六藝、而六經無以古文辭稱也、是寧以史為辱六經乎。㊶

以往通曉古文辭者皆稱述六藝而忽略六經，且欲以史輕忽六

㊳　《徂徠集》卷二十九，收錄於《日本漢詩3》，p. 319。

㊴　《徂徠集》卷二十，收錄於《日本漢詩3》，p. 208。

㊵　《徂徠集》卷二十二，收錄於《日本漢詩3》，p. 226。

㊶　《徂徠集》卷十八，收錄於《日本漢詩3》，p. 181。

經，關於此《徂徠集・卷二十三・與藪震菴第七書》中做了以下之辯駁，其曰：

> 足下以為讀史記不如讀經、是固然、然經皆為宋儒所壞盡、
> 今之讀經者、皆從宋儒注解、以求聖人之道、何以能得之哉、
> 大氐宋儒之學、主言之、凡言之者、貴盡理、務明白其理、
> 使人瞭然於其所言、庶足以服人而無敵、是其病根已……皆
> 從其意中想像其次第等級以出之、反求之六經、都無實憑、
> 可謂杜撰妄說也、加之不識古言、不識古文辭、是以其所解
> 說、言與理皆失之矣、祇史記不經宋儒之手、其時世又與三
> 代相接、風俗氣息、不甚相遠、故不佞教人先讀史記、亦欲
> 其藉此以離宋儒一種惡習也。❾❷

強調在宋儒經學的破壞下六經已非本來面目，而藉助史學則有助於對經學之認識。至於徂徠對經學受到後人解讀錯誤而深感不以為然，關於此可由以下引述資料窺知一二。《徂徠集・卷二十四・復水神童》：

> 漢儒隱栝、遂為傳註、降至宋明、儒者皆經生、安知孔氏之
> 學哉、適莫訓親疏、亦漢儒相傳之意也、其實適訓主、莫訓
> 定、無適者、無所專主也、無莫者、無所一定也……後世古
> 言不明、認理為義、由是而儒者之言、蔓衍自恣、無所不至
> 焉、是予不佞所以悲也。❾❸

---

❾❷　《徂徠集》卷二十三，收錄於《日本漢詩3》，p. 244。

❾❸　《徂徠集》卷二十四，收錄於《日本漢詩3》，p. 252。

又，《徂徠集·卷二十五·復谷大雅》：

> 大氐宋以後、不喜經術、至於文章經濟、旁及醫卜諸雜書、
> 亦皆程朱流風所浸淫、故所讀益博、理學之弊益牢、不復自
> 覺已、不佞則殊於此、因學古文辭、日熟古書、目不涉宋後
> 者、十有餘年、稍稍知有古言、而不與後世之言同也、以古
> 言讀之、宋儒之解、無一合者……以不佞觀之、程朱亦豪傑
> 絕倫之士、豈不敬畏、祇其解不與古言合、則非孔門之舊、
> 別立一種宗門……夫宋儒縱聖、不知古言、而得古聖人之心、
> 萬萬無此理。❾

至於後人何以誤解六經之原意，原因很簡單，即如《徂徠集·
卷二十八·答東玄意問》中所云：

> 後世學者不知古文辭、故不能讀六經、又不知中庸孟子主意、
> 徒見其易讀、遂以為六經階梯、或以孟子解論語、殊不知二
> 書皆與外人相抗者、則其言有所偏主也、其言有所偏主、則
> 其於聖人之道、得於此而失於彼焉、其言但堪使人尊聖人之
> 道、而不能使得聖人之道焉、故中庸孟子者、議論之雄也
> ……大學格物致知、宋儒引窮理解之、不識古文辭者也、詩
> 書禮樂、古先聖王教人之術也、故謂之四術、人在聖人術中、
> 自然有以知之、何者、聖人以此易其耳目、換其心腸、此術
> 也、譬諸都人所笑田舍人、不見其可笑、其人來居都下者三
> 年、自然見其可笑、此所謂術也、近時洛陽學者、徒讀論孟、

---

❾ 《徂徠集》卷二十五，收錄於《日本漢詩3》，p. 267。

僅知其孝悌忠信等字面、而不知從事六經、是猶田舍人之於
都人也、故不知從事聖人之教之術、妄謂悲而泣、喜而笑者、
陽明象山之學也……近世儒者、誤讀孟子首章、故義利之辨
太過焉、大氐義利豈判然二物哉……近世儒者之說、則唯正
德可也、何必有利用厚生乎、又如卜筮、聖人以神道設教、
奉天命以行之、不止卜筮、凡禮樂刑政皆爾、此仁術也、今
學者不讀六經、其所見與孔子時學問夐別、故其所言皆臆度
妄想爾。**⑨⑤**

歸納上文可得其因有二：一即後世學者不知古文辭之故；二即後事
學者誤以中庸孟子為解經之階梯。不知古文辭當然難以通曉六經，
若以中庸孟子解六經則發生因時代上、認知上、方法上之錯誤而不
自知。形成後人忽略實際情況而陷入臆度妄想之中，在此一情況下
所發展之經學，如徂徠所比喻之鄉下人不自見其可笑。是以，《徂
徠集・卷十七・學則七》中云：「故命也者、不可如之何者也、故
學而得其性所近、亦猶若是乎、達其財成器以共天職、古之道也、
故學寧為諸子百家曲藝之士、而不願為道學先生。」**⑨⑥**表明其願從古
學，為達才成器之諸子百家曲藝之士而不願為道學先生」之志。

　　又，徂徠於《徂徠集・卷十七・學則四》中云：

欲知今者、必通古、欲通古者、必史、史必志、而後六經益
明、六經明而聖人之道無古今、夫然後天下可得而治、故君
子必論世、亦唯物。**⑨⑦**

⑨⑤　《徂徠集》卷二十八，收錄於《日本漢詩3》，pp. 306–307。

⑨⑥　《徂徠集》卷十七，收錄於《日本漢詩3》，p. 178。

可知其主張通曉六經之道的方法是先知古，欲知古不可不知
史，知史則志必立，立志之目的則在藉六經明聖人之道以經世致用，
回到現實民生實用的「物」，　才得以實踐聖人之道。因此之故，徂
徠不得不以古為貴。關於其貴古、尊古之態度由以下資料可知其大
概。如《徂徠集‧與藪震菴第一書》：

> 學問之道貴乎古焉、不求諸古、而枝葉是究、其不惑者鮮
> 矣。⑱

又,《徂徠集‧卷二十四‧復水神童第二書》：

> 先王之教、不過詩書禮樂、各成其德、各達其材、而後世經
> 生文士之習、與此相反……蓋古之學者、皆以禮樂成其德、
> 均之君子人也、而其政事文章、皆縁詩書出、所以不悖聖人
> 之道也。⑲

又,《徂徠集‧卷二十七‧答屈景山第二書》：

> 故學問之道、必貴古焉、顧古人之骨已朽、惟書存也、書之
> 可識者、事與辭耳、今舍事與辭、而以理與己之心言之、何
> 以見其與古人能合乎、故今之援經立論者、皆非經之本旨也、
> 皆以己之心言之也、苟非經之本旨、則其以為道者、皆差

---

⑰　《徂徠集》卷十七，收錄於《日本漢詩3》，p. 176。
⑱　《徂徠集》卷二十三，收錄於《日本漢詩3》，p. 239。
⑲　《徂徠集》卷二十四，收錄於《日本漢詩3》，p. 253。

矣。⑩

　　雖然其貴古、尊古，然決不是食古不化之人，其非但未迷失在
杳渺遙不可及之思古之幽情中，反而是要在實事求是的立場下藉古
以開今。如《徂徠集・卷二十四・復水神童第二書》中所云：「不
佞之求古、必以事與辭。」⑩此所謂之「辭」乃指六經、六藝之古辭，
而此所謂之「事」乃指六經、六藝之先王經世致用之治世，此二者
又是合而為一互為表裡者，不知古文辭自然無以得知古先王之政事，
在此無疑的，徂徠學中之古文辭學亦為其強調政治實學之方法學之
一了。

　　從上述徂徠學不斷的創新求變的精神來看，更突顯了徂徠學之
近代化性格，只不過其所開創之學術氣象，如西臺侯滕忠統於〈南
郭稿序〉中所曰：「徂徠先生者出、修古文、知古言、且為世病惑、
湔洗漱滌、除其困篤。」⑩徂徠所開創的近代性精神是從「古」出發
而援古之「事」與「辭」，實事求事，反諸先聖先王之本道，盡除
後儒「以理與己之心言之」之說。誠為日本近代開創聖人之之道，
果不然哉。

---

⑩　《徂徠集》卷二十七，收錄於《日本漢詩3》，p. 293。

⑩　《徂徠集》卷二十四，收錄於《日本漢詩3》，p. 255。

⑩　滕忠統：〈南郭稿序〉，《南郭先生文集》，收錄於《日本漢詩4》，東京：
　　汲古書院，昭和60年5月，p. 6。

第五章　荻生徂徠所生處的時代背景

　　梁任公曾云:「著學術史有四個必要的條件。」其中之一，就是「要把個人的時代和他一生經歷大概敘述，看出那人的全人格」。❶蓋任何一種思潮、思想體系，必須建立在社會發展變革的必然趨勢的基礎上，與該思想提倡人所身處的時、空背景下，才能瞭解到這個思想的本質，而這個思想才具有真正的理性基礎與生命力，也才能對那個時代抑或日後有所深遠的影響與貢獻。

　　徂徠生於德川幕府的江戶時代。江戶時代（1603–1867年），是日本封建社會的末期，因首都在江戶（今東京都）而有江戶時代之稱，又因是德川家族的統治，所以又稱德川時代。德川時代前後265年，是日本封建社會發展到頂峰並迅速走向衰頹的一個時代。從政治上看，朱子學的理論，把宇宙之理與人類道德的人倫之理貫通起來，是物理且同時是道理，是自然之理同時也是人倫當然之理。簡言之，就是把宇宙論接續到人性論和封建的政治社會相結合，頗能符合政治上與思想上大一統的現實需要，並且把這種政治思想發揮到極致；從經濟上看，以農業為本的自然經濟體制得到充分的發展，隨著商品經濟的出現，資本家（町人）、資本主義逐漸取代了前者

---

❶　參見梁啟超寫《史地學報》第三卷第一期，〈中國近三百年學術史第五講黃梨洲〉。

──以農業為本的自然經濟體制；從文化上看，在封建制度專制的統治之下，社會呈現超穩定的局面，使得文化的發展達到前所未有的成熟，在商人（町人）的推波助瀾之下，最具日本文化特色的歌舞伎、繪畫等，都有著相當大的成就，並且發展出商人的嗜好，商人的趣味，商人的生活，和「武士道」相抗衡的「商人道」。整個社會呈顯的是歌舞昇平，安居樂業的景象。但是，這種大傳統的封建文化也難免會被小傳統的市民文化所取代。❷尤其是在超穩定的表象之外，有著無法窺清的不穩定因素滋生著、擴大著。這就好像，絕對的專制，絕對的腐化；絕對的權力，絕對的墮落，是同樣的道理。尤其是在治人者武士爭名，被治者商人爭利，「名」與「利」的糾葛纏繞和交相名利之下的歷史境域，終於蘊育出既能調和兩者的衝突，又能安定政治社會，開創近代化的政治思想。

那麼，徂徠的思想是在怎樣的歷史文化背景下，使他澈底地把朱子學原來重內在修養的道德之學，轉化成以外在客觀規範制度為主的政治化之學了呢？

德川家康（1542–1616年）以武力得到天下以後，吸取了戰國以來諸國大名的統治經驗，建立了一套以幕府為核心，諸藩為支柱的統治機制，把幕政與藩政結合起來。它的特點是，家康在掌握政權以後，在各地置藩，各藩既有分權的自治性，又必須受到幕府的強力統治。也就是說，各藩的行政權和司法權由藩主負責，要是某一個藩出現重大的弊端，也不會殃及全國。所以，與鐮倉幕府和室町幕府相較，江戶幕府就顯得更集權了，相對的帶來了更穩定、更持久的政治社會秩序。❸

---

❷　王中田：《江戶時代日本儒學研究》，北京：中國社會科學出版社，1994年12月一刷，p. 1。

　　從政治上看，慶長八年（1603年2月12日），陽成天皇發佈敕令，任命德川家康為右大臣領和征夷大將軍（其實是家康自為者），開府江戶。慶長十年（1605年）讓位嗣子秀忠，家康移居駿府號大御所（太上將軍之意），示意天下以大將軍位由德川子孫世襲。❹家康為了強化封建政治統治，徹底實行幕府體制，以便於控制大名和統治人民。幕府體制實際上就是中國封建制度的翻版，以大名作為幕府機制的藩屏，通過藩制的軍事移民，把二百六十多個大名置於大將軍的絕對領導之下，對內專制，對外鎖國。採嚴格的身分等級制度、武士的戒條等手段，封建制度保證武士階級的權威地位，武士立於士、農、工、商四民之首，作為統治階層政令的執行者，享有支配階級的特殊權力與榮譽，列為社會的上層。享有參與政權及兵役的特權，對於主公負有絕對的義務，另外如佩劍帶刀、使用名字，甚至對町人百姓還有生殺予奪的特權等。這種體制是武家政治得以穩定延續的根本原因之一，況且這種身分制度，不僅祇限於社會秩序，甚而還影響家族制度。長子繼承制、職業世襲制，子從父、妻從夫，在家族中無形間樹立起大家長制的絕對權威。家與國是不分的，家是小國，國是大家，父是家的國君，家族的族長則是族裡的國君，大名則是藩裡的國君，大名又從屬於大將軍，所以大將軍則是全國實質上的大家長（國君），號令全國，天皇不過是虛位。❺

---

❸　王中田：前引書，p. 8。

❹　包滄瀾：《日本近百年史》，臺北：藝文印書館，民國55年2月再版，pp. 19–20。

❺　據包滄瀾《日本近百年史》所載：「德川家康於慶長十八年（1613年）制『公家眾法度』，嗣於慶長二十年七月十七日，更定『禁中及公家諸法度』，並著朝廷（所謂公家）代表前左大臣二條昭實副署。據《駿府記》載：『將軍（秀忠）及大御所（太上將軍）家康臨二條御所宣

這就像無數個小型金字塔頂著數百個中型金字塔，再由數百個中型
金字塔（二百六十多個大名）頂著一個大型金字塔（國君）一般。
呈現出一個超穩定性的龐大政治機制。像這樣下必服從於上的家族
制度，是封建制度的重要行事模式，對封建社會的秩序，起著超穩
定性的、結構性的精神構造作用。迫使日本全國上下都「自動自發
的服從」於德川幕府的強權統治，不但支配了人民的行為，也支配
了人民的內心，讓人民表裡一致的接受，並世世代代傳下去，這也
是江戶時代得以確保二百六十五年長治久安的主要原因了。然而，
像這樣超穩定性的、結構性的精神構造作用，封建的政治制度，畢
竟是透過外在的權力機制來支配、約束人的行為。至於支配人的內
心，則必須從思想上來討論。

從思想上看，這樣的長治久安之治的政治設計，❻最主要原因

布法度十有七條，各公家均侍候。二條昭實等聽後，均感法度神妙，
毫無遺算。」云云，其內容主要者是規定『天子』應以學問為第一要
務。但是所謂學問：『並不是治國平天下的學問，而只是風花雪月的
學問。』（德富蘇峰著《近世日本國民史》13 卷〈家康時代概觀〉，
p. 147）該法度第一條即係規定天皇要多習和歌等詩詞歌賦。他如天
皇以下之服制及朝廷大臣之等級陞調，皆須受幕府之裁處，甚至對宗
教的權能，如授僧侶紫衣、稱號等，均有限制。一例如寬永四年（1627
年），因皇室未經幕府同意，擅授僧侶位階，觸怒幕府迫令收回成命，
並處罰領受紫衣之僧侶。後水尾天皇且因此遜位。寬永十二年（1635
年），三代將軍德川家光，曾率大兵三十萬（實際無如許之多，自當
時交通情形而言，亦無法行動。）赴京都，向朝廷示威。」前引書，
pp. 26–27。另外在一六一五年在德川家康死去的前一年，幕府公布了
《禁中并公家諸法度》17條，詳細規定了天皇和公卿貴族的權力和行
動，這樣具體地用法律的形式限制，在日本歷史上還是第一次。王中
田：前引書，pp. 7–8。

還是得自家康深受「儒教」思想的浸潤。❼傳統封建社會的專制政治，必然在思想上要求大一統，獨尊儒家三綱五常人倫思想，以求由內的親親血緣到外的尊尊政治與之相適應。儒教的教化作用，特別是朱子學，把宇宙之理的「命運的必然」與人倫之理的「倫理的必然」貫通起來的理論，受到德川幕府的賞識與推崇，以至獨尊而成為官學。

　　慶長四年（1599年）起，德川家康即著手刊行《孔子家語》、《三略》、《六韜貞觀政要》等重要著作，廣求中國書籍於駿府，並在江戶建文庫，翻印武經七書。慶長十二年（1607年）延聘朱子學家藤原惺窩的弟子林羅山為將軍侍講，日夜研讀中國儒家學說的精神與治術，在思想上發揮了巨大的作用。故於日後決定徹底禁止耶教，獨尊儒家思想為其爾後立國的最高指導原則。所以，他的政治理想是以儒家的政治思想為根據。❽德川家康被稱為文能治國、武能安邦的儒士武將，就在他深受儒家政治思想的浸潤與洗禮。把當時用來爭天下的工具武士階層，本係以武來確立其支配權者，家康則把他們效命疆場的使命轉移到政治方面。提高武士的社會地位為上層的士大夫階層，給予武士以支配階級的地位與榮譽，並要求武士來分擔實踐聖人之道——統治的任務（此即所謂的「封建軍事移民」），將農、工、商人視為衣、食、住、行所需的物質生產加工的被治於

---

❻　此處所謂「設計」，是指一切文化的形成，全有賴人類有意識的行為而成，而非自然而有，這點在徂徠的思想裡，也能得到充分的證明。他稱之為「作為」。

❼　這裡所謂的儒教，是指儒家三綱五常人倫思想的教化作用。亦有稱儒學，或稱儒家，均指儒家的學問，儒家的思想。

❽　包滄瀾：前引書，p. 20。

人的階層，不配參與行聖人之道的重責大任。❾這在後面討論「農民棄親」的實例中，另有詳論。

江戶時代的初期，在家康有意識地援引儒家的五倫思想、等級身分制、價值觀等與封建政治制度相結合，逐漸地由外而內的被日本社會各階層的人們所接受，並且成為人民心中一種普遍的社會價值。這種普遍的社會價值，就是前面所說的──「自動自發的服從」武士階級所享有的政治上的特權。❿

在經過德川幕府把武家政治⓫發揮到極致的八十年後，國內政治社會秩序呈現著超穩定的形態，和因閉關鎖國政策而斷絕了對外的交通與發展，使得國民精神朝向對國內文化醞釀。此即所謂令人炫目豔麗的元祿文化。

德川家族共計十五代將軍，到了第五代將軍德川綱吉，為了實踐其先祖「文能治國，武能安邦」的文治主義理想，並要武士來分擔實踐聖人之道──統治的任務，天和三年把自慶長二十年以來「武家諸法度」（即武士戒條）的第一句「文武弓馬之道，專可相嗜事」改為「須勵文武忠孝，可正禮義事」。⓬並於元祿三年，建孔子聖廟

---

❾　包滄瀾：前引書，pp. 20–21。

❿　「武士階級除享有政治上的特權外，對町人等還有生殺予奪的特權，町人如有觸忤，武士們可以將之格殺勿論。……此外武士可以稱姓氏，其他三民只許稱名不准言姓，武士可以帶雙刀，餘三民則不准。其他規定尚多，不勝枚舉。同時德川政權的經濟基礎是以農村為主，對農民較為重視，對商人（所謂町人）最輕視，尤以德川初期對商人的壓迫最甚。」包滄瀾：前引書，pp. 44–45。

⓫　武家政治就是幕府政治，是日本封建時代軍事獨裁的政治形態，實際掌權者為征夷大將軍。可參見❺。

⓬　慶長二十年七月台德院頒的〈武家諸法度〉，第一條：「文武弓馬之道，

於湯島，懸上親自書寫的「大成殿」匾額，自講經書，極力的興隆文教。這種由上而下透過政治權力提倡教育，對於被稱為「元祿中，文教大盛，家讀戶誦，是前所未有也。」(《先哲叢談》) ❸ 雖然，荻生徂徠曾批評綱吉這種附庸風雅的政治秀道：「由於御祖時代專事講釋，諸儒者不事其外之學文，專以講釋為能，今乃均成無學，不能成用。」❹ 但元祿文化的文運昌隆，是絕對不能抹煞綱吉在歷史文化上的貢獻。況且其先祖家康有意識的提倡文化教育，以改變武家「馬上得天下，不能馬上治天下」性格中所缺乏的文化理想，正可以說明其家學淵源，而非僅只是「諸侯表演」(大名藝)的講書嗜好。❺ 蓋運用政治權力，在實踐的層次上把儒家聖人之道的思想貫

　　專可相嗜事。左文右武，古之法也，不可不兼備矣。弓馬者是武家之
　　要樞也。號兵為凶器，不得已而用之。治不忘亂，何不勵修鍊乎。」見
　　〈武家諸法度〉，《近世武家思想，日本思想大系27》，東京：岩波書
　　店，1974年11月25日第一刷，p. 454。到了寬永十二年六月二十一日
　　大獻院頒的〈武家諸法度〉，第一條仍是：「文武弓馬之道專可相嗜
　　事。」寬文三年五月二十三日嚴有院頒的〈武家諸法度〉仍保持第一
　　條所云。見前引書，p. 457。天和三年七月二十五日常憲院所頒之〈武
　　家諸法度〉，則改為「須勵文武忠孝，可正禮義事」。前引書，p. 458。

❸　「元祿中、文教大に熙り、家讀戶頌。是より先未だあらざる所な
　　り。」丸山真男：《日本政治思想史研究》，東京：東京大學出版會，
　　1979年4月30日二十四刷，p. 118。另見鄭學稼：前引書，p. 183。

❹　「御先先前御代ニ講釋ヲ專ニ被遊タルヨリ、儒者ドモ外ノ學文ハセ
　　ズ、講釋ヲ役目ノ樣ニ覺タル事ニ成テ、今ハ何レモ無學ニ成リ、御
　　用ニ立ヌ事ニ成タリ。」《荻生徂徠，日本思想大系36》，〈政談卷之
　　四〉，東京：岩波書店，1983年8月10日八刷，p. 443。

❺　丸山真男：前引書，p. 118。所謂的「諸侯表演」(大名藝)的講書嗜
　　好，其實已不僅僅只是附庸風雅了。筆者認為就當時幕府所振振的文
　　教事業，對社會大眾的影響來看，已超越了表演的意味，而達到了幕

徹到底，並深入到民間教育的層次，為在江戶時代普及文化教育，迎接近代政治社會的到來，並為社會的發展演變做了思想和文化上的準備工作。這種努力不僅在江戶時代就具有明顯的成效，而且在明治維新的時代也看到它的實質影響。

從經濟上看，德川幕府政治的安定，社會進入長治久安的時代，農民可以安心從事農業生產事業，必然帶來經濟的繁榮，人民生活自然富裕無匱。促進經濟繁榮的基礎，是農民生產的民生物質充沛。在過盛的自然經濟作物中，農民中出現了手工業者，日本社會逐漸形成士、農、工、商四民階層。工人階層是主要將自然經濟作物轉變成商品經濟物質的加工者，然而，將工人加工後的商品物質，轉售到市場消費者的手中的是町人（商人）。 作為生產者與消費者中間的供需者（町人）， 其所獲得的利益，自然要比生產者與消費者來得輕鬆又容易。一方面壓低進貨成本，另一方面提高出貨物價，在兩方面都獲利的情況下，町人的暴利是可想而知的。所以，在江戶時代初期，商人位列四民之末，經常遭到非常的虐待。依幕府來看，商人既非如武士有功勳或對國家社會有所建樹，又不像農、工之民，不息勞動生產，為社會造出生活的必需物資，只知轉手圖利，推高珍奇物價，增長奢靡之風。因而，不論官員、學者、浪人均視町人為社會的寄生物與蠹國病民的害蟲。甚而以虐待商人，抑制商業為仁政，並因此而獲明君賢相的稱頌。❻承應元年（1652年）幕府發佈的町告喻規定：

　　町人不得穿著絹衣，不得穿著紗羅披肩，不得鋪張飲宴，不

　　府所希冀的教化目的。

❻　包滄瀾：前引書，p. 47。

得使用嵌花漆繪之家具。用具不得貼用金銀箔，不得購居三層樓房，不得使用繪畫花紋之鞍乘韁鐙。被褥除木棉毛氈之外，不得使用其他材料。喜慶婚嫁不得鋪張，不准攜帶長刀大劍。**⓱**

凡此種種，都在「重農抑商」，把商人視作傷風敗俗，誘導社會走向輕佻浮華世界的惡人。「重農抑商」的主要原因，是統治者深知，產業的發達會造成社會階級的混亂。因為，階級的分立，只有在社會能維持那嚴格的分立時，才有可能，才能發揮封建社會所制定的階級作用。反之，一旦階級編制混亂，宗法社會的禮制崩頹，必然導致政治權力的分化，那就會顯示統治權力的動搖。所以，產業發達非常不利於統治者的專權，**⓲** 這也是「元祿盛世」結束以後，江戶時代終於走向日本封建社會的末期的主要原因。所以，浮世繪這種平民美術風俗畫的出現，就是在這樣的時代背景下所產現的現代繪畫。這種繪畫，是表現商人的嗜好、商人的趣味，和商人的生活的商人藝術。

然而，町人（商人）畢竟是把農村經濟（自然經濟）帶入城市經濟（商品經濟）的推動者，在農民（生產者）與市民（消費者）各取所需，兩相獲利的情況下，町人促進了城市和農村經濟共同繁榮的局面。政治上雖然有意的抑制，終究還是抵不過人生活欲望的提高，以及各藩財政上的匱乏、武士生活的貧困化，藩主不得不提倡經濟發展的策略，以解決現實的問題。由於町人（商人資本家）

⓱　包滄瀾：前引書，p. 48。

⓲　鄭學稼：《日本史》（四），臺北：黎明文化事業出版，民國66年1月15日，p. 123。

階層的崛起，把江戶時代日本社會由自然經濟轉向商品經濟，帶動了都市的繁榮與發展，亦即所謂城下町的繁榮。

城下町的繁榮，是江戶時代從農村經濟（自然經濟）轉向城市經濟（商品經濟）的重要環結與特色。各地人口大量地流向水陸交通發達的城市集中，人口眾多，人才濟濟，物資流通，商業自然發達，城下町的興盛是不言自明的了。全國三都——江戶、京都、大阪的發展與興旺情況，單以江戶為例：慶長年間，江戶全城約有三百條街，到了正德年間增加到九百三十三條街。此外約有五十座都是地方上屈指可數的城市，到今日仍保持著它的繁榮。⑲這樣的繁榮之所以集中於江戶、京都、大阪和各大都市，自然是和商人的經濟實力密不可分。所以，史家所說的元祿文化、元祿時代和所謂的元祿精神，所代表的歷史意義，所指的就是德川幕府的最盛時期。⑳然而，在這樣的文化、時代精神，卻是以商人社會的奢華，實踐在實際的生活為內涵。根據鄭學稼《日本史》所載：

> 三都在元祿間，操握全日本經濟的命脈，活躍其間的商人，各有不同的生活趣味。京都是古都，是政治的城市，帶著貴族的、古典和歷史的色彩；大阪興自桃山，是商人的城市，

---

⑲　王中田：前引書，p. 3.

⑳　「さうしてかの『元祿模樣』に表現された華麗にしてしかも纖細な色彩こそ、これら元祿文化の基本的精神であった。しかもかかる文化的制作の隆盛は當然に生活欲望の向上を前提とし又逆にそれを結果した。それらの制作が江戶、京、大阪の大都市に集中したことは町人の經濟力の增大と密接に關聯することいふ迄もない。かくて元祿的精神はまづ町人社會の華奢として實踐化された。」丸山真男：前引書，pp. 119–120.

表現平民的、創造的和進步的特徵。至於江戶，是武士的城市，具有貴族的、武士的和模倣的性格。也由於上述的各特性，所以三都商人，各自創造元祿時代的文化。㉑

　　由是而知，江戶初期，德川家康建立身分制度，實行兵農分離政策，武士離開了土地，成為居住城市四周的純粹消費者。㉒武士以武道為本，不必苦於利貸的計算，㉓武士以生活的優裕，成為所

㉑　鄭學稼：前引書，p. 142。另外鄭學稼又描述云：「三都的町人，各有各的生活方式。經濟之都的大阪，町人的生活方式，恰與武士的完全相反。他們輕視文化，更輕武藝。他們只知為營利而生，為享受而活。白天他們彈著算盤，善於計算，晚上則沉醉遊廓，儘量揮霍。他們有這座右銘：『最適於遊樂的地方，是在大阪。住在大阪不知遊女之名，則生有何樂處？』京都的商人，由於帝都文化的影響，有風雅的趣味。他們喜歡書畫、古董、謠曲、快樂。他們不似江戶的殺氣騰騰，不似大阪的現金主義，他們能溫雅地利用他們的財富。甚至於還買天皇的字和救濟公卿。江戶的商人，表現豪爽的特性。當時吉原遊廓特許夜間營業，成為不夜之城。貴族、武士與商人混雜其中，無等級之分，身分之別，只有財富大小的比較。依『好色二代男』所記，遊客每次一擲千金。金，只有富商大賈，不愁缺乏──元祿以後，連將軍都感金盡了。他們中間，最足使武士驚訝與妒忌的，是紀伊國屋文左衛門，與奈良屋茂左衛門。」鄭學稼：前引書，p. 162。

㉒　王中田：前引書，p. 3。

㉓　德川家康建立幕府諸方針之一，即身分制度。……只有上下尊卑的身分確定，各人各本其身分，取得社會的財富，並各安其業，則將軍可垂拱而治。所以，元祿13年3月版的「和歌論語」，教訓士人：「所謂侍者，武道大事也。」武士以武道為本，不必苦利貸的計算。至於農民，則朝暮耕作，完納田賦，為其天職。如武士商人化，或農人商人化，則為反常。的確，由家康經秀忠、家光、家綱而至綱吉，五代之

謂都市地區的高等游民，尚可保持武士的尊嚴，高高在上，視町人
為社會的寄生物與蠹國病民的害蟲。但到了元祿盛世，武士毫無用
武之地，卻學會了商人的奢侈生活，亦不知社會發展的動向，社會
權力的象徵，已經不是身配兩把長刀短刀的武士，而是金錢，那擁
有金錢的商人，自然會以金錢為誘餌，換取他們所想擁有的社會地
位。㉔因而，武士的社會地位，大致自享保開始，逐漸地滑落，和
商人漸漸地呈現了顛倒的形勢。正如近松所云：

> 不管他佩刀不佩刀，武士也好，商人也好，都是客人，佩得
> 再多，也不會佩五把六把刀，頂多不過長刀短刀兩把。小春
> 連武士都一齊要了。⋯⋯我們商人沒有佩過刀，可是咱們家
> 裏許多銀子發著光，刀見了銀子光也直不起來。㉕

間共一百零一年，都守那一方針，並使社會慢慢地發展。見鄭學稼：
前引書，p. 160。

㉔ 鄭學稼：前引書，pp. 162–163。

㉕ 「ハテ刀差すか差さぬか。侍も町人も客は客。なんぼ差いても五本
六本は差すまいし。よう差いて刀　差たつた二本。侍ぐるめに小春
殿　う　た。⋯⋯こちは町人刀差いたことはなけれど。おれが所に
たくさんの新銀の光には。少少の刀もねぢゆがめうと思ふも。」近松
左衛門：〈心中天の網島〉，收錄於《近松淨琉璃集上，日本古典文
學大系》，東京：岩波書店，1985 年 7 月 10 日第二十八刷，
pp. 360–361。

另據鄭學稼《日本史》所載：「近松門左衛門的生史，和西鶴一樣，
也不明瞭。依寶曆六年刊行的《竹豐故事》：『元為京都人，仕堂上家，
本姓杉森氏。』許多人相信不可靠。究生於何地？有肥前、近江、長
州、參河、但馬、伊豫等說。依大正 14 年 8 月《國語與國文學什誌》
田邊密氏所述杉森家，以為他的第八代祖先是公卿，生子為武士，孫

尤有甚者，武士甚至忘了他們是治人者，向商人低頭，招商人子弟
為養子，將武士身分賣給商人，並經營商業。因此，當時流傳言誦
的有「當世大學」諷刺的說：

　發財之道，在明米德，有貧民，在取於利錢。知取而後
　貧，貧而後能豐，豐而後能富，富而後能驕，驕而後能
　得。❷

　姓杉森，杉森氏為浪人。但這一說也有異議。再依他的辭世之詞：『代
　代生於甲冑之家，離武林，仕三槐九卿，奉咫尺而無寸爵，漂市井而
　不知商賈。似隱而非隱，似賢而非賢，似知物而毫無所知。』可見他
　是出身世家。……近松戲曲的題材，十分豐富，這和他的才學有關。
　……他把所學，散佈於作品中，並取時事，編取時事，編為戲曲。他
　的作品，揭露商人的特性：知黃金的價值，知世間的義理，知『商人
　道』。他特別強調『商人道』和武士道的對立。武士爭名，商人爭利，
　爭利就是『商人道』。但他又指出，有不少的商人們，忘卻了商人道，
　耽於遊樂，破壞家庭，損害親戚情感。這結果，引起金錢不足，和戀
　愛的悲劇，即『情死』。又在若干悲劇中，近松筆下的女性，具有超
　越男性的性格，這也是元祿期日本女性的特點。」鄭學稼：前引書，
　pp. 211–212。對此，日本去年(1997)興起的「失樂園」電影與電視連
　續劇所描寫的「情死」，與江戶時代的浮世繪畫家鈴木春信所繪的「雪
　中相合傘」(1767，明和4年) 的情境一致，現藏 Honolulu Academy
　of Arts。參閱小林忠等編著：《浮世繪》，《日本美術全集第20卷》，東
　京：講談社，1991年12月20日第一刷。
❷ 鄭學稼：前引書，p. 164。大學首章云：「大學之道：在明明德，在親
　民，在止於至善。知止而后有定，定而后能靜，靜而后能安，安而后
　能慮，慮而后能得。」另外要知道的是，為何發財之道，在明「米」
　德？德川幕府的財政，是以米為國家經濟的主體，而它和百物的交換，
　還須經過金、銀和錢的媒介。幕府財政的困難，由於收支不能平衡，

從上述的兩則諷刺文中，很鮮活地形象化了當時的社會情狀，武士
和商人的社會地位，很明顯呈現了顛倒的形勢。再者，商人善於計
算，武士不善經營，在以往武士得利於農民的自然經濟，身分階層
關係的固定化，生活簡單而優渥，但在商品經濟的衝擊下，武士喪
失了既得利益的優位，又要面對複雜的商品經濟社會，自然就顯得

───────────────

不是由於金銀的缺乏。乃因濫造貨幣，幕府以為可以獲利，「不知道，
為著交換媒介物的貶值，引起米價的騰貴。米價一貴，大大影響了人
民和武士的生計。當時《經濟錄》的作者太宰春台曾說：『米價之高
下，民之利並所懸也。治國之人，莫不盡心思慮。凡四民之中：農民
者，作谷者也。納租而食其餘，又賣其餘以供諸種之用。士人者，由
君賜田祿，又以此祿供衣食及其外諸種之用也。工人者，作器物，動
四體而易米者也。商賈者，賣貨物而糴米者也。是在此四民之內，士
與農者糴米者也。工商者糴米者也。由之，米價高，士農有利，工商
有害。米價賤，利在工商，害在士農。……今世，上自天下之諸侯下
迄人民，輻輳東都，皆為旅客，以金銀應萬事，故米價貴士人悅，米
價賤士人困。』這也就是說，米價騰貴，對武士有利。但事實上並不
如此，為什麼呢？太宰春台接著說：『米價貴則士人悅，米價賤則士
人困。士人方面多收金銀時，因武人輕利，少有蓄金銀之心，故輒榮
耀一時之歡樂，費用金銀。此時，工人商賈之輩得其利而喜。雖價高
糴米，而口食有限。得利事多，故不苦米價之貴。米價一賤，士人方
面以金銀少故，工商亦得利少。故處今之世，米價太賤，則四民皆困，
甚於古代。』太宰春台的意見，大體是正確的。因為貨幣的濫造，引
起米價騰貴。米價一貴，武士階級初期獲利，商工階級受害，發生反
抗武士階級的不平。同時市井小民，不堪米貴，常劫奪富豪和米商，
陷社會秩序於混亂。至於武士，由於不善生產，結果，當百物因米貴
而貴時，不特無利，且亦受害。一種統治，進入各階級均感到痛苦的
時期，表示它已越過黃金時代，正走下坡的路了。」鄭學稼：前引書，
pp. 182–183。

力不從心。徂徠在《政談》中云：

> 往昔，各地金錢均已用盡，一切物品，不用錢買，皆以米麥
> 交易，這樣的事，我在鄉間聽說過。比諸近年狀況，較諸元
> 祿之交，錢以遍及鄉間流通，已用錢買物了。❷⁷

因此，工商業愈發達，商人愈富，武士愈窮。❷⁸武士貧困就不得不
向商人低頭，除借貸、招商人子弟為義子、賣身分給平民外，徹底
的解決之道就是經商。武士的商人化，或農民的商人化，自然打破
了由家康以至綱吉，五代之間一百零一年各安其業的身分制度。

　　我們知道，社會經濟的發展，當達到某一富裕的階段時，往往
會打破既有的約制。尤其是經濟獨立、不需仰賴他人、或是政治的
保護、甚至於是必須仰賴經濟實力強的人而生存的時候。生活在既
有的社會制度的人，必然會分為兩種傾向：一個是既得利益者，希
望照著舊有的習慣，維持著那種他們認為天經地義的生活方式；另
一個是傾向於打破既有的社會秩序，重新分配，建立新的社會制度。
就元祿時代前後的社會情況來說，商人們前期是受大名、武士的被
治者、支配者，但後來前者以債務的關係，轉而支配大名與武士們，
並因而發生身分制度的混亂與社會秩序的失調。❷⁹蓋由於商品經濟

---

❷⁷　「其上昔ハ在在ニ殊ノ外錢拂底ニテ、一切ノ物ヲ錢ニテハ不買、皆
　　米麥ニテ買タルコト、某田舍ニテ覺タル事也。近年ノ樣子ヲ聞合ス
　　ルニ、元祿ノ頃ヨリ田舍ヘモ錢行渡テ、錢ニテ物ヲ買コトニ成タ
　　リ。」《荻生徂徠，日本思想大系36》，〈政談卷之二〉，東京：岩波書
　　店，1983年8月10日八刷，p. 330。

❷⁸　鄭學稼：前引書，p. 164。

❷⁹　鄭學稼：前引書，p. 160。

的發展，迫使武士從過去主宰的物權中心的生活，滑落到債權中心的生活，個中原因，即徂徠所謂的「旅宿境界」。❸

---

❸ 「制度ノ事ハ先指置キ末ニ至テ申ベシ。先旅宿ノ所ヲ言ハバ、諸大名一年替リニ御城下ニ詰居レバ、一年夾ノ旅宿也。其妻ハ常ニ江戶ナル故、常住ノ旅宿也。御旗本ノ諸士モ常ニ江戶ニテ、常住ノ旅宿也。諸大名ノ家中モ大形其城下ニ聚リ居テ、面面ノ知行所ニ不居バ、旅宿ナル上、近年ハ江戶勝手ノ家來次第ニ多ク成ル。是等ノ如キ、總ジテ武士ト言ル、程ノ者ノ不旅宿ハ一人モナシ。……去ドモ是等ハ末ノコト也。末ニ取付テハ中中商人ノ智慧ニ難及。畢竟スル所、皆武家旅宿ノ境界ヨリ出タル惡弊ナル故、其本ニ復リテ、武家ヲ皆皆土ニ付ケ置キ、卷末ニ記タル、米ヲシムル一術ヲ用ヒバ、商人ノ勢忽チニ衰テ、物ノ直段ハ心ノ儘ニ成ベシ。然バ畢竟、物ノ直段高キモ、旅宿ノ境界ト、無制度トノ二ツニ歸ル事也。」《荻生徂徠，日本思想大系36》，〈政談卷之一～二〉，pp. 305–329。
所謂「旅宿境界」，是指家康封建制度中，強制各藩隔年「參觀交代」以示效忠。由於大名、家屬及其家臣參觀交代的一年中，龐大的封建家臣團集中於城下町，而依此制度類推到各藩主所統轄的地區，自然更加開拓了各地人口物品的流通，帶動了各地城市的繁榮。但卻造成家臣兩倍的生活負擔，一個是在所統轄的居所，一個是旅宿在參觀交代的城下町，兩邊都得擺排場、爭面子，使得大名、武士苦不堪言。所以，「當世大學」所言大名、武士之德：「發財之道，在明米德，有貧民，在取於利錢。知取而後貸，貸而後能豐，豐而後能富，富而後能驕，驕而後能得。」就不只是諷刺而已了，而是對當時的政治社會情狀真實的反映。因為，武士是以祿米換金子，在兌了錢去消費，致使大名、武士只有和御用商人勾結，甚而賣身分給商人，或是欺騙、壓迫商人等。參見鄭學稼：前引書，pp. 150–170。所謂的「參觀交代」又名「參觀交替」，其意指：「寬永十二年（1635年）德川家光修改武家法度時，樹立嚴格的『參觀交替』制，即把全國的大名分成二部分，一部分就國，一部分留置江戶，輪流參觀，以一年為期，期滿交替，

　　商人的抬頭，在於商業資本的發達。我們從商品經濟發展的實際情況來看，封建社會制度所極欲控制的農業自然經濟，已逐漸向城市商品經濟轉換。農村的農業自然經濟雖然是江戶幕府統治全國的經濟基礎，但是城市商品經濟的發展則要求打破德川幕府的封建專制政治，急欲擺脫政治的束縛，自由發展商品經濟，並期由商品經濟所獲取的財富來決定社會地位。蓋在江戶時期，商人們已不滿足於既得的經濟利益，而謀求把經濟利益和政治權力結合起來，參加政治的大舞臺，並且在政治上有所發展與影響。❸倘若日本現代的政治是「金權政治」的話，這就是日本「金」與「權」政治的前身。其發展的過程是，商人原是從農民中間產生的，由以農為本，到以農、商並重，進而以商聯政，更進而有之的以商主政，助演了「王政復古」的一幕。❸

　　至此，從農村經濟發展到城市經濟，逐漸改變封建社會的經濟價值觀，走向近代商品經濟的價值觀。對此徂徠在其《政談》與《太平策》中，關於借貸的重要，他從通貨流通速度增加的觀點出發，

　　每年四月為交替期。至寬永十九年（1643年）復改六月、八月為譜代大名交替期，並定關東諸藩，在國在府各半年。參觀交替制確定後，遂使散在全國各地的諸大名，皆被牽制於江戶，他們要在那裏備置住宅，妻子亦要留為人質，而幕府即在保存封建制度的政治形式下，實現了中央集權制。由於各大名每隔一年，須在江戶留住一年，形成了二重性的生活負擔，且道路往來，所費甚鉅，因此使大名財力削弱，而在經濟上增加了莫大的威脅。」陳水逢：《日本近代史》，臺北：中華學術院日本研究所、中華大典編印會合作，民國57年5月9日初版，p. 24。

❸　王中田：前引書，pp. 3–6。

❸　鄭學稼：前引書，pp. 166–169。

主張融資，使金融交易活絡，不因閉塞而影響經濟的發展，均有卓越的見解。**❸**

　　綜上所述，徂徠他當時是幕府的御用學者，深知當下政治社會環境的困難處的根本原因，據鄭學稼研究指出有二：一是大名、武士住居江戶，過著旅宿的生活。以米換金，再以金錢買必需品，使商人得利，加以人口集中都市，商人勢力因消費力的增加而擴張，迫使武士必須與商人結合；因而導出二，幕府不奉行「聖人之法」，而定「法制節度」，使上下不分，下民以金錢可達到任何目的，流於奢侈，導致物價騰貴，上下又困又窮。然而，當時徂徠所身處的政治社會之所以那麼樣的窮困，另有三個理由：① 物價騰貴，② 金銀數減，③ 貸借不行，金錢無法融通。徂徠對當時的「物價騰貴」如是說：「現今的數目，為元祿金，乾金之時的半數，銀為『四寶』時的三分之一。」但當時物價，並未按貶值以後的比例下落。比四、五十年前，要多十倍、二十倍。這是由於：① 地頭的抽稅，買者的競爭。② 都市之宿費過高，增加商人的成本。（他曾指出，他的祖父在八十年前，以五十兩買入的住宅，到三十年前父時，已值二千

　❸　《荻生徂徠，日本思想大系36》，《太平策》，pp. 484–485，462–463：
　　　　「……術トハ人ヲ以テ行フナリ。サレバ在安民在知人ト云二句、猶
　　　　更肝要ナリ。民情舊キニ滯リテ、物價コレニテモ賤クナリガタクン
　　　　バ、平準ノ法ト云事アリ。」平準法出自《史記》：「置平準于京師、
　　　　都受天下委輸。（中略）盡籠天下之貨物、貴即賣之、賤則買之。如
　　　　此富商大賈、無所牟大利則反本、而萬物不得騰踊。故抑天下物、名
　　　　曰平準」。另見〈政談卷二〉，pp. 337–339：「借貸ノ道塞ルト云ルハ、
　　　　近年借貸ノ公事多ハ相對ニ成テ、大形ハ捌カヌコトニ成タル故、金
　　　　銀金持ノ手ニ固マリ居テ世界ヘ流通セヌ故、金銀ノ德用薄ク成テ、
　　　　世界困窮シタル筋アリ。（後略）」

兩。）③製造破壞，農民等集中城市，捨棄儉樸的舊生活，競習奢侈。上述三點的對策：定制格式，使各人依身分而生活；廢旅宿制，使大名、武士歸土。④遠路之物，運費高昂，中介商人多，故物價高。⑤問屋制度，和他們向生產者先期貸款，使物價高漲；如有生產過剩，則捨棄物資，維持高價。因此之故，徂徠主張武士歸土，所有俸祿，用米支付，不賣米，使町人為米而奔走，恢復古來之風。徂徠的主張，不用說，均是由武士的利益出發，其主要目的，是在使武士恢復治人的身分，農民成為治於人，商工成為附屬品的前提下，解決當時經濟危機。㉞

㉞　鄭學稼：前引書，p.239。另外在丸山真男的《日本政治思想史研究》亦有對此闡釋：「自元祿至享保間社會情狀——元祿文化。」前引書，pp. 118-130。另外其又指出：「元祿時代に表面化した封建制の動搖が、貨幣改鑄を劃期とする商業資本乃至高利貸資本の急激な抬頭に胚胎してゐることを知った。『天下の上下大に財用とぼしく成來り候とは申すべからず武家の財政とぼしく成候とは申すべく候』（庶政建議）と白石をして憂へしめ、『流通を專らに仕候へば、財用の權は必商人の手に落候と可被思召候』（答問書中）と徂徠をして警告せしめ、遂に吉宗の『享保の改革』を餘儀なからしめたものはまさにこの情勢であった。しかしこの商業資本があくまで商業資本にしかとどまらざるをえないところに、その封建社會に對する變革力としての歷史的限界があった。」中文譯文：「元祿時代表面化了的封建制之動搖，乃胚胎於以改鑄貨幣為劃時代的，商業資本乃至高利貸資本的急遽抬頭。以致『天下上下之財用，不可不謂皆大匱乏。以至武家（門）之財政，亦感拮据。』（庶政建議）使得（新井）白石為之擔憂，而以：『可知專務流通，則財用之權，必落於商人之手。』（答問書中）來警告徂徠。馴致吉宗（德川八代將軍）不得不斷行『享保改革』，正是由於此種情勢所使然。然而，此類商業資本，充其量也只能止於商業資本所具的作用而已。因此，它對封建社會的變革力，

　　至此，我們概觀了元祿至享保年間的社會情勢。看到的是在華麗的元祿盛世創造出來的工商發達，所帶來人心浮動背後的陰暗面，逐漸腐蝕、威脅封建權力，致使宗法封建社會的禮壞樂崩，人心瓦解，足以給封建政治以根本的打擊。這正是徂徠把傳統儒家講禮樂德治轉化成「政治化」的社會契機，❸這也正是徂徠的政治思想學說，獨取荀子聖人思想而不以孔、孟思想學說為圭臬的主要原因。此除與荀子所身處的時代背景有其相類似之外，更有其相契又相吻合的內在因由。這在後面有詳細的分析闡釋，在此不作贅述。

　　綜上所述，徂徠所身處時代所必須面對的課題有二：一是建構即將崩頹的封建政治社會秩序──解決之道，講聖人之道，重塑聖人之德的形象，並以外在規範，禮樂刑政，文物制度重建聖人奉天命、不可測的神秘性以強化其權威性；二是面對幕府的財政困難，調和武士──重義與商人──重利的內在衝突，以解消武士現實生活的困頓──解決之道，主張武士歸土，依聖人緣人情以設道之說，故言「利物足以和義」，有效的解決「金」與「權」、「義」與「利」

　　　　自有其歷史的限界。」丸山真男：前引書，p. 248。

❸　「われわれはきはめて簡單ながら是を以て元祿より享保に至る社會
　　情勢の概觀を終る。われわれがそこに見たものは何か。それはあら
　　ゆる意味における轉換期の現象であった。華かなる元祿文化の蔭に
　　既に都市にも農村にも、或は消極的な腐蝕を通じて、或は積極的な
　　反抗によって封建的權力を脅かす一切のモメントが出揃ってゐた。
　　しかもこれらのモメントはいづれも未だ根本的な打擊を封建社會
　　に與へる程に強力な生長を遂げてはゐなかった。德川封建社會は最
　　初の大きな動搖を經驗しつつもなほ全體として健全性を喪失しな
　　かつた。徂徠をして儒教を『政治化』せしめた社會的契機はまざれ
　　もなくここにあったのである。」丸山真男：前引書，pp. 129–130。

結合的內在衝突，並賦予理論的基礎。蓋徂徠哲學思想的首要之務，就是把儒學「政治化」，有效改善政治社會生活秩序，是其一；其二是調和武士「物權中心」之「義」與商人「債權中心」之「利」，故講興天下之利以和義；由以上二項導出，三是踐履儒學的「政治化」，故必講功利、重實踐與實效價值觀。

第六章　徂徠的思想淵源及其形成與發展的過程

　　每一思想的形成，往往與思想家本身所身處的時代背景，有著非常密切的關係。因為，從思想史發展的觀點來看，作為一個時代的主導思想，從根本上說就是那個時代精神的反映。正因為如此，思想不是憑空產生的，而是因應時代的需要，思想家為求解決時代的課題，把問題本身放在歷史洪流的客觀條件下，從事彼此內在關聯性的思考活動，以尋求解決之道。為此之故，我們在考察徂徠思想的淵源及其形成與發展的過程時，必然地要與其前面的思想家和各學派之間的關係，各種觀點的關聯性，作一歷史發展的分析與邏輯開展的考察。

第一節　徂徠與朱子學的關聯

　　儒家學說思想傳入日本，依記載是應神天皇十六年，較西元六世紀（538 年）傳入的佛教還要早上二、三百年。❶但是也有人說

---

❶　劉梅琴：《山鹿素行》，臺北：東大圖書公司，民國79年3月初版，p. 9。

比這個還要早。❷然而，儒學成為日本官方之學，則是自藤原惺窩使儒學脫離禪宗，以及林羅山倡導的朱子學官學化以後，以朱子學為代表的儒學，才真正地在日本成為江戶時代封建統治的官方意識形態。❸但這已是千年以後的德川時代了。關於當時朱子學之所以在日本被奉為儒學道統，中、日學者作了大量的研究。從其研究的成果上看，比較具有代表性的觀點是：

第一，劉梅琴歸納為下述幾點：① 君臣上下好學；② 儒教的「上下君臣之義」、「尊卑之差」、「長幼有序」等倫理規範正合於封建秩序之社會秩序；③ 儒教之革命說為家康武家政權存在之根據；④ 佛教非現實的「空」的理論已無法慰撫人心，而由較現世的理性的儒教取代，教養人民。❹

第二，丸山真男認為：① 客觀條件是由於德川封建社會之社會的以至政治的構成，在類型上能和成為儒教之前提的中國帝國之構成對比；儒教理論處於最易於被適用的狀態關係；② 主觀條件是由於在近世初期，儒教較之以前的儒教，思想被革新了，即宋學——尤其程朱學脫離佛教的依存而獨立。❺

---

❷　丸山真男：《日本政治思想史研究》，pp. 7–8。

❸　杜鋼建：《儒學與荻生徂徠的作為主義法思想》，第一屆兩岸儒學會議論文，南京：1993年1月8–12日，p. 1。

❹　劉梅琴：前引書，p. 12。

❺　丸山真男所述的具體的主、客觀條件敘述如下：

　　⑴近世所形成的封建社會，兵農分離成為決定之事，武士喪失與土地的直接關係，集中於城下町，在領主之下，形成階級統治的家臣團。像這樣以將軍至大名為頂點，若黨（隨從）仲間（夥伴）等武家奉公人為最下位之武家之身分的構成，以及武家之對於庶民之絕對的優越，恰與儒教認為理想之周之封建制度天子、諸侯、卿、大夫、士、

庶民的構成，類型上相似，所以那時各種社會關係，以儒教倫理作為基礎，是最為適切的。

(2)即使武士階級內部的君臣上下的恩領關係，即黨之間結成之主從關係的心理支柱的所謂「情」與「契」，勢必要求超越依存單純的情緒之客觀的倫理，以為其統治之思想的手段；剛好儒教的君臣道德能適合這個要求。

(3)在武士的家族形態上，家族之人格的獨立性甚為薄弱；儒教的家族倫理，也可以找出很多的適應性。

(4)身分社會的社會關係，經常是以在最上層的做典型，模仿它而形成下層身分的社會關係，因此，其意識形態也與此相應，由上向下浸潤的身分社會的一般法則，在這裏也是妥當的；儒教倫理雖多少有點變容，但在庶民間的社會關係上也被適用了。

總之，這樣近世封建社會的社會構成與儒教倫理的思想構造之類型的照應，正是在近世儒教作為最強力的社會倫理，能在思想界佔指導地位的客觀條件。

然而，近世儒教隆盛的主觀條件，是在儒教本身的思想革新。對於近世儒教的存在形態，從以前的儒教看起來，可以舉出的特徵是：後來的儒學，止於是朝廷之中博士的漢唐訓詁之學，民間的研究也差不多僅係寺院內僧個人興趣的研究；而近世的儒教則具有優良的作為教學的意義，它的研究也脫離了特殊的Sircle，由獨立的儒者，多少公開的從事了。成為這種回轉思想的契機，是宋學的傳來。宋學曾在鎌倉時代由禪僧傳入日本，後來即由五山的僧侶們傳繼下去，於是，宋學的哲學，當然和佛教教理——尤其禪宗的教理妥協，倡為所謂儒釋不二之說，譬如：窮理盡性被視為與見性成佛相同，持敬靜坐被視為坐禪一樣。使宋學——尤其程朱學脫離這種專靠佛教的依存而獨立，放下近世之儒學發展之礎石的，是藤原惺窩和他的高足林羅山。林羅山因藤原惺窩的推薦，受家康之知遇，任幕府之政治顧問，人謂「羅山值國家創業之際，大受寵任，起朝儀，定律令，大府所須文書，無不經其手者。」（見《先哲叢談》卷之一）甚被重用，開了林家的官學的宗家之基。然則，家康對於儒學關心的原因在那裏呢？家康所求於

綜觀兩位學者的見解，主要是因為朱子學適應了封建幕府的階級統治需要，提供給德川家康武家政治的交替，用天道、天命思想加以合理化，並提供治國平天下最完備的政治理論。因為，德川幕藩體制確立後，當務之急，就是需要一種能夠使其封建身分等級制度和階級關係正規化和正統化的理論為之服務。朱子學的理氣說、天人感應說和五倫道德說正好適應了林羅山在《經點題說》所說的：「上下不違、貴賤不亂」的幕藩體制的需要。❻ 所以，朱子學的「君臣之義」、「上下尊卑之差」、「長幼之序」的倫理綱常和名分論，在幕藩體制確立後的一百多年穩定期中，始終與封建政權緊密的結合在一起，佔據統治思想地位。

朱子學之所以能與封建政權緊緊地密合在一起，自然是當政者的需要，並且能確保業已獲得的政權及利益。因為，從朱子學的思想內容來看，朱子學在實際的政治運作上，實用的性格很強。朱子試圖用決定事物本性的理和賦予形體的氣這兩個因素來說明宇宙萬事萬物。也就是說，宇宙之理法與人類道德之理法是由同樣原理貫通在一起的。如此一來，天地萬物，均由形而上之理與形而下之氣結合而成。理決定物之性，氣決定物之形。在萬事萬物均以理為根源的意義上，是平等的，但由於氣的作用，便發生了差別相。於是，人類社會一如其他自然物一樣，有理貫穿著，但是，人類具有最優秀之氣，所以為萬物之靈長。然而，這種平等與差別的關係，不僅僅存在於一般人類對自然物之間，人類相互之間亦復存在。這樣一來，朱子學的宇宙論便貫通到人性論，並將此自然界的法則和人間

儒學的，既不是文學的以及註釋的研究，而在於倫理綱常和名分論。丸山真男：前引書，pp. 8–13。譯文參閱徐白、包滄瀾譯：pp. 6–9。

❻ 杜鋼建：前引文，p. 1。

社會的道德規範連結在一起。❼認為宇宙自然之理是包括君臣和社
會倫理道德的永恒的本質。人遵循理，與理保持一致，即可成聖成
賢。但由於理決定人普遍之性，氣決定人特殊之形，氣與欲的作用
和阻礙便發生差別、等差，所以人間社會的階級，就像自然世界的
差別、等差是一樣的。但是人應去欲與理合一，即所謂的「存天理，
滅人欲。」所以，朱子學成為德川時代幕府政權的官學，成為統治
階層的意識形態。從客觀上說，朱子學所宣揚的綱常倫理觀念、大
義名分、經世治國的思想主張，實在是符合了日本當時封建社會的
發展與成熟，需要有與其相契又相適應的理論。從主觀上說，幕府
深信，只有文教可以化人性之私欲──「滅人欲」，使武士奉公守法
忠於主君之公理──「存天理」。這就像茅原定氏在《茅窗漫談》所
云：「程朱之學得勢，『似天地有四季之序。為萬物之長的人，也有
君臣、夫婦、父子、兄弟、朋友的關係。忠君、孝親、悌兄，夫婦
友愛，交友以信。』如果，一個社會的各階級，由政治生活而至家
庭生活，都能那樣，統治者是可垂拱而治的。」❽這也就是家康和他
的繼承者，傾心朱子學並以朱子學為欽定的官學思想的主要原因了。

朱子學思想結束了武家政治爭伐所帶來的社會秩序瓦解，政治
權威崩潰與信仰低迷等因素所導致的日本文化史上「下剋上」的危
機，❾並使家康以馬上得天下的武家政治邁向近世長治久安「偃武
修文」的文治政治。在這樣的「偃武修文」的政治環境下，自然給
當代的文教事業，提供了相當蓬勃發展的空間。文教事業的發達，
當然取決於政治的安定，社會的富裕，才能培養出高水準的人才，

---

❼　丸山真男：前引書，pp. 16–17。

❽　鄭學稼：前引書，p. 185。

❾　劉梅琴：前引書，p. 6。

才能給予人們在優渥的環境下充分的思考空間。

　　由於朱子學的理，是宇宙自然之理而同時是人倫的道德之理；是實然同時是應然。因而，自然法則與道德規範連結成一邏輯的必然性，更進而將個人道德和政治倫理結合在一起。特別是朱子學者把人間的君臣、父子等倫理原則貫通了整個世界的永恆真理。把儒教倫理思想中的尊卑貴賤秩序與天理結合起來，相互印證。以理為宇宙的根本，以理為人倫的核心，理在則人倫在，理存則國家治，端正人倫者唯有理，一切的一切，均以自然之理作為人倫之理的依歸。❿ 如此的學說思想，在官方大力的倡導下，成為當代的顯學，且成為當時官方主流的意識形態，使得一般人絲毫不加思索地全盤接受。但在家康得天下之「理」的理所當然的同時，⓫ 封建政治的

---

❿　王中田：《江戶時代日本儒學研究》，北京：中國社會科學出版社，1994年12月一刷，p. 39。

⓫　「儒教革命思想『湯武放伐』之所以合於家康現實政治上之欲求，那便是與討伐秀賴有關。一般說來，家康討伐秀賴原本乃屬於『下剋上』之舉動，然透過儒教『湯武放伐』革命說之解釋後，非但開脫了家康『下剋上』之罪名，也為武家政權找到了存在理論的依據。……儒教一方面為家康樹立了支配體制之理論根據，但相反的也成了明治維新、大政奉還之原動力。這或許是家康始料未及之事吧，……」劉梅琴：前引書，pp. 11–16。此之謂「理」之所以為「理」的背後，往往又蘊含著「理」之所以不成為「理」的因由。又好像前所述幕府規定大名「參覲交代」的「旅宿境界」，原本是為防範大名們的一種效忠幕府的制度。大名對幕府效忠，是理所當然之事，原本就是天經地義之事，但卻使武士從過去主宰物權中心的生活，滑落到債權中心的生活，使得武士們生活腐化，舉債過日而轉向效忠於商人的銀子。商人因而從被治、貶壓的階級，一躍而成為政治的主導者，助演了「大政奉還」的一幕。使得原本是為防範的理由所設計的制度，反而因為這

絕對權力背後，和放縱之極的恣意結合著，雖造成「元祿文化」的盛世，但也埋下封建政治走向衰敗的種子。

第二節　徂徠與古學派的關聯

德川家康以朱子學開啟了幕府「偃武修文」的政權，一方面保障了武士的政治社會地位，一方面又獎勵武士接受文治教育，如此一來非但改變了武士殺伐的氣習，也為德川政權奠定了穩定的基礎。而德川時代的武士教育便成為後世主導日本江戶時代歷史發展最大的原動力，其影響不可不謂深遠。⑫賴山陽在其〈以修禮文為志〉中，說明了家康「偃武修文」獎勵文教政策云：

> 家康素留意學術。捷於關原之年，即取經籍未刊行者，盡上之木，以修禮文為志。自讓職以來，益令天下購求遺書，引廷臣諳典故者，與林信勝等講究於前，日夕不倦。又招文學之士，無緇素皆禮重之。是歲親試，以為政以德頌，將軍亦試革尚之風必偃賦。⑬

依上所述，家康在文教方面的振興提倡朱子學，無疑提供了家康治國平天下最有效力的保證。所以，從理論上來看，江戶時代的朱子學派，繼承了中國朱子學「理」學的理論特點，以自然之理為核心，

個制度，成為不得不反對幕府的種子因素。

⑫　劉梅琴：前引書，p. 7

⑬　賴山陽著、岡本優太郎解釋：《日本外史》，研究社，昭和15年五版，pp. 314–315。

以人倫之理為至極，走向了絕對的主觀唯心論，走向絕對威權主義的極端；從政治上來看，朱子學與封建專制政治結合成一體，且為德川幕府政權的合理性，找到了理論的基礎，很自然地成為官方的意識形態，使得儒教在日本江戶時代完全政治化，並使朱學這種是物理同時是道理的理論更加絕對化；從社會發展來看，獨尊朱子學，以朱子學為儒學的正宗，以朱子學作為一切社會價值規範的標準，進而反制其他學派的發展，其負面的影響是非常不利於朱子學本身的發展，也必然遭致其他學派的反制。❹ 井上哲次郎就曾指出朱子學同質性太高，其云：

> 苟欲為朱子學派之人，則不可不忠實崇奉朱子之學說，換言之，即不得不為朱子之精神的奴隸。是故，朱子學派之學說，不免有千篇一律之感。❺

由是，德川中期以後，日本儒學古學派的出現和發展，就是在這種情況下，對朱子學的絕對主觀唯心論加以批駁，企圖對朱子學所謂的儒學正宗的天道之理與聖人之道的偏頗，加以澈底的批判。摒棄私意妄作之理的內在主觀之道，希冀重新回到古代聖人所制之禮樂刑政的外在客觀規範之道。所以，從思想的興起與發展和傾向來看，古學派的產生，是有其深厚的社會歷史文化背景的，它所代表的是一民間思潮，企圖以恢復古義，正本清源的名義，對朱子學的儒學正宗加以嚴厲的批判，進而從獨尊朱子學的一統天下中，尋求解決

---

❹　王中田：前引書，p. 41。

❺　井上哲次郎：《日本朱子學派之哲學》，明治42年，p. 598。引自丸山真男：前引書，p. 25。

元祿盛世下所產生的時代課題。

　　從獨尊朱子學到批判朱子學，是因為當時在日本，朱子學和陽明學思想的對立，使得一些人對朱子學的權威性產生疑問：它們雖然都自稱為儒學正統，而什麼才是真正的儒學，才是真正的「聖人之道」呢？這些人認為朱子學或陽明學等新儒學都或多或少受到佛教或老莊的影響，因而，主張應直接回歸未受佛老矯飾的儒學道統，回到孔孟或孔孟之前的先王之道那裏去探求儒學真諦，於是在當時形成了所謂的古學派。日本古學派為江戶時代日本儒學的一派，其中三大代表人物包括山鹿素行的古學派、伊藤仁齋的古義學派，以及荻生徂徠的古文辭學派。山鹿素行、伊藤仁齋和荻生徂徠、雖無師生弟同門傳授關係，思想也有許多差異，並且也多有相互批評之處，但在主張回歸古籍原典上卻是一致的。他們回歸原典並非簡單地回歸到儒學的原點，而是要依據古籍所載，重新建構不同於朱子學與陽明學的世界觀和倫理觀。儘管他們打著復古的旗幟，實際上卻是將他們所謂的「聖人之道」、「周孔之道」與當時的朱子學和陽明學對立起來，借用古典原義的權威來批判後世儒學，即所謂的朱子學和陽明學，尤其是批判朱子學。並企圖從古典中尋找對時代課題有用的政治智慧，其精神就是「商量古學以開發新知」，也就是回歸到「經世致用」的實用之學。古學派的思想是日本儒學中最具日本特色的一部分，把朱、王以來求之於內的主觀無形、無準之形而上之道理，轉而求之先王制道之客觀具體的禮樂刑政之道，充分地表現了日本民族文化心理實事求是的務實特性。**⑯**其中最具代表性及集大成的人物，且又對近代化最具影響力者，就是本書所研撰

---

　⑯　王家驊：《儒家思想與日本文化》，臺北：淑馨出版社，民國83年1月初版，pp. 115–116。

者——「荻生徂徠」。但研究徂徠學的產生，就不得不先考察古學派的先驅山鹿素行與伊藤仁齋的思想，是如何過渡到徂徠學。

㈠從山鹿素行到荻生徂徠

　　山鹿素行（1622–1685 年）為德川時代開創武士道學派、山鹿流兵學以及古學派先驅、日本中華主義之始祖。據《略年譜》所載，素行九歲時便由稻葉丹後守正勝之介紹，而成為林羅山之門入室弟子，❶因能閱讀未加句讀的《論語・序》，使羅山兄弟大為讚嘆。❶另外在詩文方面的表現，在其《配所殘筆》中云：

　　　　十四歲左右便精通詩文。❶

除詩文之外，儒學註解方面有《四書諺解》五十餘冊。關於內容方面，《山鹿語類》門人序中云：

　　　　先生述《四書諺解》五十餘冊，大概宗羅山林道春之講意。❷

由此推斷其講授內容皆以羅山、永喜口授為基礎。依《年譜》所載，

---

❶　寬永七年九歲之條：「依稻葉氏（丹後守）介紹，列羅山林道春之門。」廣瀬豐編纂：《略年譜》，《山鹿素行全集》第一卷，東京：岩波書店，昭和15–17年，p. 5。

❶　「道春，永喜在座，使讀《論語・序》，及無點唐本，後取山谷使讀，永喜云年少而能讀此亦屬奇特。」山鹿素行：《配所殘筆》，《山鹿素行全集》第十二卷，p. 571。

❶　《山鹿素行全集》第十二卷，p. 572。

❷　《山鹿素行全集》第四卷，p. 7。

素行十五歲時「始講《大學》」，《配所殘筆》中亦云：

> 十五歲之時，初講釋《大學》，聽眾甚多。❷❶

由上觀之，素行求學及早年講學，均是以朱子學思想為宗。同時，他還學習武藝和兵法。後又學習神道、日本歌學，也曾涉獵老莊著作，修習佛學。故其思想亦曾以三教一致為宗，在其《修身受用抄》卷首云：

> 孔、老、釋三教，記文字以達多聞之事，行其所學，各書物所未見。❷❷

由上引「孔、老、釋三教，記文字以達多聞之事」，便是明言三教一致的立場。一方面講求修身以求學文合乎天理信實，一方面強調受用於自性明德之本體，很明顯地融合了儒家外在修身，以及佛老內在本體心性之說。而此修身倫理之綱領，以自我修身為目的，其對象自然是與以當時一般武士訓示相呼應。❷❸山鹿素行雖然接觸了不同體系的思想。但對它們都有不滿之處。在《配所殘筆》中，他曾這樣回顧自己的思想歷程：

> 余自幼年至壯年，專攻程子、朱子之學理。……中年好老子、莊子，以玄玄虛無之說為本。此時尤貴佛法，會五山之名僧，

---

❷❶　《山鹿素行全集》第十二卷，p. 573。

❷❷　《山鹿素行全集》第一卷，p. 77。

❷❸　劉梅琴：前引書，p. 50。

樂參學悟道……然或因余之不敏，修程朱之學則陷持敬靜坐
之工夫，覺人品趨於沉默。較朱子學，老莊禪之所適豁達自
由，……然於今日日用事物之上，則不得要領，……神道雖
本朝之道，而舊記不分明，事之端底不全。㉔

由於對朱子學、陽明學、佛老之說和神道都不滿意，在四十一歲時
因讀《近思錄》，對宋學起疑，據《略年譜》寬文二年八月十九日，
四十一歲之條云：

讀近思錄，自此疑宋學，入古學之兆。㉕

然而，他找到的解決方法是「讀漢唐宋明學者之書不得要領，則直
覽周公、孔子之書，以為規範，或可正學問之道」。㉖即要直接返回
儒學古典，並提倡以先秦周孔之道，為聖學復古思想之表現。㉗他
還主張以文獻學的方法探求古典真義，以作為指導日常生活實踐的
原理原則。他說：

應詳文字訓詁，虛心平氣，直以聖人之言體窮日用之間。㉘

㉔ 《山鹿素行，日本思想大系32》，東京：岩波書店，1970年版，
pp. 334–335。

㉕ 《山鹿素行全集》第一卷，p. 28。

㉖ 《山鹿素行，日本思想大系32》，p. 335。

㉗ 劉梅琴：前引書，pp. 73–84。

㉘ 田原嗣郎：《德川思想史研究》，東京：未來社，1976年版，p. 26。轉
引自王家驊：《儒家思想與日本文化》，臺北：淑馨出版社，民國83年
1月初版，pp. 117。

蓋在一六六二年寬文二年，素行四十一歲時正式走上了所謂周孔之
道的古學。寬文五年一六六五年，素行四十四歲時《山鹿語類》四
十三卷和《聖教要錄》三卷，兩大代表作完成，系統表述了他的古
學主張。《聖教要錄》為其復古精神之先聲，他為儒學的變化極感憂
慮，並對宋儒脫離孔、孟思想的真義而大力批判朱子學。然而，由
於這是他在官學下批評官學，所以，此書一出自然不容於官方，非
但震驚學界廟堂之上，同時也為他在四十五歲，寬文六年時，帶來
流放赤穗的下場。❷致使他不得不留下那有名的遺書，書云：

> 夫罪我者，罪周公孔子之道也。我可罪而道不可罪。罪聖人
> 之道者，時政之誤也。❸

而後門人亦將此聖學篇精簡輯錄為《聖教要錄》，當此書成之時，
其門人曾請曰：

> 此書可以秘可以崇，不可廣示於人，且排斥漢唐宋明之諸儒，
> 是與天下之學者相違。❸

而素行答曰：

---

❷　《年譜》寬文六年之條云：「十月三日，未刻（午後二時），大目付北
　　條安房守氏長以廣用招喚，即馬上赴北條邸，氏長傳公命，即因《聖
　　教要錄》著作之罪貶播州赤穗。」《山鹿素行全集》第一卷，pp. 35–36。

❸　《配所殘筆》，《山鹿素行，日本思想大系32》，p. 331。

❸　《山鹿素行全集》第十一卷，p. 33。

> 噫！小子不足謀，夫道者天下之道也，不可懷而藏之。可令
> 充於天下，行於萬世，一夫亦因此書起其志，則贊化育也。
> 君子有殺身以成仁，何秘吾言乎！ ㉜

蓋由其所言，表明了素行斥異端立聖學之道的堅定意志。松宮觀山
就曾云：

> 門下素行子云者，……著《聖教要錄》始破宋學，但仁齋、
> 物徂徠二先生出其後，我國破宋學素行子其嚆矢也。㉝

因知，顯然山鹿素行早年是以朱子學為其中心思想。這是在《配所
殘筆》中，他就曾自述自己思想歷程的。為此之故，由於對朱子學、
陽明學、老莊禪之玄理和本朝神道都不滿意，於是他在〈大學讀法〉
中指出，直探古代聖賢之道的六經，其云：

> 六經皆大學之明證，天下古今之學，天下古今之治，不出此
> 經，不由此則治不善，出此則為異端，學者之精力，盡在此
> 經。㉞

而正學問之道者，則是直觀周、孔之書：

㉜ 《山鹿素行全集》第十一卷，p. 33。

㉝ 松宮觀山：《士鑑用法直旨鈔》。見堀勇雄：《山鹿素行》，東京：吉川
弘文館，昭和38年再版，pp. 221–222。

㉞ 〈大學讀法〉，《山鹿素行全集》第十一卷，p. 69。

> 讀漢唐宋明學者之書不得要領，則直覽周公、孔子之書，以
> 為規範，或可正學問之道。㉟

此即為何它要直接返回儒學古典，主張以文獻學的方法探求古典真
義，以作為指導日常生活實踐的原理原則的原因。且其在《四書句
讀》中亦云：

> 是漢、唐、宋、明諸儒喪志訓詁詞章之末，沈痼性心敬靜之
> 遠，竟不得治人修己之實之所以，唯河南程子表章大學中庸
> 以論孟序之。新安朱子，以章句集註行世，殆向千載，其聖
> 門之功又不大哉，然其所本，起毫釐之差以至千里之謬，故
> 其經解，未不無疑。㊱

蓋如前所引曰：「應詳文字訓詁，虛心平氣，直以聖人之言體窮日用
之間。」

　　所以，一六六二年寬文二年素行四十一歲時，正式走上了所謂
的周孔之道的古學道路。從一六六二年之後到一六六五年間，山鹿
素行先後刊行了《山鹿語類》四十三卷和《聖教要錄》三卷，系統

㉟　《山鹿素行，日本思想大系32》，p. 335。

㊱　《四書句讀》，《山鹿素行全集》第十一卷，p. 64。又云：「愚生遠東
　　海之濱，幸少得窺其藩籬，杳議中華之諸先輩，句讀聖賢之書，猶以
　　方寸之木，使高出岑樓，不得已而以，無暇計人之非笑，後焉見者，
　　庶幾爾我絕阿黨之意，直證聖人之書。」pp. 65–66。又謂：「訓詁字解
　　尤從朱子之章句，至註聖學之大義，悉與程朱牴牾。某平生尊信二氏
　　之說，近年得聖學之大義，亦據此文字言語，而今一旦背馳，心誠有
　　所不忍。」p. 71。

表述了他的古學主張。也正惟如此，素行對朱子學的批判，遭到林羅山的兒子林鵝峰和受崎門學派影響的幕府大老保科正之的攻擊，並因此被流放達十年之久。《配所殘筆》就是在流放期間寫成的。此後，素行回到江戶從事教育與著述，據說有門人二千餘人。不過，素行雖然提出復古，其復古的方向是復孔子之教，不取曾子、子思、孟子，否定漢唐古注、宋新注，從日常彝倫立場獨自註解。**❸❼** 故因倡聖學而為古學派之始祖，這對江戶時代儒學界，不但開創了一新的局面，亦扭轉了整個日本儒學史的傳統面貌。然而，素行雖能掙脫朱子學的箝制，追溯古代中華聖人之學，突破現實宋明理學的瓶頸，造成復古的先聲，可是卻也落入以古典信仰為依歸的窠臼之中。**❸❽** 蓋在闡明古義和建立新的古典文獻學研究方法方面，並無重大發現，因而只能說他是古學派的先驅。**❸❾** 倒是在兵學思想上，在受朱子日用實學，修身道德之影響下，脫離了中士兵學的觀念，將「術」與「道」合一，確立文武一致、兵儒合一的武教思想理論。**❹❶** 所以，有的日本學者更說他是「在朱子學的地盤上與朱子鬥爭」。**❹❶**

　　素行對宋學的批判，主要是集中在其窮理與持敬等實踐道德的方法論上。在《配所殘筆》中即可一覽無疑：

　　　寬文之初，我見漢、唐、宋、明學者之書，觀之不能理解。

---

❸❼　今中寬司：《徂徠學の基礎的研究》，日本東京：吉川弘文館，昭和41年版，p. 15。

❸❽　劉梅琴：前引書，p. 83。

❸❾　王家驊：《儒家思想與日本文化》，臺北：淑馨出版社，民國83年版，p. 117。

❹❶　劉梅琴：前引書，p. 72。

❹❶　源了圓：《德川思想小史》，東京：中央公論社，1981年版，p. 58。

故直接見周公、孔子之書，以之為範本，云可正學問之道。自此，不用後世之書物，晝夜勤讀聖人之書，始明聖學之道，定聖學之則。……故聖學之道，文學，學問皆所不需，今日聞之，今日解。工夫、持敬、靜坐，均不需要。因知縱言行正身修，語千言百句者，此乃雜學而非聖學之道也。㊷

另外素行於〈排靜坐〉中亦云：

自孟子平旦之氣、夜氣之論以來，人皆好靜，或致靜坐之輩多，甚誤。程子常示靜云靜坐，為說人之紛擾，未必人人之事。㊸

而其對朱子學的批判，主要集中於朱子學的「復性」說。其在《山鹿隨筆・難朱子之學風》中云：

孔子慕周公，故孔子之道即周公之道。當時之學者雖云學孔子卻不知以周公為本。凡學者皆云心性，高上之工夫，以致靜坐練心為本。㊹

而「復性」被認為是做學問的最高使命，必須通過「居敬」、「窮理」等修養工夫，摒除由「人欲」造成的種種「蔽錮」，以恢復「天理」降於人身的「天命之性」。 這就像練心澄性之事，近似修道成佛之

㊷ 《山鹿素行全集》第十二卷，p. 595。
㊸ 《山鹿素行全集》第十一卷，p. 434。
㊹ 《山鹿素行全集》第十二卷，p. 396。

事。㊺素行認為這種「復性」說,「有持敬存心之弊」,㊻只注重內省自脩而完全脫離了日用實學之道。因而,他提出「學問之極唯在於窮致其事理日用。」㊼而「非天地先立而有理,非理後天地顯。故雖以口云則云,但云今日之上更無用所,例如人無事時,為一重之工夫。」㊽故云:

> 聖門之教,卻都就動處教人做工夫。動靜亦物也,何必主靜。動有動之工夫,靜有靜之工夫,是皆格物也。㊾

是知,在道德實踐上,素行始終力主「格物」, 以「動」制「靜」為聖學之教。且「聖人之教,近在日用。日用之間在格物致知」。㊿但因「聖人學不厭,教不倦。」(51)故更強調「日勤不息,學不厭,誨不倦」(52)的動的道德實踐方法。但素行雖反對朱子學「窮天理,滅人欲」的禁欲主義,但對人的感性欲求,則表現了較為寬容的態度。素行〈論義利〉云:

㊺ 「儒者行五倫以有為本,且以治民正風俗為本,是亦孔子老年行諸國述道,孔門弟子皆治世保國之言,無練心性澄心之事。當時之學者乃儒者之佛者也。」《山鹿素行全集》第十二卷,p. 396。

㊻ 《山鹿素行,日本思想大系32》,p. 456。

㊼ 《山鹿素行,日本思想大系32》,p. 465。

㊽ 《山鹿素行全集》第十一卷,p. 422。

㊾ 《山鹿語類》卷三十三,《山鹿素行,日本思想大系32》,p. 360。

㊿ 《山鹿語類》卷三十三,《山鹿素行,日本思想大系32》,p. 362。

(51) 《謫居童問、生生無息》,《山鹿素行全集》第十二卷,p. 154。

(52) 《謫居童問、存養省察》,《山鹿素行全集》第十二卷,p. 156。

> 人物之情欲，各不得已也。無氣稟形質，則情欲無可發。先儒以無欲論之，夫差謬之甚也。(53)

故在《謫居童問》中更直言：

> 去人欲者即非人。與瓦石同，豈謂瓦石皆明天理乎。(54)

素行並不像朱子學和陽明學那樣，將人倫、理性與感性欲求對立起來，而認為幸福與感性快樂乃是人生應有之義。但他也不是無限制地肯定「人欲」，而是主張以「禮」來節制「人欲」的「過」與「不及」。故其在《聖教要錄》中論〈禮〉云：

> 聖人之教，唯在禮樂。(55)

在此，我們隱約地看到了日後徂徠所力倡禮樂刑政客觀的規範制度，已呼之欲出了。與之相關的「利」與「義」素行認為也不矛盾，反對朱子學崇義絀利，認為義利不兩立的觀點。他主張「人皆有好利惡害二心，是謂好惡之心。依此心立教，遂述聖人之極。」「果無此利害之心，乃死灰槁木，非人也。」(56)他認為「聖人之學，在節欲正利。」(57)只要求利的人情「合宜」就是「義」。(58)素行的上述觀點與

(53)　《山鹿語類》卷三十三，《山鹿素行，日本思想大系32》，p. 362。
(54)　《謫居童問・人欲》，《山鹿素行全集》第十二卷，p. 172。
(55)　《聖教要錄》中，《山鹿素行，日本思想大系32》，p. 344。
(56)　《謫居童問・欲心》，《山鹿素行全集》第十二卷，p. 54。
(57)　《山鹿語類》卷三十三，《山鹿素行，日本思想大系32》，p. 363。

日後徂徠的命題，也已逐漸地在素行身上一一地呈現出來了。

對人情私欲的寬容，在邏輯上必然會把「天理」至高無上的地位給拉下來到日用人倫之理。所以，素行對朱子把理視做本體也進行了批判。他認為「氣」（即「陰陽」）才是宇宙萬物的本源，蓋云：「盈天地之間，所以為造化之功者陰陽也。」(59)而被朱熹視為世界本源與最高主宰的「理」，在素行看來，不過是「事物之間，天地人物之間，必有條理」的「理」（規律）。而其「理」具體的說，也就是人倫日用的「禮」。其云：

> 有條理之謂理，事物之間，必有條理。條理紊則先後本末不正，性及天皆訓理，尤差謬也。凡天地人物之間，有自然之條理，是禮也。(60)

據此，他有時又把形而上的宇宙論之「氣」與形而下的人倫之「理」──禮合起來講，「天地人物之所以然，此理氣之妙用。」「天地人物不出理氣之妙合。」(61)似乎「理」又是與「氣」相互並存的某種實體。這裏素行還未能完全斬斷「禮」是人為的──「社會制度」所建構出的道德法則與「氣」是自然的──「宇宙秩序」所自然形成的自然法則的連續性，依舊帶有朱子學「自然法則就是道德法則」的連

(58) 「義者宜也，利亦宜也。故曰：利者義之和也。凡物與事處之以宜，是義也。當事物之宜，則不去不好不欲之地。是以義為利也。」《山鹿素行，日本思想大系32》，p. 365。又謂：「欲也，情之有所欲也；利者，情之有所利也。」p. 362。

(59) 《山鹿素行，日本思想大系32》，p. 344。

(60) 《山鹿素行，日本思想大系32》，p. 343。

(61) 《山鹿素行，日本思想大系32》，p. 460。

續性的、藕斷絲連的陰影。

但在素行的《謫居童問》中卻又為徂徠所欲建構聖人之「道」的客觀規範化的外在制度，踏出了近代政治思想史上決定性的一步。素行曰：

> 定人之禮，通人情以制其過不及，或分事之品，或究物之大小高下文質，以此制心也。(62)

又云：

> 道之準則，事物之禮節，乃聖人所立之教，故近於是外也。(63)

以上所云，日後在徂徠的思想中均一一呈現。例如：「夫理者事物皆有之。……禮與義是也，聖人之所立極也。」(64)「利物者，利益萬物，是仁也，必以義濟之，而後物可得而利益。故曰利物足以和義。」(65)「以禮制心，古之道為爾。」(66)「先王之道，以禮制心。」(67)「禮以制心，義以制事。禮以守常，義以應變。」(68)「先王之道，緣人情以設之。」(69)「先王立禮，以為民極。」(70)「極者，謂先王立是，

---

(62) 《謫居童問・定禮》，《山鹿素行全集》第十二卷，pp. 71–72。

(63) 《謫居童問・政道之要》，《山鹿素行全集》第十二卷，p. 316。

(64) 《辨名下・理氣人欲》，《荻生徂徠全集》第一卷，日本東京：河出書房新社，1973年初版，p. 451。

(65) 《辨名下・元亨利貞》，p. 442。

(66) 《辨名下・元亨利貞》，p. 439。

(67) 《辨道》，p. 417。

(68) 《辨名上・義》，p. 432。

以為民之所準據者也。」⓱ 在此，素行已把制人情之欲過與不及的善惡準據，從內在主觀的「性」轉向外在客觀的「禮」。 規範與人性的連續性，既然已經開始分解成為兩個面向，自然個人主觀的道德修養與全體客觀的政治利益，就沒有邏輯的必然性了。⓲ 蓋在《謫居童問》云：「不可以身修一事，論天下之事也。」⓳ 直言政治理想的完成，不是單憑修身齊家就可以實現的。所以，對於德治的理想，素行是偏向孟子所謂的：「徒善不足以為政，徒法不能以自行。」《孟子・盡心下》認為除主觀面的個人道德修養的完成外，亦必須仰賴客觀面的完善的政治制度，來維繫社會秩序的安定與和諧。故云：

> 所謂以德化民，如禮樂刑政皆具，盡善盡美也，……若禮樂刑政不明，德何以行耶。⓴

在此，素行很明顯地認為德治理想的有限性，且個人道德修養的完善，並不能保障政治理想的完成。其云：

> 不可謂修一心之全體，與君之治天下同也。……其故蓋一體本一，分為四肢百骸，各異其名耳。天下則以各各相異者，合而為一也。㊄

---

⑥⑨　《辨名上・義》，p. 432。

⑦⓪　《辨名上・禮》，p. 430。

⑦①　《辨名下・極》，p. 454。

⑦②　丸山真男：前引書，p. 48。

⑦③　《謫居童問・修身與治國》，《山鹿素行全集》第十二卷，pp. 298–299。

⑦④　《謫居童問・律令格式與治法》，《山鹿素行全集》第十二卷，p. 312。

⑦⑤　《謫居童問・經書為本》，《山鹿素行全集》第十二卷，p. 276。

承上所述，素行對情與欲、義與利取寬容的態度，在當時的日本思想界中並非僅祇於他個人而已。另一個古學派學者伊藤仁齋及後來繼之後起的徂徠也有類似的思想。他們的思想既是當時江戶時代的產物，自然也就是日本民族文化心理在儒學中的反映。在素行所生活的時代，幕府體制已進入穩定發展時期。武士「參覲」制的實施，促進商品經濟消費的增加，導致交通與商業的發展，町人（城市商人和手工業者）的經濟力量亦隨之逐漸增大。蓋求利的人情合於節就是義，實際上正是當時武士商品消費型文化與町人經濟型文化結合的社會思想的合理化解說。因為「鎖國政策」與國外市場隔絕，工業生產的技術水準不高，商人所累積的財富不是用於奢侈生活，就是轉化為高利貸資本。自然造成了城市生活中放縱情欲的奢靡風氣。以井原西鶴、近松門右衛門、松尾芭蕉為代表的町人文學，或則肯定商人營利謀財的才幹，或則表現當時人的感官欲求，或則將精神寄託於自然風光，洋溢著一種追求現世幸福的生活情趣。正是在這樣的社會文化氛圍中，產生了素行、仁齋與徂徠肯定情欲與功利合理性的反朱子學思想。正所謂極端的禁欲主義，就有反制禁欲的合理縱欲主義。且自古以來，肯定生命、尊重情感、滿足欲望就是日本民族文化心理的重要特徵。儒學雖然在奈良平安時代的傳播，但也僅僅只是及於日本文化的表層。所以，江戶時代，朱子學和陽明學的禁欲主義剛剛傳播開來時，潛藏於日本民族文化心理中的肯定生命、尊重情感、滿足感官刺激的傳統，隨即迅速地反撲。這一反撲在儒學中的表現，即是素行、仁齋和徂徠重視情欲與功利的思想。(76)

---

(76) 王家驊：前引書，pp. 118–119。

(二)從伊藤仁齋到荻生徂徠

另一個與山鹿素行同時的伊藤仁齋，對情與欲、義與利同樣採寬容態度，同在寬文五、六年（1665、1666年），由宋學轉向古學。他們的思想既是以江戶時代為背景的產物，同時也是日本民族傳統的文化心理。山鹿素行是以江戶地區為其活動中心，與諸侯交往頻繁，且一生從未捨強烈的政治的關心；伊藤仁齋則是以京都地區為其活動中心，為一木材商之子，後來雖家道中衰，曾被肥後侯紀州侯招聘，亦不改其說道不止的青雲之志。兩人一生在官家，一生在民間，一個在關東，一個在關西，兩人並無直接的聯繫。(77)但兩人同時將古學派向前推進了一大步，其思想的特質與學術目的比素行更加鮮明。如果說，將「人欲」的消極性，轉化為積極性，從這個面向去批判宋學禁欲主義的素行；相反的，採推進規範性，試行作為儒學之倫理思想的純化，從此立場立說，同樣主張重回原始儒家精神的，則是伊藤仁齋。(78)

依藤仁齋的出現，象徵著日本近世儒學的研究，脫離了祖述、啟蒙的階段，發展出具有獨自的學問體系。(79)他的學說，雖然沒有像朱子學那樣成為江戶時代幕府的官學，但卻成為日本社會一般勢力的代表，向幕府做出了大膽的挑戰。(80)首先，他認為朱子學的經典著述——《大學》，不是孔子的原典真義，強調理氣說是佛教、老

(77) 王家驊：前引書，p. 119。

(78) 丸山真男：前引書，p. 52。

(79) 王中田：前引書，p. 42。

(80) 吉川幸次郎：〈仁齋傳記〉，《仁齋東涯學案》，《伊藤仁齋、伊藤東涯，日本思想大系33》，東京：岩波書店，1985年版，p. 568。

莊的思想，不應該根據宋儒的注解研究孔、孟思想。[81] 所以，他提倡直探孔、孟原始儒家原典著述研究的復古形式，批判朱子學，力圖重新發現原始儒家的真正精神之所在。蓋其在《語孟字義》序云：

> 予嘗教學者以熟讀精思語孟二書，使聖人之意思語脈能瞭然于心目間焉。則非惟能識孔孟之意味血脈，又能理會其字義，而不至于大謬焉。夫字義之於學問固小矣，然而一失其義，則為害不細。只當一一本之於語孟，能合其意思語脈，而後方可。不可妄意遷就，以雜己之私見。所謂方枘圓鑿，北轅適越者，固不虛矣。故著語孟字義一篇，以附諸二書古義之後，其詳有古義在，今茲不贅。[82]

據此，仁齋以《論語》、《孟子》探求古義，但這並不是復古，而是以論、孟為據，重新建構自己的思想體系，用來批判朱子學。所以，他的學問被稱為古義學。然其對朱子學的批判與重新闡釋儒學精神，主要表現在什麼是天道、人道、天命、理、仁義禮智、性等這幾個方面。

在什麼是道的問題方面，仁齋批判了朱子的理道論，他的企圖，是在把向佛、道專以虛無空寂為道的觀照性轉化的儒學，[83] 重新拉

---

[81]　王中田：前引書，pp. 42–43。

[82]　《語孟字義》卷上，《伊藤仁齋、伊藤東涯，日本思想大系33》，p. 115。

[83]　「凡聖人所謂道者，皆以人道而言之。……道者，人倫日用當行之路。……若佛老之教，及近世禪儒之說，高唱空虛難憑之理，好為高遠不可及之說。……然易以氣言，伊川以理言，則其說雖甚似，然意則異矣。若晦庵之說，於聖人之書，本無斯理，蓋淵源老莊虛無之說。……佛氏以空為道，老子以虛為道。」《語孟字義》卷上，《伊藤仁齋、伊

回到以實踐倫理為依歸的原始儒家性格。所以，公開批判宋學唯心論，確立氣一元論的唯物論思想，「蓋天地之間，一元氣而已。」[84] 把「一元氣」作為宇宙世界的本源，以「一元氣」的活動來說明萬物由此而產生。從此出發，反對宋儒以「理」釋「道」的理道論所建構出的「理」為世界本源的唯心論。[85] 所以，對朱子注《易‧繫辭》：「一陰一陽之為道」時，認為陰陽迭運謂氣，其理為道。仁齋在其《語孟字義》中就公開提出反對這種以理釋道的理道論。仁齋認為陰陽流行為道。故謂：

> 道猶路也。人之所以往來通行也。故凡物之所以通行者，皆名之曰道。其謂之天道者，以一陰一陽往來不已。故名之曰天道。……蓋天地之間，一元氣而已，或為陰，或為陽，兩者只管盈虛消長往來感應於兩間，未嘗止息，此即是天道之全體。……聖人之所以論天者，至此而極矣。可知自此以上，更無道理。[86]

而陰陽對待是「自在流行之中，非流行之外，又有對待也」。[87] 朱子以理釋道的理論前提是理氣二分，先理後氣的唯心論的邏輯假設。仁齋反對以理釋道的同時，也反對先理後氣的說法。在理與氣的關係問題上，仁齋的看法更接近唯物論觀點。[88] 他說：

藤東涯，日本思想大系33》，pp. 122–123。

[84] 《語孟字義》卷上，《伊藤仁齋、伊藤東涯，日本思想大系33》，p. 115。

[85] 王中田：前引書，pp. 44–45。

[86] 《語孟字義》卷上，《伊藤仁齋、伊藤東涯，日本思想大系33》，p. 115。

[87] 《語孟字義》卷上，《伊藤仁齋、伊藤東涯，日本思想大系33》，p. 115。

大凡宋儒所謂有理而後有氣，及未有天地之先，畢竟先有此理等說，皆臆度之見。而畫蛇添足，頭上安頭，非實見得者也。⑧

所以仁齋主張的是氣一元論，認為理不外是氣之條理。其以匣內有氣，自生白醭為喻。⑨故云：

故知天地之間，只是此一元氣而已矣。可見非有理而後生斯氣。所謂理者，反是氣中之條理而已。⑨

至於道與理的關係，仁齋的基本看法是重道輕理，主道斥理，以「道」取代「理」。⑨他認為道與理的區別在於道字本活字，以形

---

⑧ 杜鋼建：〈儒學與荻生徂徠的作為主義法思想〉，第一屆兩岸儒學會議論文，南京：1993年1月8–12日。

⑧ 《語孟字義》卷上，《伊藤仁齋、伊藤東涯，日本思想大系33》，p. 116。

⑨ 其喻云：「今若以版六片相合作匣，密以蓋加其上，則自有氣盈于其內。有盈氣于其內，則自生白醭。既生白醭，則又自生蛙蟬，此自然之理也。蓋天地一大匣也，陰陽匣中之氣也，萬物白醭蛙蟬也，是氣也。無所從而生，亦無所從而來。有匣則有氣，無匣則無氣。」〈語孟字義〉卷上，《伊藤仁齋、伊藤東涯，日本思想大系33》，p. 116。

⑨ 《語孟字義》卷上，《伊藤仁齋、伊藤東涯，日本思想大系33》，p. 116。

⑨ 王中田先生說：「從伊藤仁齋的生平、思想發展過程中我們看到，由朱子學轉向古學，並非一朝一夕就實現了的，而是經過長期、曲折的努力過程，是對現實世界的深入思考、分析的結果，也是時代的要求。日本儒學家以朱子學中的『理』作指導，來確立嚴格的封建等級身分秩序，理不變，尊貴卑賤不會變。作為中小地主階級、沒有權力的貴族階層是不會長久地甘于這種局面的。他們要改變『理』的絕對統治，

容生生化化之妙，而理字本死字，缺少活氣，聖人常言道，罕言理。宋儒一旦離開理字則沒有話可說，這正是與聖人之學相背離的。**❸**所以，在仁齋看來，「理」僅限於事物之理，他隔絕了理關乎天與人的連續關係。故：

> 聖人曰天道，曰人道，而未嘗以理字命之。易曰：窮理盡性，以至於命。蓋窮理以物言，盡性以人言，至命以天言。自物而人、而天，其措詞自有次第。可見以理字屬之事物，而不係之天與人。**❹**

蓋其在〈童子問〉中亦云：

> 理字施之於事物，則可，用之於天地，則不可。……易曰：窮理盡性，以至於命。窮理，就事物而言；盡性，就人而言；至命，就天而言。……若以理為萬物之本原焉，則自流入老佛之學，與聖人之旨，實天淵矣。**❺**

要求以『道』來取代『理』。 古學派的思想代表——伊藤仁齋的思想正好集中地反映了他們的要求。」王中田：前引書，p. 45。

❸ 仁齋論「理」云：「道字本活字，所以形容其生生化化之妙也，若理字本死字。……聖人每以道字為言，而及于理字者甚罕矣。若後世儒者，倘捨理字，則無可以言者矣。……蓋道以所行言，活字也。理以所存言，死字也。聖人見道也實，故其說理也活。老氏見道也虛，故其說理也死。」《語孟字義》卷上，《伊藤仁齋、伊藤東涯，日本思想大系33》，pp. 124–125。

❹ 《語孟字義》卷上，《伊藤仁齋、伊藤東涯，日本思想大系33》，p. 124。

❺ 伊藤仁齋：《童子問》卷中，《近世思想家文集，日本古典文學大系97》，東

所以「聖人每曰天道，曰天命，而未嘗曰天理。曰人道，曰人性，
而未嘗曰人理」。❾而後世儒者言理者，蓋從老氏而來。聖人以天地
為活物，異端以天地為死物，這是仁齋所強調的原始儒家孔孟之學
與後世宋學的基本區別。❾根據仁齋的思想來看，儒家思想的精神
價值在於「以德行為本」，即以道為主，非以理為主。而他所言之
道，即人倫日用當行之路的人道。

　　仁齋對荻生徂徠等其他日本儒者的最大影響即在於將人道與
天道相區別，重人道，輕天道。仁齋將天道與人道的區別立說於：

　　說卦明說：立天之道，曰陰與陽，立地之道，曰柔與剛，立
　　人之道，曰仁與義。不可混而一之。其不可以陰陽為人之道，
　　猶不可以仁義為天之道也。❾

在此，仁齋很明顯地主張人道在於行仁義，仁義相濟並行，謂之人
道。人道不能與天道和地道不可混而為一，各有各的範疇。天道範
疇以陰陽為屬性，地道範疇以剛柔為屬性，人道範疇則以仁義為屬

　　京：岩波書店，昭和41年版，p. 236。

❾　《語孟字義》卷上，《伊藤仁齋、伊藤東涯，日本思想大系33》，p. 125。

❾　「唯莊子屢言理字，不勝其多。彼蓋以虛無為其道故也，所以措詞自
　　不能不如此。吾故曰：後世儒者，以理為主者，為其本從老氏來
　　也。」《語孟字義》卷上，《伊藤仁齋、伊藤東涯，日本思想大系33》，
　　p. 125。又：「若以理為萬物之本原焉，則自流入于老佛之學。與聖人
　　之旨，實天淵矣。……先生謂天地一大活物，不可以理字盡之。」伊藤
　　仁齋：《童子問》卷中，《近世思想家文集，日本古典文學大系97》，東
　　京：岩波書店，昭和41年版，pp. 236-237。

❾　《語孟字義》卷上，《伊藤仁齋、伊藤東涯，日本思想大系33》，p. 122。

性。彼此並無邏輯的必然性，故不可把天道、地道、人道連續在一起。況且孔孟講道主要是講人道。「凡聖人所謂道也，皆以人道而言之，至於天道，則夫子之所罕言。」❾ 所以，道就是路，是人之所往來通行、人倫日用當行之路。且不僅是人間，也是萬物存在通行的地方，也叫做道。「道」作為生活的規範而體現在社會組織中，具體的指導人們的實際生活。故云：「大凡無補於天下國家之治，無裨於人倫日用之道者，皆謂之邪說暴行。」❿ 仁齋的思想是主張人外無道，道外無人，道即人道，以人行人之道。離開人所言之道，則會失去道的往來得以行之本義。

> 何謂人外無道？曰：人者何，君臣也，父子也，夫婦也，昆弟也，朋友也。夫道者一而已。在君臣謂之義，父子謂之親，夫婦謂之別，昆弟謂之敘，朋友謂之信，皆由人而顯，無人則無以見道。故曰：人外無道。何謂道外無人？曰：道者何？仁也，義也，禮也，智也。人囿于其中，而不得須臾離焉。離焉則非人也。故曰：道外無人。⓫

然而，人道之大本在於仁、義、禮、智，人外無道，道外無人，道是人之道，由人而顯，無人則無以見道。所以，這就是人能弘道而

---

❾　《語孟字義》卷上，《伊藤仁齋、伊藤東涯，日本思想大系33》，p. 122。

❿　伊藤仁齋：《童子問》卷中，《近世思想家文集，日本古典文學大系97》，東京：岩波書店，昭和41年版，p. 223。

⓫　伊藤仁齋：《童子問》卷中，《近世思想家文集，日本古典文學大系97》，pp. 205–206。另見《日本名著，伊藤仁齋》第13卷，東京：中央公論社，1972年版，p. 457。

非道弘人的原因。但在仁齋來說，仁義禮智並不同於朱子學中屬於人的本然之性，而是人後天所應該實現的。故言：

> 仁義禮智四者，皆道德之名，而非性之名。道德者，以遍達於天下而言，非一人之所有也。性者，以專有於己而言，非天下之所該也。此性與道德之辨也。⓰

很明顯地仁齋重人道，輕天道，宣揚人道，就是提倡泛愛眾的仁愛精神。這也是仁齋高倡重回原始儒家孔孟之道上最重要的貢獻。他強調「仁之為德大矣，然一言以蔽之，曰：愛而已矣」。⓱他主張以愛釋仁，反對以理釋仁或以性釋仁。「夫仁主愛，而德莫大於愛人。若先以窮理為主，則唯理是求，虧心高遠，殫力精微。」⓲且以理釋仁以理釋道的結果必然是主張階級等級身分制度，從而有輕賤之意，背離了人道的精神。所以，極力地要改變朱子學以「理」的絕對統治，要以人道來取代天理。仁齋主張仁之成德在於泛愛眾，在於無所不及無所不達。這才是人道的本義。如果愛講等差，仁有所及有所不及，則無以成德。正是在泛愛眾這一點上，仁齋以「仁」聖門第一字、以「仁」為孔門學問宗旨。⓳

在人性的問題上，仁齋反對將性歸之於理。在宋學裡，天道、

⓰　《語孟字義》卷上，《伊藤仁齋、伊藤東涯，日本思想大系33》，p. 129。

⓱　伊藤仁齋：《童子問》卷上，《近世思想家文集，日本古典文學大系97》，p. 215。

⓲　伊藤仁齋：《童子問》卷中，《近世思想家文集，日本古典文學大系97》，p. 215。

⓳　伊藤仁齋：《童子問》卷中，《近世思想家文集，日本古典文學大系97》，p. 214。

天理和人性相聯繫，然而在仁齋來說，天命、天道、天理是和人性完全不同的範疇，彼此沒有邏輯的必然性。因為「理以物言，性以人言，命以天言」，且「理字屬之事物，而不係之天與人」。⑩理、性、命各有各的範疇。所以反對以性否教。朱子私淑伊川，蓋以伊川為朱子學代表人物，伊川曾將仁義禮智視為性之名，又以性為理，從而將仁義歸於理。⑩針對程朱諸家將仁義禮智視之為理與性的觀點，仁齋也給予釐清。⑩並直言仁義禮智非性之名。（前已引用不另）

　　蓋在性與教的問題上，仁齋一方面認為善性易於教，故言：「苟以性之善而行天下之德焉，則其易也。」⑩另一方面又認為人性若不善，則雖有善教也終難成德之教。故云：「蓋人之性不善，則欲成仁義禮智之德，而不得。唯其善，故得能成仁義禮智之德。」⑩再者，

---

⑩　《語孟字義》卷上，《伊藤仁齋、伊藤東涯，日本思想大系33》，p. 124。

⑩　「程子曰：在物為理，處物為義，其說固也，然未盡。若此則理是在物，義是在己。以孟子理義之悅我心，猶芻豢之悅我口之言觀之，則見理義兩者，本自天下之至理。而以吾心即仁義之良心，故理也，義也，皆與吾心相適。故曰：猶芻豢之悅我口也，豈一以屬物，以以屬己，而可乎哉！」《語孟字義》卷上，《伊藤仁齋、伊藤東涯，日本思想大系33》，p. 125。

⑩　「至於伊川，始以仁義禮智為性之名，而以性為理。自此而學者皆以仁義禮智為理為性。而徒理會其義，不復用力於仁義禮智之德。」《語孟字義》卷上，《伊藤仁齋、伊藤東涯，日本思想大系33》，p. 129。

⑩　《語孟字義》卷上，《伊藤仁齋、伊藤東涯，日本思想大系33》，p. 129。

⑩　《語孟字義》卷上，《伊藤仁齋、伊藤東涯，日本思想大系33》，p. 129。其於《童子問》卷上亦云：「惟其善，故其曉道受教。不啻若地道之敏樹，故性亦不可不貴。……雖有善教，然而使人之性不善，若犬馬之與我不同類，則與道扞格不相入。惟其善，故見善則悅，見不善則嫉。……性之善，豈可不貴耶！」伊藤仁齋：《童子問》卷上，《近世

又強調性不可待，人性雖善，還需要學以充之，以為成德君子。所以說：「人之所以為學者，在自進君子之道，而不為小人之婦。……故夫子每對舉君子小人，而深究其所以相反之狀，其所以為學者之意。」⑪在此意義上，教又貴於性。君子小人之別不由性而由教，這是仁齋對孔子不貴性專貴習的作法的理解。⑫但仁齋雖高唱儒家倫理規範的高調，但卻對人性中自然生理的欲望，卻和素行同樣是保持著寬容的態度。故在《童子問》曰：

> 苟有禮義以裁之，則情即是道，欲即是義，何惡之有。苟無禮義以裁之，而特欲斷愛滅欲，則是矯枉過直。藹然至情，一齊滅絕，將亡形骸塞耳目而後止，此非人人之所能為，而非通天下之道。⑬

其下更明確的曰：

> 夫苟以禮義制之，則曰情曰欲，即是為道，本非可惡之物。若不以禮義制之，而徒欲功夫切緊，則必不至滅情無欲則不

思想家文集，日本古典文學大系97》，東京：岩波書店，昭和41年版，pp. 207-208。

⑪ 《語孟字義》卷上，《伊藤仁齋、伊藤東涯，日本思想大系33》，p. 151。

⑫ 仁齋曰：「人皆有性，性皆善。然學以充之，則為君子矣。不能充之，則眾人而已耳。……蓋君子小人之分，不由性而由教。故夫子不責性，而專責習。」《童子問》卷上，《近世思想家文集，日本古典文學大系97》，東京：岩波書店，昭和41年版，p. 208。

⑬ 伊藤仁齋：《童子問》卷中，《近世思想家文集，日本古典文學大系97》，東京：岩波書店，昭和41年版，pp. 222-223。

止。⑭

這似乎是江戶時代由朱子理學所建構出的嚴密封建制度下，町人文化所發展出情欲氾濫以宣洩嚴酷的禁欲主義下的潛意識吧！若就當時的社會政治情況來看，儒學者急欲重建儒家道德理想，已是不可能的事。故代之以如何將氾濫的情欲，合理化、理論化，似乎比較更能正視時代的課題，更能合乎當時人們心理與生理的需要，更合乎日本民族文化傳統的需要，更合乎後來徂徠所謂：「聖人緣人情以設道」的政治社會理想。

仁齋對江戶時代日本傳統儒學即宋學的批判，強調人倫存在的自明性，反對空談性與理，將虛無空寂的道應用到人倫日用的常規上，重視實學實踐理性，從歷史上理解社會的變遷，從現實的角度把握人倫世界的關係，從而把歷史和現實聯結起來，重新理解孔孟之道，這對於弘揚原始儒家人道主義精神，闡發孔孟思想的精神與價值產生了承先啟後的作用。⑮朱子學以天人一理的理論出發，將封建階級的秩序，視為是天理與人倫的合一的規律，天理的自然法則就是人倫的道德規範，仁齋則把朱子學的宇宙論與道德規範的連續性，從儒學中分隔開來，使人倫純化為一種倫理學：朱子學講先理後氣，仁齋講理氣一體氣為本；朱子學重天道輕人道，盡天理之極，而無一毫人欲之私為王道，仁齋則弘人道輕天道，情即是道，欲即是義，曰情曰欲，即是為道；朱子學以天理釋王道，仁齋則以仁義釋王道，約而論之，則一仁字可盡之；⑯朱子學以理識仁，仁

⑭　伊藤仁齋：《童子問》卷中，《近世思想家文集，日本古典文學大系97》，p. 223。

⑮　王中田：前引書，p. 46。

齋以仁主愛；⑰蓋仁齋為元祿商人商業秩序的維持，設定「愛」為商人間相互信用和社交的基礎；⑱朱子學主張人外有道，仁齋則強調人外無道，道外無人，道由人顯，無人則無以見道；朱子學以理抑性，以理抑人，仁齋則提倡「活」、提倡「生」，⑲為人欲從天理束縛中解放出來而鋪陳「情即是道，欲即是義，何惡之有」的道路。仁齋的這些具有啟發性意義的人道主義思想，成為後來繼之而起的荻生徂徠作為主義法思想的直接理論淵源。⑳

荻生徂徠從語言學出發的古文辭學繼仁齋的古義學之後，成為古學派的重要代表人物。並且也是成立作詩、作文及宣揚漢文學提倡經史考證的日本萱園學派的創立人。徂徠繼承了仁齋的人道論，將內在主觀的性理之道揚棄，力主道的客觀性，同時又有所發揚和闡釋，使之轉化為客觀的政治治道。主張國家政治優於個人道德，團體倫理高於個人倫理，進而言之，國家利益高於個人利益，團體利益大於個人利益。其學問的本質是政治性的，因此，徂徠學一方面將個人生活從團體生活中抽離解放出來，產生日本學（即所謂的國學），來解放個人感情；另一方面賡續仁齋將自然法則從道德規範

---

⑯　伊藤仁齋：《童子問》卷中，《近世思想家文集，日本古典文學大系97》，p. 222。

⑰　伊藤仁齋：《童子問》卷上，《近世思想家文集，日本古典文學大系97》，p. 215。

⑱　今中寬司：《徂徠學の基礎的研究》，日本東京：吉川弘文館，昭和41年發行，p. 10。

⑲　「先生謂天地一大活物，不可以理字盡之。即字義所謂有生而無死，有聚而無散，一乎生故也之理。」伊藤仁齋：《童子問》卷中，《近世思想家文集，日本古典文學大系97》，p. 237。

⑳　杜鋼建：前引文，p. 4。

分開。所以，杜鋼建先生研究指出：「仁齋以仁義為道，徂徠則以禮樂刑政為道。仁齋注重人道的精神價值和倫理的內容，徂徠則強調人道的社會歷史性和規範形式。孔子思想中的仁和禮這兩大要素被仁齋和徂徠分別繼承。仁齋之道與徂徠之道的區別尤如孟子之道與荀子之道的區別一樣，枝節有差，本可歸宗。」⑫

　　徂徠思想的形成與發展過程，也如同素行和仁齋一般，和其他許多當時的日本儒學者一樣尊崇朱子學，後來受李攀龍《李滄溟集》、王世貞《弇州山人四部稿》、《藝苑卮言》等「古文辭」啟發後，發展古文辭學，反對宋學，提倡復古，力求發現和因循「古聖人之道」。故其在《辨道》開宗明義指出：「夫道，先王之道也。……孔子之道，先王之道。先王之道，安天下之道也。」⑫在古文學方面的主張，徂徠的旗幟比仁齋表現得鮮明、更徹底。仁齋推崇《論語》、《孟子》，徂徠則以為《孟子》、《中庸》為當時爭論所作，不足以真實反映古聖人之道。徂徠提倡研究六經，認為「六經即先王之道也。」⑬

　　在反朱子學傳統方面，徂徠賡續素行與仁齋的人道論，徹底批判了朱子學理道論，並充分地肯定人情人欲的價值和意義，強調禮樂刑政這些社會法律規範的積極作用，宣傳人類創制行為的作為意義。⑭所以，今中寬司曾指出，徂徠不論其學問是否違背規範倫理的人間學，但確實更現實功利，且對近代意義影響深遠。⑮但就徂

---

⑫　杜鋼建：前引文，p. 4。

⑫　荻生徂徠：《辨道》，《荻生徂徠全集》第一卷，日本東京：河出書房新社，1973年版，p. 413。

⑬　《辨道》，p. 413。

⑭　杜鋼建：前引文，p. 5。

徂徠思想中的作為主義理論，除承繼素行與仁齋的一貫思想之外，最主要的思想根源，想必還是不得不從先秦儒家荀子的思想中，找到最原始的根苗，這是徂徠自己都不曾否認的事實。因為，依徂徠自言，其思想淵源於荀子，並以荀子非子思、孟子之言。

> 孟子子思所傳，漢儒得之師授口傳，始筆於書。予於荀子非子思孟子之言，而得其淵源所自，更沂本始。則聖人寓諸禮樂器數之中。❿

但不能否認的是，江戶時代的儒者在因應德川幕府所面對的問題上，確實集中體現了日本儒學在思想上，和理論上針對時代課題的應變能力與創造力，且蘊含著近代精神特質——合理主義與理性的一些重要因素，對於享保改革乃至明治維新運動的一些重要人物產生了直接的影響。⓫

---

❿　今中寬司：前引書，p. 10。

❿　荻生徂徠：《譯文荃蹄題言十則》，《徂徠集》卷十九，《日本漢詩3》，東京：汲古書院，昭和61年發行，p. 193。

⓫　杜鋼建：前引文，p. 5。另見丸山真男：前引書，pp. 183–191。

第七章　徂徠學的方法論

　　徂徠學的出發點，亦即所謂在方法學上，所採的是古文辭學。徂徠云：「讀書之道，以識古文辭、識古言為先。」❶這古文辭學是受明朝李于鱗、王元美的影響。至於六經的古文辭的研究，是徂徠自己完成的。❷

　　徂徠崇尚古文辭學，並以古文辭做為正確地理解聖人之道的必要前提，其所持的觀點是，語言是一種社會現象，常常最敏感地反映了社會生活現狀、社會價值觀、人與人的社會關係和社會思想的變化。這些變化大致可以歸結為三點：一是舊的詞死了；二是新的詞產生了；三是某些詞的意義改變了，擴大了、縮小了，或者改了原來的含義，或者恢復了古時的含義。所有這些變化，會隨著歷史的變遷，緊密地反映在社會生活的發展上。因此，根據現在的語法、語彙，去理解古籍史料，將無法正確地把握古義，且帶有「妄意私

---

❶　《辨名下・學》，《荻生徂徠全集》第一卷，日本東京：河出書房新社，1973年2月28日初版第一刷，p. 456。

❷　「不佞茂卿，自少小修文章之業，概然有志乎復古，於是昭廣遠覽乎千歲。唯明李于鱗先生、王元美先生，則殆庶乎哉！迺日夜心儀其所撰述，以至於想見其為人如何？丰采何所似也，精思何所至。……書中偶爾及之，亦自鳴我心耳，豈必得之乎。」〈與佐子嚴〉，《徂徠集》卷二十五，《日本漢詩3》，東京：汲古書院，昭和61年2月發行，p. 261。

作」之嫌。蓋云：

> 朱子知行說，本於博文約禮。然古所謂知行，與博文約禮，
> 所指不同也。博學於文，文謂詩書禮樂。……朱子又據大學
> 格物致知誠意正心脩身，以立知先行後之說。殊不知大學所
> 謂格物者，亦謂習其事而熟之。……朱子居敬窮理之說，其
> 過在不遵先王之教，求理於心，而心昏則理不可得而見之。
> ……皆臆度以言之。……皆出於妄意私作。非古之道也。❸

然文辭大變起於何人呢？徂徠說：

> 自韓柳出而後文辭大變，而言古今殊矣。諸先生生於其後，
> 以今文視古文，以今言視古言，故其用心雖勤，卒未得古之
> 道者。❹

這種不假他人之手，直探本源的作學問態度，重回原始儒家思想真
義的企圖心，基本上是正確的，並且值得我們效法與欽敬的。故其
在《學則》中，更明確地道出，語言因時空變革的社會性，往往會
因主觀的社會知識，扭曲了原義，蒙蔽了真理——「道」，故言：

> 以今言，視古言；以古言，視今言。均之朱離鴃舌哉。科斗
> 貝多何擇也。世載言以遷，言載道以遷。道之不明，職是之
> 由。❺

---

❸ 《辨名下·學》，pp. 455–456。

❹ 《辨名下·學》，p. 456。

再者，徂徠更言：「世載言以移，唐有韓愈而文古今殊焉，宋有程朱而學古今殊焉。……殊不知今言非古言，今文非古文，吾居於其中，而以是求諸古，迺能得其名者幾希。且理者，莫不適者也，吾以我意而自取之，是安能得聖人所為物者哉！名與物失焉，而能得於聖人之道者，未之有也。」❻ 這在他言道時更直指：「蓋道者，堯舜所立，萬世因之，然又有隨時變易者。」❼ 故其在《辨道》文中釋「道」時指出，不同的時代，加上各自的主觀、師承、淵源與社會情狀的不同，對「道」的闡釋就有多義：

> 道者統名也。舉禮義刑政凡先王所建者，合而命之也。……孔安國註，道謂禮樂也。古時言語漢儒猶不失其傳哉！後世貴精粗之見，昉於濂溪。濂溪乃淵源於易道器之言……。如宋儒訓道為事物當行之理，是其格物窮理之學。……近世又有專據中庸孟子，以孝弟五常為道者。……堯舜之道，孝弟而已矣。亦中庸登高必自卑意，非謂堯舜之道盡於孝弟也。又如以中庸為道，亦欲以己意擇所謂中庸者。凡是皆坐不識道為統名故耳。先王之道，先王所造也，非天地自然之道也。……後儒不察，乃以天理自然為道。❽

---

❺ 《學則・右學則一》，《荻生徂徠全集》第一卷，東京：みすず書房，1973年7月20日，p. 3。

❻ 《辨名上》，p. 421。

❼ 《辨名上・道》，p. 422。

❽ 「道者統名也。舉禮義刑政凡先王所建者，合而命之也。非離禮樂刑政別有所謂道者也。如曰賢者識其大者，不賢者識其小者，莫不有文武之道者。又如武域絃歌，孔子有牛刀誚，而子游引君子小人學道，可見已。孔安國註，道謂禮樂也。古時言語漢儒猶不失其傳哉！後世

按以上所述，「道」之歧義性，不言自明，自然得不到原始意義的客觀性。為此，「詩書辭也，禮樂事也，義存乎辭，禮在乎事，故學問之要，卑求諸辭與事，而不高求諸性命之微，議論之精。」 ❾換言之，徂徠主張學問之要，首在學古文辭與所談之事的一致性，才是探究「道」的真諦所在。質言之，若「以今文視古文，而昧乎其物，物與名離，而後義理孤行，於是乎先王孔子教法不可復見矣。」 ❿蓋徂徠在方法論上批判宋儒說：

> 程朱諸公，雖豪傑之士，而不識古文辭，是以不能讀六經而知之。⓫

且「六經即先王之道」， ⓬宋儒偏偏又「黜六經而獨取論語，又未免

貴精粗之見，昉於濂溪。濂溪乃淵源於易道器之言。殊不知道謂易道也，形謂奇偶之象也，器謂制器也。易自卜筮書，不可與他經一視焉。如宋儒訓道為事物當行之理，是其格物窮理之學。欲使學者以己意求夫當行之理於事物，而以此造禮樂刑政焉。夫先王者聖人也。人人而欲操先王之權，非僭則妄，亦不自揣之甚。近世又有專據中庸孟子，以孝弟五常為道者。殊不知所謂天下達道五者，本謂先王之道可以達於天子庶人者有五也，非謂五者可以盡先王之道也。堯舜之道，孝弟而已矣。亦中庸登高必自卑意，非謂堯舜之道盡於孝弟也。又如以中庸為道，亦欲以己意擇所謂中庸者。苟不學先王之道，則中庸將何準哉！又如以往來弗已為道，是其人所自負死活之說，猶爾貴精賤粗之流哉！凡是皆坐不識道為統名故耳。」《辨道》，pp. 413–414。

❾ 《徂徠集·卷二十四·復水神童第二書》，收錄於《日本漢詩3》，東京：汲古書院，昭和61年2月，p. 254。

❿ 《辨道》，p. 413。

⓫ 《辨道》，p. 413。

和語視華言」，❸自然不解古義。故言：

今之學者當以識古言為要，欲識古言，非學古文辭不能也。❹

又「知古今文辭之所以殊，則古言可識，古義可明，而古聖人之道可得而言焉。」❺且「欲求聖人之道者，必求諸六經，以識其物；求諸秦漢以前書，以識其名。名與物不舛而後聖人之道可得而言焉已。」❻根據徂徠自己所言，他是得王世貞、李攀龍二家之書，才開始認識有古文辭，於是取六經讀之，作為探究聖人之「道」的進路與了解「道」的真義。徂徠曰：

歷年之久，稍稍得物與名合矣！物與名合，而後訓詁始明，六經可得而言焉。六經其物也，禮記論語其義也，義必屬諸物，而後道定焉。❼

蓋就其所言「六經其物也，禮記論語其義也，義必屬諸物，而後道定焉。」了解「道」之原始本義，當求諸於「物」，若「舍其物，獨取其義，其不泛濫自肆者幾希」。❽是以，「道」在六經上所敘述的歷史事實——「物」之中，《論語》、《禮記》，不外乎是給這事實

⑫　《辨道》，p. 413。

⑬　《辨道》，p. 413。

⑭　《辨道》，p. 420。

⑮　《辨名下・學》，p. 456。

⑯　《辨名上》，p. 421。

⑰　《辨道》，p. 413。

⑱　《辨道》，p. 413。

賦予意義──「義」。而「物」之所指的歷史事實，即所謂的禮樂刑政、制度文物是也。就此而言，徂徠得之於荀子的思想頗為顯著。（後面將再申論，在此不贅。）是知，徂徠方法學上是以六經為史料，通過六經以明先王之「道」。❶

然而，在朱子學中，四書則為其探究「道」的方法進路。尤其《大學》與《中庸》，是朱子學得之於佛教華嚴的靜態修養法，朱子尤為重視。然就歷史史實所載，朱子取法《大學》、《中庸》二書，乃漢儒所編著，取道之源止於漢，與孔、孟精神有異。由此可知，朱子透過漢儒所編纂的《大學》、《中庸》思想，去探究古代聖人（先王）之「道」，自然與透過孔、孟對先王的理解去認識「道」，又差一層。據丸山真男指出，伊藤仁齋作〈大學非孔子之遺書之辨〉，排斥大學所講述的煩瑣而靜態的修養法，以《論語》和《孟子》為探究先王之「道」的進路。至於徂徠對於《論語》，仍和仁齋一樣，相信他的絕對價值，（因為照徂徠的說法：到孔子時代為止，聖人之道，是絕對的存在。）但對《孟子》以下的典籍，則只承認相對的價值。（這與徂徠對聖人的概念有關係）❷但究其方法論的核心，徂徠自始至終，是以學古文辭，熟習其中文辭的用法，然後精研六經，即可獲得古代禮樂刑政、文物制度的知識，方能了解聖人之

---

❶ 「詩書辭也，禮樂事也，義存乎辭，禮在乎事，故學問之要，卑求諸辭與事，而不高求諸性命之微，議論之精。」見〈復水神童第二書〉，《徂徠集》卷二十四，收錄於《日本漢詩3》，p. 254。

❷ 「徂徠は論語にはなほ仁齋とともに絕對的な價值を認めたが、孟子以下の教典には相對的な價值しか承認しない（これは後述する彼の聖人概念と關係がある）。さうしてこの點で彼は概念の論爭的性格といふきはめて興味ある問題を提示する。彼によれば、孔子の時代まで聖人の道は絕對的な存在であつた。」丸山真男：前引書，p. 79。

「道」。

如此一來，從宋儒朱子的《大學》、《中庸》中心主義，經過伊藤仁齋的《論語》、《孟子》中心主義，到了徂徠則轉向六經中心主義的方法論，❹給出了對徂徠論「道」的探索的方向。

---

❹　「かくて宋學における大學・中庸中心主義は仁齋學の論語・孟子中心主義を經て、更に徂徠學の六經中心主義へと移った。」丸山真男：前引書，p. 80。

第八章　徂徠學的終極目的

　　徂徠學的整個理論架構，是從建立一個穩定的社會秩序，來達到他建構安天下的政治理論，並想以此化解以往以自然秩序思想所建立的封建主義政治的內在衝突。使自有歷史以來，一切社會身分秩序，均歸之於聖王所作為，而與天道自然無緣。故云：「夫道，先王之道也。……先王之道，安天下之道也。……先王之道，先王所造。非天地自然之道也。」❶其在《答問書上》更明指，世間一切均聖人所立：

　　　　世界總體，立基於士農工商之四民，此為古聖人所立，四民非天地自然所立也。農人耕田以養世界之人，工人製作家器以供世界之人使用，商人通有無以傳至世界之人之手，士人治世而不亂。❷

且在《太平策》亦云：

---

❶　《辨道》，pp. 413–414。
❷　《徂徠先生答問書上》，《荻生徂徠全集》第一卷，東京：みすず書房，1973年7月20日發行，p. 430。

　　五倫及士農工商之分，皆非天然之道，乃聖人為安民所立之
　　道。❸

　　因而，在徂徠看來，五倫之中，除了父子、母女之愛是自然本
性外，就連夫婦之倫，也還都是先王伏義人為所建立的規範。❹

　　就原始儒家的哲學思想來說，父子、母女之愛是自然天理，夫
婦之情是人倫道德，前者是人性的自然流露，後者是人為規範，故
孔子有「攘羊之直」、 孟子有「鼓叟殺人逃隱」之說。徂徠將其分
解為自然秩序的──「自然主義」與人為作為的──「作為主義」
的見解，使之封建社會最根本的身分的秩序之士、農、工、商的發
生，也歸屬於先王的作為，確實有其獨到之處。❺聖人這種由無到
有的創作者屬性，自然對徂徠所欲建構的政治理想與一切作為，有
其理論性與價值根源的保障。故言其思想有著近代性，想是依此為
據。

　　蓋其一意地視聖人為道的絕對作為者，即意味著聖人是一切政
治制度與社會秩序的先行存在。並且把聖人限定於做為一切具體的
歷史的存在的先王，認為聖人是天生命定的、不可學而至的，以防
止聖人人格的理念化，就是要對先王賦與道的絕對的作為者的理論
基礎，❻甚而使聖人成為「作為法」之法源。換句話說，聖人是絕

---

❸　《太平策》，《荻生徂徠，日本思想大系36》，東京：岩波書店，1983
　　年8月10日八刷，p. 467。

❹　「五倫之內，父子之愛是天性，兄行悌，……夫婦之倫，乃伏義所立
　　之道，洪荒之世如畜類。況及君臣朋相應之道，由聖人所立，人方是
　　知。」《徂徠先生答問書下》，《荻生徂徠全集》第一卷，東京：みすず
　　書房，1973年7月20日發行，p. 478。

❺　丸山真男：前引書，p. 217。包滄瀾譯：前引書，p. 169。

對的主體，一切的價值根源，源自聖人。如此一來，就可完成徂徠
以聖人「立道之極」的政治理論。然而，他是如何將聖人絕對化，
使其「立道之極」的政治理論得以合理化。且看下節徂徠的「聖人
觀」。

---

❻ 丸山真男：前引書，p. 213。

第九章　徂徠的聖人觀

　　欲探徂徠的聖人觀，首先當瞭解荀子的聖人觀。因為，徂徠所言聖人之制作立道之極，與荀子所言之性與偽合，方能謂之聖，而聖人又為道之極，有其相同相契之處。且在荀子的禮治之下，人君（先王、聖人）是「管分之樞要」〈富國〉，此處所言之「分」是指「禮」。　也就是說，先王是掌管禮制等級的中心，是一切禮樂刑政所從出者，老百姓賴人君以生存；故云：「人之生，不能無群，群而無分則爭，爭則亂，亂則窮矣。」〈富國〉蓋所謂君者，即「能群也者。」〈君道〉而群的目的就在「善生養人者也」〈君道〉，也就是組織群眾，使每個人生活能得到合理的分配與保障。所以荀子〈性惡〉篇云：「古者聖王以人之性惡，以為偏險而不正，悖亂而不治，是以為之起禮義，制法度，以矯飾人之情性而正之，以擾化人之情性而導之也。」　禮義既是由先王、聖人防人情性之惡，以為教化人的手段而制之，因此禮義並不是在每個人的內心所自起，只是由先王、聖人根據現實利害的比較而欲達到的一種政治目的。禮政治化以後，人對於禮，就失去了自孔子以來「人而不仁如禮何？人而不仁如樂何？」的自覺性、自發性與自主性，而完全成為一種外鑠於我帶有強制性的一種制度與規範。而這種強制性的制度與規範是由先王、聖人所制定，再加上禮是一級一級地往上推，推到先王、聖人

（人君）那裏，君王已超越凡夫俗子，荀子形容人君是「居如大神，動如天帝」一般，已成為超越的、絕對的、神化了的理想人格。故先瞭解荀子的聖人觀，再來探討徂徠的聖人屬性，更容易把握其思想的精義。

第一節　荀子的聖人觀

在以往，聖人是道德的絕對完美者，是理想的完型。且聖人之所以為聖人，就在「與天地合其德，與日月合其明，與四時合其序，與鬼神合其吉凶。先天而天弗違，後天而奉天時」。❶參贊天地之化育，並與天地自然，人、事、物合而為一。且聖人是人人可以學而至之的，故言：「堯何人也？舜何人也？有為者亦若是。」只要透過後天的努力學習，就可以成聖成賢，臻至完美的人格境界。

是以，在中國先秦儒家孔、孟哲學思想裏，主張人性善是對人人可以成為聖人的保證。從人性價值自覺的應然面，言善是普遍的、絕對的，只在安與不安、自覺與不自覺罷了。但是到了荀子，主張人性惡，則從人動物性本能的實然面，立證人性惡。於是，聖人與一般人雖有著相同的本始材質之「性」，❷但因「偽」之故，截然劃分為聖人與一般大眾。荀子曰：

> 凡禮義者，生於聖人之偽，非故生於人之性也。〈性惡〉

---

❶　《易經・乾第一》。

❷　「性者，本始材朴也。」《荀子・禮論》。按「朴當為樸，質也。」參見熊公哲：《荀子今註今譯》，臺北：臺灣商務印書館，民國64年9月初版，p. 390。

此言指禮義由聖人制作而成，並非人性中所本有者。但卻又云：

> 聖人之所以同於眾而不異於眾者，性也。〈性惡〉

於是乎，聖人與常人一般，均有著感官生理上的動物之性，但唯一不同者，在於聖人之「偽」。 在此荀子將性歸屬於動物的本然感官之性。也就是聖人能自己化解（消除）自身的動物感官之性，並且創作之、制作之而有所作為，謂之「化性而起偽」。 如此一來，聖人的自覺性超乎一般常人，且將人的「性」與「材」二分。質言之，聖人之所以為聖人，在於聖人有自動解消性之惡與積習成善而起偽的能力——「材」，也就是擁有能慮能擇的知性主體的認知心。可是偏偏荀子又云：「塗之人可以為禹。」〈性惡〉這與以往所謂人人可以成為聖人的思想，看似相同，其實截然有別。簡單的說，就是聖人與常人同「性」同「質」，但所具之才能——「材」有異。故云：

> 聖人化性而起偽，偽起而生禮義，禮義生而制法度；然則禮義法度者，是聖人之所生也。故聖人之所以同於眾而不異於眾者，性也；所以異而過眾者，偽也。〈性惡〉

偽起於聖人化人之原始材質——「性」而使才能——「材」有所發揮，所以禹之所以為禹，「以其為仁義法正也。」〈性惡〉在於禹的作為所言所行，皆符合仁義法正之道。塗之人可以為禹，在於「塗之人也，皆有可以知仁義法正之質，皆有可以能實踐仁義法正之具，然則其可以為禹明矣。」〈性惡〉同樣的，一般人也皆有可以「知」

仁義法正的材質，皆有可以「能」行仁義法正之才。但此本始的材
質必與偽相合，才能成聖人之名，天下才能大治。❸故云：

> 性者，本始材朴也；偽者，文理隆盛也。無性則偽之無所加；
> 無偽則性不能自美；性偽合，然後成聖人之名，一天下之功，
> 於是就也。故曰：天地合而萬物生，陰陽接而變化起，性偽
> 合而天下治。〈禮論〉

否則按上面文中所提出的「質」與「具」， 僅祇是本能的知，本能
的能。荀子〈正名〉解釋知與能云：

> 所以知之在人者謂之知。知有所合謂之智。智所以能之在人
> 者謂之能。能有所合謂之能。

「所以知之在人者謂之知」，是指知的作用而言，可說是本能的知。
「知有所合謂之智」， 是指知的結果而言，可說是把感官之知轉化
統合成知識的智。前者是就能的作用而言，可說是人類天生本能的
能。人類天生的本能，都具有接受生活中，經由經驗的累積所得到
的常識；後者也是就能的結果而言，可說是才能的能。這種才能則
是經由考察、分析、統合，再加上悟性所得到的知識以後的推理、
歸納的能力，荀子稱之為「智」。

為此，荀子欲對人的「質」與「具」何以具有「知」與「能」

---

❸ 「性者，本始材朴也；偽者，文理隆盛也。無性則偽之無所加；無偽
則性不能自美；性偽合，然後成聖人之名，一天下之功，於是就
也。」《荀子·禮論》

仁義法正，作較明確的說明，故提出「心」的觀念，來解釋化性起偽如何可能。荀子想以心來主導性，將心性合一，以學習加強思辯、理智的能力。故以心能慮能擇，導出心為主宰的主體性。

> 心慮而能為之動，謂之偽。〈正名〉

> 情然而心為之擇，謂之慮。〈正名〉

按上文所言，則「偽」生於心，而心乃能「擇」者。換言之，心即為創造文化的根源，同時亦表道德意志（因能作選擇）。 若單從這樣的說法來看，荀子之「心」似乎有「主體性」的意味。而在〈解蔽〉、〈正名〉篇中又極力主張「心」為主宰能力。

> 心也者，道之工宰也。〈正名〉

> 心者，形之君也，而神明之主也，出令而無所受令。〈解蔽〉

在此，心是人形軀肉體的主宰，是指揮發佈命令而不接受指導命令的中樞，並且心具有節制情欲的能力，所以它是道之主宰。如根據上面所述，「心」確實是主導人道德意志的主體，且為「應然自覺」的德性心。〈天論〉云：

> 心居中虛，以治五官，夫是之謂天君。

皆足見荀子以「心」為主體性。至於荀子所說的「心」雖亦指自覺

心，但此心只能觀照，而非內含萬理。與孟子所言之性，重在四端，相去甚遠，則屬於另一個命題，因篇幅所限，不再贅述。

依上所述，聖人「同於眾其不異於眾者，性也。」然「所以異而過眾者，偽也。」而「偽」——根源於心有所思慮選擇——「心慮」使動人所具之材質中的特殊才能——「能為之動」。這就導出荀子「質」與「具」——材質與才能的問題。荀子云：

> 塗之人可以為禹，則然，塗之人能能禹，未必然也。雖不能，無害可以為。〈性惡〉

按上文所言，人人可以成為禹，成為聖人，這樣說是可以的，但是說每個人必然能成為禹，成為聖人，這樣說則是不可以的，因為「可不可」是一回事，是說每個人都有這種可能性，「能不能」是另外一回事，因為它沒有必然的可能性，但是並不否定人人可以成為禹，成為聖人的材質。所以，可以為，但未必能。雖然不一定能成為禹，其可以成為禹的「質」，仍然存在。蓋依荀子所言，常人與聖人之別，就在「性」與「偽」之分。常人與聖人均稟賦天之質——「凡性者，天之就也，不可學，不可事。」〈性惡〉且「聖人之所以同於眾而不異於眾者，性也」；然聖人之「性」的材質雖與常人相同，但其「才」所具之能「偽」，非人人能之。所以〈性惡〉篇云：

> 凡所貴堯禹君子者，能化性，能起偽，偽起而生禮義。

因此，人間社會的禮義制度，乃聖人積偽制作而成。故言：

> 禮義者，聖人之所生也，人之所學而能，所事而成者也。不
> 可學，不可事之在天者，謂之性；可學而能，可事而成之在
> 人者，謂之偽。是為性偽之分也。〈性惡〉

由是觀之，荀子的聖人之所以為聖人，就在能「偽」。也就是聖人
「具」有超乎常人之「心」，「可學而能，可事而成」，並能使動心
慮而生禮義之「偽」。蓋言「心慮而能為之動，謂之偽」，「偽起而
生禮義，禮義生而制法度」，且禮義法度是人道之極，故言：「禮者，
人道之極也。」〈禮論〉然禮由聖人所制定，蓋言「聖人者，道之極
也。」〈禮論〉聖人是立道的根源與基準。於是乎，人間一切的禮樂
刑政，文物制度，均源自聖人所制作，否則就不圓滿至足。故言：

> 聖也者，盡倫者也；王也者，盡制者也；兩盡者，足以為天
> 下極矣。故學者以聖為師，案以聖王之制為法，法其法以求
> 其統類。〈解蔽〉

是以，法根據聖王「盡倫」所制之禮制定，否則法不至足，故謂：

> 不法禮，不足禮，謂之無方之民；法禮，足禮，謂之有方之
> 士。〈禮論〉

而禮因為是由聖人所制定，否則禮不足以謂「人道之極」。

依是觀之，荀子的聖人作為主義思想頗濃，一切禮樂刑政為聖
人所立，且聖人是立道之極，故常人所學者，是學聖人所立之道的
內容——「法禮，足禮」學禮以成為有規有矩的有方之士。根據上

面的考察、分析、釐清後得知，禮義是聖人所創生制作之「偽」，「偽」非常人「可學而能，可事而成」者，只有聖人能自化天性起人為之偽，謂之「化性起偽」。 蓋一般人只具「不可學，不可事之在天者」之「性」， 不具人為之「偽」的「可學而能，可事而成」之才能。故有前述：「可不可是一回事，是說每個人都有這種可能性，能不能是另外一回事，因為它沒有必然的可能性，但是並不否定人人可以成為禹，成為聖人的材質。所以，可以為，但未必能也。雖然不一定能成為禹，其可以成為禹的質，仍然存在」的解析，以釐清荀子所言，常人與聖人之別，就在「性」與「偽」之分。簡單的說，荀子的聖人觀，就是聖人能「化性起偽」，聖人可學但不能至，因為，「偽」生於心，心乃「能慮能擇」，因此，聖人為創造文化的根源，同時亦為一道德意志之自由者。是以，聖人不但具主體性，甚而是絕對的主體。如此以來，荀子聖人的人格完美性與彼岸性就非常濃厚了。這也是聖人之所以是「道之極」的保證。

第二節　歷來對徂徠聖人觀的詮釋——兼論人類學對文化的起源觀

據丸山真男研究指出：「『聖人化性而起偽，偽起而生禮義，禮義生而制法度。然則禮義法度者，是聖人之所生也』《荀子·性惡》篇，由於這種命題的關係，所以常常被認為是徂徠學之思想的淵源——這在某種程度上是正確的——在荀子方面，聖人一方面意味著禮義法度之制作者，同時在另一方面說：『聖人者，道之極也。故學者因學為聖人也』〈禮論〉，又說：『聖人者，人之所積而致矣』

〈性惡〉帶著作為修為之目標的Idea的意味。聖人概念裏，既有這種普遍的Idea的意味纏繞著，則作為禮義法度之制作者的具體的聖人，結果其價值性亦抑之於自己背後的Idea。如此，則先王還不是絕對的主體。徂徠把聖人限定於作為完全具體的歷史的存在之先王，認為『聖人不可學而至』《辨道》，以防止其非人格的理念化，這是為了對先王賦與道之絕對的作為者之論理的資格，不可或缺的前提。」❹倘依丸山真男所述，徂徠與荀子所論之聖人的屬性，與筆者前面的分析又有何異？但他卻認為「徂徠與荀子間，存有決定性的相異。如果一定要比較的話，毋寧是太宰春臺近似荀子」。❺關於這一點，在荀子與徂徠聖人觀的比較時，再作析論。但要先說明的是，徂徠幾乎批盡孔子以下所有的人，卻唯獨善荀子，並在〈刻荀子跋〉文中，為荀子因性惡見擯於世而叫屈。❻這也是在研究徂徠思想受荀子影響上，不能不注意的重要線索。岩橋遵成在其《徂徠研究》

---

❹　丸山真男：前引書，p. 213。

❺　「徂徠の思想はしばしば荀子から得られたものだといはれる。たとへば津田左右吉博士もさういふ見解をとって居られる。たしかに兩者には共通點も相當ある。しかし徂徠學は、朱子學の分解過程總決算として歷史的に位置づけてのみ正當に理解しうるといふのが筆者の根本的な立場で、この立場から見るとき、徂徠と荀子との間には決定的な相違が存在する。もし強ひて比較を求めるなら、太宰春臺の方がむしろ荀子に近い。」丸山真男：前引書，pp. 93–94。

❻　「孟荀匹也。韓愈之喜孟，猶且不得不以並稱者以此。至於宋儒，蹟以比仲尼，蹟其書以比論語。何肆也？明帝因之，布諸學宮，以為功令，而後孔孟論孟，為天下公言。荀則以性惡見擯，又援李斯而連累之。今學者遂唾其書弗顧，甚或至下比諸申韓諸家，又何冤也。夫性善性惡，仲尼所不道，何獨咎荀。」荻生徂徠：〈刻荀子跋〉，《徂徠集》卷十八，《日本漢詩3》，東京：汲古書院，昭和61年2月發行，p. 186。

大著中，就明指徂徠思想受荀子影響，❼並也指出，聖人的終極理想在成「仁」，不論「智」與「勇」皆為成「仁」而起。❽丸山真男也曾說津田左右吉博士也抱持這種觀點。❾今中寬司更將徂徠〈讀荀子〉所得思想列舉，並指出徂徠贊同荀子的聖人觀，認為聖人乃是稀有的，且物欲與氣質之性，則是絕大多數所擁有者。❿

---

❼　岩橋遵成：《徂徠研究》，東京：名著刊行會，昭和57年2月27日發行，p. 274。

❽　「是れに由つて之を觀れば、仁は聖人唯一の德にあらずと雖も、亦た其最大のものである。知といひ勇といふも、畢竟皆仁を成す為めに起れるものである。仁は實に聖人終局の理想に外ならぬといふのである。」岩橋遵成：前引書，pp. 295–296。

❾　丸山真男：前引書，pp. 93–94。

❿　「徂徠が荀子の性惡說について殊の外大きな興味を持ちこれに傾倒したことを物語るものである。『性惡は是れ荀子の特見の處なり』という徂徠の言葉はこれを証して余りある。從來、朱子學にあっては人間の『性』に關して、『本然の性』と『氣質の性』の二元論をその基本とするのであるが、その源を尋ねるならば孟子の性善說に由來する。孟子の『性善』は『堯舜これを性とす』という『孟子』の言葉のように、それは本來的なものであり、その限り『堯、舜』は先天的で『桀、紂』は後天的なものであるということになる。そして孟子はこのような後天的なものを『物欲』と考えている。しかし徂徠は『讀荀子』において、これに疑問を提示しこいるのである。……荀子とともに『性』は惡でなければならないというのが『讀荀子』の理論である。このことは宋儒の所謂、『本然の性』、『氣質の性』についてもいえることで、孟子の『性』と朱子の『本然の性』は少數例であり、『物欲』と『氣質の性』こそ絕對多數例、即ち徂徠の所謂、『眾人』に當る。」今中寬司：《徂徠學の基礎的研究》，東京：吉川弘文館，昭和41年9月20日發行，pp. 179–180。

在前文中，筆者引荀子〈禮論〉所云：「禮者，人道之極也。」又云：「聖人者，道之極也。」禮是人所立之道，且是人所遵循的行為最高準則，而聖人是立道，建立禮樂刑罰的極準根源。換言之，荀子的聖人屬性，是人間道德的完善者，唯有如此方能作為行為的準繩與典範，且其一切的行為之善，是由其所自流出，而非有一至高至善的主宰者，為其所依循的對象與根據。蓋荀子聖人為一絕對的主體，是非常顯而易見的事。

是以，丸山真男所述徂徠所欲建構的聖人屬性，確實屬於一個文化創造者的古代文化英雄，且是一個具備眾德之美的道德屬性的完人。但在論及徂徠的聖人觀的主題之前，我們首先得從人類學（Anthropology）的理論，❶ 來看看人類文化的起源與形成的過程。❷ 因為，唯有如此，才能界定「徂徠把聖人限定於作為完全具體的歷史的存在之先王」是否合理。

英國哲學家羅素曾說：「人類自古以來有三個敵人，其一是自然（nature），其二是他人（other peoples），其三是自我（ego）。」羅素

---

❶　「人類學（anthropology）一詞來自希臘文 "anthrop" 與 "logos" 兩字，"anthropos" 是『人』的意思，"logos" 則是大家所熟識的『學』或研究的意思。所以，簡單地說，人類學就是研究人的學問。人類學研究的人是從整體的觀點來進行的，因此其研究的範圍包括『人』本身及其所創造的文化。換而言之，人類學研究的人是同時從其生物性與文化性雙方面而出發的。」李亦園：《人類的視野》，上海文藝出版社，1996年7月1版一刷，p. 1。

❷　人類文化的起源，是經過長時間的經驗累積，不斷地反覆練習改良，並不是一下子完成的。就以「人類的製造工具，並不是一下子就可以製造出很精細的工具的，而是經過長久的演進逐步改良而成的，就如最古老的舊石器，就遠不如新石器來得細致而均衡。」李亦園：前引書，p. 90。

的這句話是有相當永恆性的意義,我們可以把它延伸而說明「文化」。引申地來說,自古以來,人類在歷史發展的過程中,首先面臨了自然的困境,要克服自然才能生存下去。人類為克服所面臨的三種敵人,因而創造了文化,為了克服自然,人類創造了物質文化;為了克服他人,人類創造了社群文化;為了克服自己,人類創造了精神文化。❸試想,原始社會的初民,為了求生存,必須克服自然的威脅,解決生活問題。於是,製造出簡單的工具或武器,以利於覓食與生存之用。蓋有所謂的「利用厚生」的文化英雄,在中國上古時代,相繼出現。例如:神農氏、伏羲氏、有巢氏、燧人氏、有娀氏等。徂徠就曾云:

> 伏羲神農黃帝亦聖人也,其所作為,猶且止於利用厚生之道。❹

這是人與自然爭的時期。繼而人類社會,從散居到群居,群居的社會,不但求個人的溫飽與安全,更講求組織與分配。此即為克服他人,必須有一定的社會規範──「禮樂」,以維繫人與人之間權力與義務的和諧關係。荀子就從人類社會的起源上,證明禮的重要性。

> 力不若牛,走不若馬,而牛馬為用,何也。曰:人能群,彼不能群也。人何以能群?曰分。分何以能行?曰義。故義以分則和,和則一,一則多力,多力則強。〈王制〉

---

❸　李亦園:前引書,pp. 100–101。

❹　《辨道》,p. 414。

文中所謂的義，指的就是禮。禮義連用起自孟子，荀子亦連用之。
徂徠更是照單全收。然此處所言之群，即是一種廣義的社會組織與
人類特有的一種政治行為。人類之所以能戰勝自然，從物質文化走
向社群文化，一是人會製作工具，並且善用工具再將之改造成更符
合生活的需要；另外則是人能群，能構成社會的合作關係，共同戰
勝自然力並且運用自然力。所以，荀子認為群是人類戰勝自然力的
唯一因素，禮義則是群的原理原則與組織方法，且是維繫人類社會
生存與安定的基礎。蓋徂徠云：

> 歷顓頊帝嚳，至於堯舜，而後禮樂始立焉。夏殷周而後粲然
> 始備焉。⑮

這是人與人爭的時期，建立禮樂制度，以維繫人與人之間的和諧與
社會秩序。尤有進之，當人有充裕而穩定的生活必需品，衣食不致
匱乏之時，人開始探索自身存在的問題，並且試著記錄傳示自身存
在的價值，於是宗教、音樂、藝術、文字符號等，相繼出現。人會
創造使用文字符號的時候，這就是人與自己爭的時期。

　　人類學家把人類文化發展的這三個階段的過程，名之為物質文
化、社群文化與精神文化。所以，文化就各階段發展過程的意義而
言，實乃是一套適應生活的方式，一套解決問題、適應環境的共同
生活模式。不同的時、空環境，蘊育出不同面相的適應生活的方式
（文化）。⑯換言之，人類為了適應不同的環境，於是設計了不同的

---

⑮　《辨道》，p. 414。

⑯　李亦園：《信仰與文化》，臺北：巨流圖書公司，民國74年12月一版四
　　印，p. 314。

生活方式。因而將文化定義為「生活的設計」， 不但展現了人的文化的創造性與積極性，更使人創造文化像有機體一般充滿了活力。**⑰**徂徠就曾說：「有曰夏之道，曰殷之道，曰周之道者。蓋道者，堯舜所立，萬世因之，然又有隨時變易者。故一代聖人有所更定，立以為道。」**⑱**這句話帶有歷代聖人有因時制宜的制作之功，「立以為道」的特性。蓋在後面的個案──「農人棄親」舉證中，更見徂徠聖人（主政者）制作法的特質，與「事前分析」作為法之判決的重要性。

但就人類的歷史發展過程來說，人類的歷史文化，是經由人類生活經驗，逐漸累積而成的。若說「聖人是一切政治的社會的制度之先行的存在」（丸山真男語），似乎有違人類歷史文化發展的實際情況。且就制度的創造義而言，人類早期制度的形成，大都是處於一種日用而不知的約定俗成的情形之下。像徂徠在《辨名下·性情才》中所言：「民可使由之，不可使知之」，就是這個意思。

所以，丸山真男將徂徠的「聖人之作為，以前是『無』， 作為以後是『一切』。 以『聖人之作為』為契機，其前後，用深淵隔絕著。這個立場，當然是將聖人出現以前的社會，看做毫無規範的原始的自然狀態。」**⑲**是違背史實的一種解釋。徂徠云：

---

⑰　王祥齡：《中國古代崇祖敬天思想》，臺北：學生書局，民國81年2月初版，p. 14。

⑱　《辨道》，p. 422。

⑲　「聖人の作為以前は『無』であり、作為以後は『全』てである。『聖人の作為』を契機としてその前後は深淵を以て斷絕してゐる。この立場は當然、聖人の出現以前の社會をなんらの規範なきホッブス的自然狀態と看做すこととなる。」丸山真男：前引書，p. 214。

伏羲神農黃帝亦聖人也，其所作為，猶且止於利用厚生之道。歷顓頊帝嚳，至於堯舜，而後禮樂始立焉。夏殷周而後粲然始備焉。是更數千年，更數聖人之心力知巧而成焉者，亦非一聖人一生之力所能辨焉者。❷⓪

是以，人類文化的起源與發展，是歷經數千萬年、數千萬人累積而成，絕非一人之「心力知巧」所能成者。更何況制度的建立，更是經由多少的先聖費「一生之力所能辨焉」，　這也是徂徠所主張者。蓋丸山真男解讀徂徠「聖人是一切政治的社會的制度之先行的存在」，　將聖人歸屬於創造一切文化的絕對的主體，是說不通的，且亦有違徂徠思想中的聖人觀。

然而，徂徠思想裏真正的聖人屬性是如何呢？

第三節　徂徠的聖人觀

首先，徂徠在《辨道》中就開宗明義地說：「聖人不可學而至」。其所謂聖人與先王同義。❷① 先王被稱之為聖人，乃因制作之功：

而所命為聖者，取諸制作之一端耳。先王開國，制作禮樂，是雖一端，先王之所以為先王，亦唯是耳。❷②

---

❷⓪　《辨道》，p. 414。

❷①　「先王聖人也。故或謂之先王之道，或謂之聖人之道，凡君子者務由焉。故亦謂之君子之道，孔子所傳，儒者守焉，故謂之孔子之道，亦謂之儒者之道，其實一也。然先王代殊焉，故曰先王之道者。」《辨道》，p. 421。

而制作禮樂之德，非一般常人所知所能。因為，先王聰明睿知之德，
是受天命，稟諸天性，兼備眾美，非一般常人所及至者。**㉓** 蓋聖人
不可學而至，乃基於客觀的「天命」與主觀之「天性」，使得一般
人望「聖」興嘆。所以，徂徠在《辨名上》論「聖」時就云：「夫
聖人聰明睿知之德受諸天，豈可學而至乎。」縱使「人生之初不與
聖人殊」，**㉔** 但因天性的氣質為人欲所監禁阻擋，**㉕** 使得先王有制作
禮樂的知能，而一般常人就無法養以成此兼備眾美之德。蓋聖人不
可學而至的外在客觀因素，決之於聖人「有所制作，功侔神明」，故
曰：

> 夫堯舜禹湯文武周公之德，其廣大高深，莫不備焉者，豈可
> 名狀乎！祇以其事業之大，神化之至，無出於制作之上焉者。
> 故命之曰聖人已。**㉖**

按上文所述，命之曰聖人者，在聖人先王的外王事功，以臻至神明
化育世間萬事萬物，無遠弗屆的境地——「事業之大，神化之至」；

㉒　《辨道》，p. 414。

㉓　「先王之道，先王所造也。非天地自然之道也。蓋先王以聰明睿知之
　　德，受天命，王天下，其心一以安天下為務。……先王以聰明睿知之
　　德，稟諸天性，非凡人所能及焉。故古者無學為聖人之說也。蓋先王
　　之德，兼備眾美。」《辨道》，p. 414。

㉔　《辨名上·仁》，p. 425。

㉕　「人生之初不與聖人殊，祇氣質人欲所錮。」《辨名上·仁》，P. 425。
　　徂徠在〈辨道〉中就云：「氣質者天之性也，欲以人力勝天而反之，
　　必不能焉。」《辨道》，p. 417。

㉖　《辨名上·聖》，p. 427。

而內在主觀因素，則因聖人先王的天生性命之德，至大且深，兼備所有的眾德之美，非言語所能描繪。由於聖人之德「稟天性」、「受天命」，雖言「豈可名狀」，但為了區隔聖人之德「非凡人所能及」，以及「道」由聖人制作的普遍性、不可學而至的神聖性背後的絕對性，徂徠還是將聖人之「德」的內容與本質，作了如下的詮釋。

首先，徂徠言明，性人人殊，所以德亦人人有異，道之至大，神化之至，自然只有「廣大高深，兼備眾美」之德的聖人，才能身合於制作「道」的完美性。❷ 蓋此，徂徠很明顯地將君王的道德完美優先於政治制作之前。然此聖人之「德」非一般凡人之「性」中所固有，因為是不可得而學者，而是得之於天，故有其絕對性。徂徠的聖人有那些「德」不可得而學呢？

㈠「知」與「智」之德

徂徠首先言明，聖人先王之「知」與「智」之德，非常人所能學至。此乃因得諸於天的先天性，非後天所能至者。

先王以聰明睿知之德，受天命，王天下。❷

又云：

先王以聰明睿知之德，稟諸天性，非凡人所能及焉。故古者無學為聖人之說也。❷

---

❷ 徂徠曰：「性人人殊，故德亦人人殊焉。夫道大矣，自非聖人，安能身合於道之大乎。」《辨名上·德》，p. 423。

❷ 《辨道》，p. 414。

聖人「知」之德，稟諸天性，受天命，自然與未稟諸天性，受天命的凡人有異。在此，徂徠所言先王聰明睿「知」之德，似有聖人擁有自「知」之明，自覺到自我稟諸天性，受有天命的道德價值的自覺主體心。蓋徂徠曰：

> 心者，人身之主宰也。為善在心，為惡亦在心。故學先王之道以成其德，豈有不因心者乎。❸

依此而言，聖人創作度量的分界為心。徂徠更舉心有如一國之君，君若不君，則國家就不可得而治。國有君則治，無君則亂。人的身體與心的關係，亦復如此。「心存則精，心亡則昏」，且心能使動萬物。❸

倘此言不誤，則徂徠的聖人所擁有之德的「知」，乃是徂徠被迫不得不歸聖人所擁有「知」某種特殊事物之「理」的能力。於是將此種能力，推之於「心」，因為「心能動物」。且為善、為惡均由心所主宰。所以徂徠曰：

> 理者，事物皆自然有之。以我心推度之，而有見其必當若是與必不可若是，是謂之理。凡人欲為善，亦見其理之可為而

---

❷⁹　《辨道》，p. 414。

❸⁰　《辨名下‧心志意》，p. 449。

❸¹　徂徠曰：「譬諸國之有君，君不君則國不可得而治。故君子役心，小人役形，貴賤各從其類者為爾。國有君則治，無君則亂，人身亦如此，心存則精，心亡則昏。然有君而如桀紂，國豈治哉。心雖存而不正，豈足貴哉！且心者動物也。」《辨名下‧心志意》，p. 449。

為之；欲為惡，亦見其理之可為而為之，皆我心見其可為而為之，故理者無定準者也。何則？理者無適不在者也，而人之所見，各以其性殊。……人各見其所見，而不見其所不見，故殊也。故理苟不窮之，則莫能得而一焉。然天下之理，豈可窮乎哉！惟聖人能盡我之性，能盡人之性，能盡物之性，而與天地合其德。故惟聖人有能窮理而立之極，禮與義是也。㉜

因此，「人生之初不與聖人殊」，則就不能不說明人初生以後，憑何種能力乃能由常人而至聖人。縱使是天性、天命，但也必須要先有價值自覺意識──「知」，才能自覺地發現自我稟諸天性，受天命，而自我要求地成為「窮理立極」安天下之道的聖人。故徂徠云：

人隨其材質各有自然知能也。……人各隨其材質所近，自然有所知能耳。㉝

蓋聖人之所以為聖人，就在「聖人之事，而凡人之所不能也」、㉞就在「聖人能盡我之性，能盡人之性，能盡物之性，而與天地合其德」、就在聖人之德稟天命天性之「知」的「能」力，而有所制作。由是，「知」與「能」的結合，也就是主體之「心」的能慮能擇與主體之「才」（才同材）──指「能」與不能的材質的結合，㉟才能

㉜　《辨名下·理氣人欲》，pp. 450–451。

㉝　《辨名上·善良》，p. 441。

㉞　《辨名下·理氣人欲》，p. 451。

㉟　徂徠曰：「才同材，人之有材，譬諸木之材。或可以為棟梁，或可以

構成聖人之「知」轉化成「智」德。徂徠論「智」曰:

> 智,亦聖人之大德也。聖人之智,不可得而測焉,亦不可得
> 而學焉。㊱

　　所以,智與不智,在於知與不知,而「知」是知禮、知言、知
道、知命、知人。知道是指知先王之道;知禮乃指知先王之禮;不
知禮義為不「智」。因為,知禮則可以完成「道」。蓋言:

> 知言則知義,知禮與義,則道庶幾可以盡焉。……孔子稱臧
> 文仲,不智者三,皆謂其不知禮矣!可見古者以不知禮為不
> 智已。㊲

又按:

> 知命者,知天命也,謂知天之所命何如也。先王之道,本於
> 天,奉天命以行之。……凡人之力,有及焉,有不及焉。強
> 求其力所不及者,不智之大者也。故曰:不知命,無以為君

㊲ 為宗栧。人隨其性所殊,而各有所能,是材也。」《辨名下·性情才》,
p. 449。

㊱ 《辨名上·智》,p. 426。

㊲ 「凡經所謂智,皆以君子之德言之。如知禮,知言,知道,知命,知
人,是也。知道者,知先王之道也。……知禮者,知先王之禮也。知
言者,知先王之法言也。……知言則知義,知禮與義,則道庶幾可以
盡焉。不言樂者,亦難其人焉。孔子稱臧文仲,不智者三,皆謂其不
知禮矣,可見古者以不知禮為不智已。」《辨名上·智》,p. 426。

子也。㊳

　　然除知禮、知命之外，還要知人。因為，聖人理想政治的實踐，首在知人與安民，這又與徂徠思想中「作為主義」的政治建構與實踐有關。而知人與安民，此兩者是互為因果，否則仍屬不智。故云：

> 知人者，謂知人賢也，是智之大者也。書曰：在知人，在安民，是皋陶立智仁二德，以為萬世法。蓋制作禮樂者，聖人之智，而非通下者焉。㊴

　　所以，「夫人之知人，各於其倫。唯聖知聖，賢知賢。」㊵只有聖人自「知」其「材」能成為聖人，知天之所命，本於天，奉天命以制作道。故云：

> 自古聖帝明王，皆法天而治天下，奉天道以行其政教。是以，聖人之道，六經所載，皆莫不歸乎敬天者焉。㊶

且：

> 道之大原出於天，古先聖王法天以立道。㊷

㊳　《辨名上・智》，p. 426。

㊴　《辨名上・智》，p. 426。

㊵　《辨名上・智》，p. 426。

㊶　《辨名下・天命帝鬼神》，p. 442。

㊷　《辨名下・文質體用本末》，p. 457。

故聖人受天命制作禮樂刑政。曰:

> 聖人以命作者,而賢人以材德言之。 **㊸**

承上觀之,蓋徂徠所言之聖人,與荀子又有何異? 荀子云:

> 塗之人也,皆有可以知仁義法正之質,皆有可以能仁義法正
> 之具。〈性惡〉

按文中所提出任何人都有可以「知」之「質」與可以「能」之「具」,
然此「質」與「具」僅衹是本能的「知」,本能的「能」。〈正名〉
解釋「知」與「能」云:

> 所以知之在人者謂之知。知有所合謂之智。智所以能之在人
> 者謂之能。能有所合謂之能。

「所以知之在人者謂之知」,是指「知」的感官作用而言,可說是
人天生的本能之「知」,是知其然而不知其所以然的常識之「知」。
「知有所合謂之智」,是指「知」的作用統合成結果而言,可說是
知識的「智」,是知其然而知其所以然的智慧。「智所以能之在人者
謂之能」,前者是就「能」的作用而言,可說是人天生的本能之
「能」。「能有所合謂之能」,是指「能」的作用統合成結果而言,
可說是才能的「能」。兩者之間的差異,就是前述「可不可」與「能
不能」的問題。徂徠在此首先提出,聖人之「知」是天性、天命所

㊸ 《辨名上・聖》,p. 429。

然，而其「智」，是不可測、不可學而得之之「德」。

(二)「仁」之德

徂徠論「仁」云：

> 仁者，謂長人安民之德也，是聖人之大德也。天地大德曰生，
> 聖人則之，故又謂之好生之德。聖人者，古之君天下者也，
> 故君之德莫尚焉。是以傳曰：為人君止於仁。聖人也者不可
> 得而學矣，後之君子學聖人之道以成其德者，仁為至焉。❹❹

仁為聖人之大德，而聖人實乃古代君天下、王天下安民之人。聖人、
先王與君所指，均為古代的政治領袖。故其在〈贈長大夫右田君〉
文云：

> 夫先王之道，莫大於仁焉。仁也者，養之道也。以安民為大
> 焉，安民之道，以寬為本焉，謂有容也。❹❺

徂徠除將仁德列為聖人之大德，且為人君者之至德止於仁，一般凡
人難以尚習君之仁德，故不可得而學之。蓋在徂徠的思想裏，聖人
是絕對的道德價值理想典範。因為如此，聖人道德人格的絕對性，
才能保證聖人立道的根據，均稟諸天地大德曰生的仁德。蓋其在《太
平策》中云：

---

❹❹　《辨名上・仁》，p. 424。

❹❺　荻生徂徠：〈贈長大夫右田君〉，《徂徠集》卷十六，《日本漢詩3》，東
　　京：汲古書院，昭和61年2月發行，p. 166。

然則為人君者，縱離道理將被人笑之事，倘係足以安民之事，則不論若何之事均願為之，能如此存心，可謂真實之民之父母也。**㊻**

《辨道》亦云：

政禁暴，兵刑殺人，謂之仁而可乎！然要歸於安天下已。**㊼**

由是言之，聖人之所以為聖人，乃因聖人治理天下，均稟諸仁人之心以立道，使一切的禮樂刑政均出於安天下人民為鵠的。徂徠曰：

先王之立是道也以仁，故禮樂刑政莫非仁者。是以苟非仁人，何以能任先王之道以安天下之民哉！**㊽**

蓋在小事情方面雖有不盡人情之處，但就總體而言，聖人所立之禮樂刑政的動機，確實是以仁為出發點，否則任何的禮樂刑政，就不在安天下之民，而是擾民之政，且也不會為後世遵行之、安行之。

㊻ 「去バ人君タル人ハ、タトヒ道理ニハハヅレ人ニ笑ハルベキ事也共、民ヲ安ンズベキ事ナラバ、イカヤウノ事ニテモ行ント思フ程ニ、心ノハマルヲ真實ノ民ノ父母トハ云ナリ。」《太平策》，《荻生徂徠，日本思想大系36》，p. 467。譯文參閱丸山真男：前引書，p. 64。

㊼ 《辨道》，p. 415。

㊽ 《辨名上·仁》，p. 425。

故云:

> 先王有聰明睿知之德，制作禮樂，立是道，俾天下後世由是
> 焉。而後之君子奉以行之，是雖有聰明睿知之德，將安用
> 之。❹

是以，聖人之所以為聖人，在其以仁立道安天下後世，且其所
立之道是「眾美所會萃」。 所以說，仁是聖人之大德，為人君者之
至德「止於仁」，先王立道之依據「也以仁」，且非「聖人也者不可
得而學」。❺

㈢「勇」之德

徂徠的聖人觀中之大德，凡人不可學的第三種德，是「勇」。徂
徠舉「勇」為聖人之大德，在於勇非匹夫之勇，非恣意之勇，非血
氣之勇。而是參之以仁盡與智盡，對天下之事無所畏懼之勇。故謂:

> 勇，亦聖人之大德也，謂於天下之事無所懼也。蓋聖人之德，
> 舉其大者，仁智盡之矣，而又舉勇以參之者。❺

對天下之事無所畏懼，其必定是從事無私的奉獻與創造民生事
業者有關。因此，古代被人民推舉為王者，必定在道德實踐上為人
民所信服，也就是其所言所行，乃無私之意志狀態。因為，人除去

---

❹　《辨名上・仁》，p. 425。

❺　《辨名上・仁》，pp. 424–425。

❺　《辨名上・勇武剛強毅》，p. 437。

私意私智方能剛強，此謂「無欲則剛」。 所謂剛，是堅忍不屈的勇氣，「為人果敢烈烈，不可干之」，❸含有理性的無私意志，具有向善的創造性衝動，此之謂聖人「仁智盡之」。這與一般所謂恣肆放縱的非理性的衝動，所產現的匹夫之勇之最大不同處在於，前者帶有向善的「創造性衝動」，後者則帶有人欲原始本能的「佔有性衝動」。❸徂徠深知，大勇之人方能承擔歷史文化的作為使命，造福人群，促進社會進步與政治和諧。然此種種禮樂刑政，必待人心之「仁」❸除去私意私智方能使人剛強，一往直前。故為對「勇」的本意申論之，徂徠舉〈商書〉中湯武放伐為例。湯武之所以為湯武，乃其私欲盡除，仁智盡之，而參之以勇，付諸生命的實踐，做無私的奉獻，才能行大仁、大智、大勇之德。湯武革命乃高舉正義大旗，為天下蒼生請命，若非本諸仁、斷諸智、行諸勇，何以能救天下百姓於水深火熱之中。《論語・子罕》篇：「子曰：知者不惑，仁者不憂，勇者不懼。」 湯武因為是大智、大仁、大勇之聖人，所以不惑於時勢，不顧慮當時辨判，不畏懼強權暴紂，當機立斷起兵伐紂。蓋徂徠贊揚從湯開始才有勇智並稱之德。❸日本儒學的精神與我國儒學的最大不同，就在日本儒學家以先秦儒家為師，重生命實踐，而我國儒學家以宋明儒學為師，重心性思辯。這也是為什麼後人批評宋

❸　《辨名上・勇武剛強毅》，p. 438。

❸　王祥齡：〈傳統儒家倫理學訓育思想的現代反思——從人性本「善」論起〉，《訓育研究》，第三十卷第四期，中國訓育學會，民國81年3月，p. 21。

❸　「先王之立是道也以仁，故禮樂刑政莫非仁者。是以苟非仁人，何以能任先王之道以安天下之民哉。」《辨名上・仁》，p. 425。

❸　「故於經在商書，贊湯之德，始有勇智之稱，可以見已。」《辨名上・勇武剛強毅》，p. 437。

明儒：「平時袖手談心性，臨難一死報君王」光說不練的原因了。故祖徠引孔子的話曰：「仁者，必有勇」，❺❻既是大仁之人，其心性自足，必能化生命的充實——「仁」為生命的實踐——「勇」，雖千萬人我獨往矣！因為，仁心的發現，是只見其「義」而不見其「利」，毫無功利性。子曰：「當仁不讓於師」〈衛靈公〉，就是這個道理。仁義道德之前，師尚不可讓，自然是可擔當天下大任了。此之謂：「勇，亦聖人之大德也，謂於天下之事無所懼也。」湯之為聖，正惟如此。

　　然而，何以養勇成其德呢？祖徠說是依於仁，依於禮義為輔，才能成其勇之大德。曰：

　　　　是其所以養勇成其德者，必於仁，必於禮義。❺❼

按儒家六藝以禮樂相濟為首，以射御為次，即以禮樂的美感形式培養人性之「仁」，再以仁輔勇，鍛鍊成文質彬彬的君子。《論語・八份》：「子曰：『君子無所爭，必也射乎？揖讓而升，下而飲，其爭也君子！』」這是原始儒家孔子培養武德以仁輔勇的最好說明。蓋祖徠亦云養勇成德，「必於仁，必於禮義」，是同樣的意思。

　　從儒家的理論來說，禮樂的美感形式啟人以仁，以仁輔勇，則勇才不致為慾所縱，而成為血氣之勇。故大仁之人行大勇之事，其

---

❺❻　《辨名上・勇武剛強毅》，pp. 437–438。但祖徠卻沒將《論語・憲問》下面一句講引出來：「子曰：有德者必有言，有言者不必有德。仁者必有勇，勇者不必有仁。」因為，仁必能生勇，勇不必然能生仁。這也是為何說「仁者無敵」的原因。

❺❼　《辨名上・勇武剛強毅》，p. 437。

勇才有重量，才有重心，才有重點。子曰：「見義不為，無勇也」
《論語・八佾》，無勇之人自然不仁不義。因為，勇是良知的自我
承擔和價值的判斷與實踐。徂徠贊湯武放伐之德，為仁智盡之之勇，
正是有大仁之人行合乎大義之事。故義者，宜也，乃行事正確的判
斷；仁者，乃平等而又含有理性的無私之意志。人行事能持平而又
做無私的判斷，非大仁大智之聖人何人能及。

對人類世界而言，人摒除私意私智方能求仁得仁，守住此仁心
之公，以求心理觀念的簡單與純淨，而生出的靈府慧心，便是所謂
的智者；任此仁心之公與智心之純，以求生理慾望的簡化與純化，
而生出浩然氣概，這便是所謂的大勇之人。此之謂聖人之德也。

然而，徂徠將「勇」列於聖人之大德，並非專注於聖人的內在
修為，主要還是針對其政治治道的考量。其引傳曰：

> 勇敢強有力者，天下無事，則用之於禮義；天下有事，則用
> 之於戰勝。用之於戰勝則無敵，用之於禮義則順治。外無敵，
> 內順治，此之謂盛德，古之道為爾。❺⃝

勇用之於禮義，依徂徠聖人立道的觀點來說，禮義所指乃外在
的規範，❺⃝亦即所謂的治國安天下之道。故曰：

---

❺⃝ 《辨名上・勇武剛強毅》，p. 438。

❺⃝ 根據徂徠所言之義，並非道義的義，義氣的義，故他並不認為義是道
德的義，而是禮的細目。故言：「古者未有以義為德之名者。……先
王之教，立禮義以為人之大端，故書論語中庸皆以禮義並言，而不以
仁義並言。何則仁者大德也，非義之倫也，禮義皆道也，非德也。」《辨
名上・義》，pp. 431–432。

義，亦先王之所立，道之名也。……禮義也者，人之大端也。
禮以制心，義以制事；禮以守常，義以應變。……義者，謂
禮之細者，各制其宜焉。❻

蓋勇之能稱之為「盛德」，在其能兼治內外，更能彰顯聖人立道作為
的氣象。所以自古以來以乾為聖人之德，其意指「天行健，君子以
自強不息」《易經・乾卦》，強是勉強的意思，而強與勇相似。故非
聖人難有大勇之德。

(四)「知」、「仁」、「勇」三德孰大

　　承上論述引證觀之，知、仁、勇三德，在徂徠來說，均謂之大
德。然此三德孰重，自然代表著徂徠自我價值觀的主張。就哲學思
想來說，自我的價值觀本為哲學的基本問題，也可以說是哲學的基
本設準，是一理論性極高的問題。因為這涉及到後面將要談到的徂
徠立道之極——「政治理想」的基本立場，故在此先作一剖析，觀
其學說中所最強調的價值，以見其對自我境界之主張。❻再來看徂
徠「制作」之德，更能了解徂徠政治學的觀點。

　　據徂徠所言：「仁者，……是聖人之大德也」、「智，亦聖人之
大德也」、「勇，亦聖人之大德也」、（以上前以引註，不另）「儉者
仁人之道也，王者之大德也。」❻仁、智、勇、儉❻均為大德。徂徠

---

❻　《辨名上・義》，pp. 430–432。

❻　勞思光：《新編中國哲學史》，臺北：三民書局，民國73年1月增訂初
　　版，p. 147。

❻　《辨名上・節儉》，p. 438。

曾言：「聖人之德，與天地相似焉；聖人之道，含容廣大，要在養而成之，先立其大者，而小者自至焉。」❻然而，聖人之德，大中還有至大，故謂：

孔門之教，仁為至大。❻

仁為至大的原因，在於脩德養性要運用方法，使每個人「各隨其性所近，養以成德，德立而材成。」❻且先立乎其大，先將人的自覺心，也就是價值反省與判斷挺立出來，其他諸德自然水到渠成。因為，「仁為心之全德，故兼義禮智信。」❻故又謂：

脩德有術，立其大者而小者自至焉，此孔門所以用力於仁也。❻

徂徠既以「孔門之教，仁為至大。」且脩德養德而材成，亦以「立其大者而小者自至焉」❻為成聖之充要條件。❼故當先了解孔

----

❻　徂徠所言之儉德，因與仁德有相同之處，故以仁德包含儉德，不另作贅述。可參見徂徠《辨名上・節儉》文，p. 438。

❻　《辨道》，p. 416。

❻　《辨道》，p. 415。

❻　《辨名上・德》，p. 423。

❻　《辨名上・仁》，p. 425。

❻　《辨道》，p. 416。

❻　徂徠曰：「脩德有術，立其大者而小者自至焉，此孔門所以用力於仁也。」此處小大之辨思想觀念，當是得之孟子之思想。《孟子・告子》篇曰：「從其大體為大人，從其小體為小人。⋯⋯耳目之官不思，而

子對知、仁、勇的觀念，是否「仁」的觀念高於「知」與「勇」。

在〈「勇」之德〉一節中，筆者引《論語・子罕》篇：「子曰：知者不惑，仁者不憂，勇者不懼。」孔子將知、仁、勇三者並舉，以「知」為首。在《論語・憲問》篇中：「子曰：君子道者三，我無能焉。仁者不憂，知者不惑，勇者不懼。」卻改以「仁」為首。這種語詞的順序，並不足以代表孔子對仁、知、勇三觀念何者為大、為重的思想取向。但從〈憲問〉篇中的另外一句話來看，孔子的態

蔽於物；物交物，則引之而已矣。心之官則思，思則得之，不思則不得也。此天之所與我者。先立乎其大者，則其小者弗能奪也。此為大人矣。」依孟子的分判：大體，指心，即自覺心（思），屬於人所獨有之價值反省與判斷的道德生命；小體，指感官，耳目官能欲求（官能），屬於人的物理生命。至於自覺心則以「思」為其功能。故言「思則得之」，此處「思」專指「自覺」言。也就是價值反省與判斷。心之官不思，則心溺於物，心隨物轉，隨時被外在的一切物相所牽引。如此一來，意志即以物理生命的欲望為方向，牽引外逐，滑落於感官的縱欲，則為小人。若人能自覺觀照自我本心，以「仁」啟「知」，以「仁」、「知」輔「勇」，付諸生命的實踐，則動物性的感官欲望不能取代人性理性的價值意識。故言：「先立乎其大，則其小者弗能奪也。」經由大體小體之分，孟肯定人的道德心靈、價值意識是天之所賦與我者。天乃萬有生化的根源，也是吾人本性之善的超越的根據。所以當吾人充盡本心本性，即能之作為人性根源的天，所以心、性、天三者通而為一，宇宙生化之根源即道德之根源。徂徠此處「立其大者而小者自至焉」的思想觀念，當是得自孟子的「先立乎其大者，則其小者弗能奪也。此為大人矣。」只不過徂徠將「仁」──「仁為心之全德，故兼義禮智信。」列為大者，而其他諸德列為小者。

❼ 所謂充要條件，是指「有之必然，無之必不然。」譬如說，凡是等腰三角形，則此三角形兩底角必相等；反過來說，如果不是等腰三角形，則兩底角必不相等。

度，則非常簡單易懂。「子曰：有德者必有言，有言者不必有德。
仁者必有勇，勇者不必有仁。」

根據勞思光先生的解釋，「言」是指思辨論議，屬於「知」的
範圍。「有言」與「有德」的關係，實指「知」與「仁」的關係。
至於下兩句，則表示「仁」與「勇」的關係。綜合來看，全句可當
作孔子對「仁」、「知」、「勇」三觀念孰者為大的基本思想態度。故
依此文所言，「有德」可以決定「有言」，「有言」不能決定「有德」，
此即表示「仁」是「知」的充要條件。也就是說，有「知」之人不
必然有「仁」；而「仁」與「勇」的關係，亦如是。簡言之，「仁」
可以決定「知」與「勇」，但「知」與「勇」則不能決定「仁」。依
是觀之，「仁」的觀念在孔子的思想中高於「知」與「勇」，且為眾
德之母。**⑦**徂徠的思想亦如是觀。

仁德既是聖人眾美兼備之大德中之至德，是以立道以仁為主。
曰：

> 先王之道，莫不本諸敬天敬鬼神者焉，是無他，主仁故也。**⑫**

> 孔門之教，仁為至大。何也？能舉先王之道而體之者仁也。
> 先王之道，安天下之道也。……故君子之道，唯仁為大焉。**⑬**

> 先王之立是道也以仁，故禮樂刑政莫非仁者。是以苟非仁人，
> 何以能任先王之道以安天下之民哉。故孔門之教，以仁為至，

---

⑦ 勞思光：前引書，p. 148。

⑫ 《辨道》，p. 418。

⑬ 《辨道》，p. 415。

以依於仁為務。**⑦**

且其在《萱園十筆、二筆》中云：

> 先王以仁作禮，以仁作樂。故曰：人而不仁，如禮何，人而
> 不仁，如樂何。**⑦**

在《論語徵》中更直言禮乃道之體。曰：

> 禮者體也，道之體也。禮亡則道隨亡，豈不惜乎！**⑦**

　　徂徠以「仁」為至德，作為立道勾劃政治藍圖的政道理想。然
其在政治實踐的治道方面要有所成的話，亦以「苟非仁人，何以能
任先王之道以安天下之民哉。」這與荀子〈君道〉所言：「法者治之
端也；君子者法之原也。故有君子，則法雖省，足以遍矣。無君子，
則法雖具，失先後之施，不能應事之變，足以亂矣，不知法之義，
而正法之數者，雖博，臨事必亂」的思想又有何異。所以，「仁」
既為政治政道的終極目標，又為政治治道輔之以「仁」才能成就外
王事功的原理原則。故曰：

---

⑦　《辨名上‧仁》，p. 425。

⑦　《萱園十筆‧二筆》，《荻生徂徠全集》第一卷，東京：河出書房新社，
　　1973年2月28日初版一刷，p. 509。

⑦　《論語徵》乙，《荻生徂徠全集》第三卷，東京：みすず書房，1973
　　年7月20日發行，p. 132。

聖人之道，要歸安民而已矣，雖有眾美，皆所以輔仁而成之也。**⑦**

蓋徂徠德治理想的思想頗濃，立道要以「仁」為極，行道非「仁」難以成，立道與行道也必以「仁」人的聖人，否則難以安天下之民。也就是說，一切的政治政道與治道，必以「仁」為大、為根本、為原則，方能使天下大治。這種以「仁」為立「道」之本的德治理想，就導引出下面的「制作」之德。

(五)「制作」之德

徂徠曰：

所命為聖者，取諸制作之一端耳。先王開國，制作禮樂，是雖一端，先王之所以為先王，亦唯是耳。……制作禮樂，是其大者也，故以命先王之德爾。**⑧**

制作禮樂，為先王創造之德，欲成其大者，亦必兼備眾德。綜合以上智、仁、勇三種非常人所能學之盛德，才能建構聖人制作之功，而成為徂徠所謂立道成聖、成王、成君的根據。故言：

聖者作者之稱也。樂記曰：作者之謂聖，述者之謂明。……古之天子，有聰明睿知之德，通天地之道，盡人物之性，有所制作，功侔神明。利用厚生之道，於是乎立。而萬世莫不

---

⑦　《辨名上・仁》，pp. 424–425。

⑧　《辨道》，p. 414。

被其德，所謂伏羲神農黃帝，皆聖人也。**⑲**

　夫聖人亦人耳，人的德以性殊，雖聖人其德豈同乎。而均謂
　之聖人者，以制作故也。……聖人之稱因制作命之也。**⑳**

因是知之，徂徠所謂的聖人屬性，必是以人為制作為其充要條
件。而其人為制作之德，得之於天賦的稟性，受有天命，非後天的
學習可以臻至。因為，天性的氣質，在胚胎之初已具。**㉑**於是乎，
聖人是先天的，其所擁有的智、仁、勇兼備眾美、無所不備之德亦
是先驗的。正惟如此，聖人所立之道，才具絕對性、普遍性，這是
對聖人賦與道的絕對制作者的形而上的保證。才能使聖人成為立道
之極者，使賢者「俯」而「就」之，不肖者「企」而「及」之。故
云：

　先王立極，謂禮也。……蓋先王制禮，賢者俯而就之，不肖
　者企而及之，是所謂極也。**㉒**

綜合言之，徂徠的聖人屬性，一是稟天性、受天命，不可學而
至：二是兼備眾美、無所不備之德，其德乃先天的、先驗的；三是

---

⑲　《辨名上・聖》，p. 427。

⑳　《辨名上・聖》，p. 428。

㉑　「性者，生之質也。宋如所謂氣質者是也。……胚胎之初，氣質已具，
　　則所謂本然之性者，唯可屬於天，而不可屬於人也。」《辨名下・性情
　　才》，p. 447。

㉒　《辨道》，pp. 414–415。

唯有聖人才具有制作之才能；四是先王兼備眾美、無所不備之德，且其人格的絕對性，故立人道之極以安天下；五是聖人立道緣人情以設之，以仁為大、為主，兼具人世之情。[83]故聖王立道的完美性、普遍性與絕對性，就在聖王上法天以立道，下緣人情以設之。[84]

就此而言，徂徠的聖人是絕對完美的道德理想的人格，而此人格的超越性與絕對完美性，正是其化個人道德為政治治道的保證。故才有為了安民的政治目的，不惜「政禁暴，兵刑殺人」，亦不可不謂之仁的作為法實證主義色彩。[85]當然，這與原始儒家孔、孟的德治理想的外在形式上，確實有著些微的差異性。[86]但其內在的思想本質——以聖人立「政道」以施「治道」之治的理想，可說是一

---

[83]　「先王之道，緣人情以設之，苟不知人情，安能通行天下莫有所窒礙乎。」《辨名上・義》，p. 432。

[84]　「道之大原出於天，古先聖王法天以立道。」《辨名下・文質體用本末》，p. 457。

[85]　「政禁暴，兵刑殺人，謂之仁而可乎！然要歸於安天下已。」《辨道》，p. 415。

[86]　「季康子問政於孔子，曰：如殺無道以就有道，何如？孔子對曰：子為政，焉用殺。子欲善，而民善矣。君子之德風，小人之德草；草上之風必偃。」《論語・顏淵》儒家的政治理想，重德性教化，反對使用暴力的殘暴統治，故在〈顏淵〉篇中多有論述。如：「子貢問政。子曰：足實食，足兵，民信之矣。」將兵刑列為三者之中，最不重要者。雖亦曾主張用兵，但亦針對維持秩序，討伐有大罪之然，並不是用於迫害他人。故「陳成子弒簡公，孔子沐浴而朝，告於哀公曰，陳恒弒其君，請討之。公曰，告夫三子。孔子曰：以吾從大夫之後，不敢不告也。」〈憲問〉之例，乃討有罪之人是人應盡的權分之一，且養兵的目的，就在保疆衛國，維護正義。這也是徂徠舉湯武放伐為大勇之聖人的基本立場。

致的。故與荀子的聖人經世倫理，以「禮」足「法」，以「法」比「類」的德治理想，有著相契而又相接引的關係與密切性。當然又帶有法家韓非的法治主義的近代性色彩。這在後文中將有論述，在此不另贅言。

第四節　徂徠聖人觀與荀子聖人觀比較

綜觀以上所述，徂徠聖人思想與荀子聖人觀，大致有以下幾點異同之處。我們可以就以下幾點，羅列文獻資料，作為比較、考察、分析，以便釐清徂徠得之於荀子思想中之近代意識的關聯性。[87] 綜

---

[87] 丸山真男始終不認為，荀子的思想對於徂徠學中業已發芽的近代意識，有任何的關聯性。他說：「再者，為了證示：徂徠學之成立，只有以朱子學的思維之分解過程為背景纔可能，趁此機會，把常常拿來比較的荀子之思想裏，是何等的缺乏上述那種徂徠學之特質，簡單地指出一些。第一是：在荀子裏，修身與治國，是完全連續著的。『請問為國。曰：聞修身，未嘗聞為國也。君者，儀也。儀正而景正。君者，槃也。槃圓而水圓。……楚之莊王好細腰。故朝有餓人。故曰：聞修身，未聞為國也』」（〈君道〉篇第十二）。因此，荀子之禮，正如與性惡說之密切關聯所示，專係倫理的東西，沒有像徂徠那樣，純粹地昇華為政治的東西。聖人的概念也是同樣，專被規定成倫理的，承認勁士、君子、賢人、聖人這個疊塔的階段。和徂徠說「聖人不可學而至」正相反，認為「學，固學為聖人者也」，這是當然的結果。如斯，聖人，禮，既然都和徂徠規定相異，則縱然作為「禮儀法度者，是聖人之所生也」——縱然徂徠是由此得到Hint的——在其客觀的意味上，是明顯地完全相異的。這種倫理與政治的連續，畢竟基於荀子中徂徠的意義之公私之未分化。荀子中的公私之用法，如云：「書曰：無作奴，遵王之道。無作惡，遵王之路。是言君子之能以公義勝私欲也」

（〈修身〉篇第二），完全與朱子學無異。因此，在那裏也完全看不到形成徂徠學之私的領域之特性——歷史意識，Antirigorism對於其他學派之寬容，文藝尊重等。太宰春台較徂徠近於荀子，是由於他專繼承了他的老師的公的領域（雖然如此，但係已經公私分裂之繼承，所以詳細看來，自有與荀子相異之處）。 要之，這些差異，正說明了荀子對於徂徠學中業已發芽的近代意識，是完全無緣的。丸山真男：前引書，pp. 116–117。譯文參閱包滄瀾、徐白：前引書，pp. 90–91。倒是岩橋遵成、津田左右吉等，認為徂徠的思想是得自荀子。但卻沒有作深入的考察、分析與釐清的論證，僅衹是幾句話帶過。我們引幾段文字資料比較之，就可以清楚地了解了：其一——徂徠與荀子論聖人之性：徂徠：人生之初不與聖人殊。（《辨名上・仁》）性者人之所受天，所謂中是也。（《辨名下・性情才》）然胚胎之初，氣質已具，則其所謂本然之性者，唯可屬之天，而不可屬於人也。（《辨名下・性情才》）性者，生之質也。（《辨名下・性情才》）性者性質也。人之性質，初不甚相遠，及所習殊，而後賢不肖之相去，遂致遼遠也已。（《論語徵》）人之性，其初皆與聖人一矣，但為氣質人欲所害，則有知愚賢不肖之差。（《徂徠集卷・二十三・與藪震菴》）人之氣質，與生俱生，故古無變化氣質之說。（《徂徠集卷二十三・與藪震菴》）荀子：聖人之所以同於眾，其不異於眾者，性也。（《荀子・性惡》）凡性者，天之就也，不可學，不可事。……不可學，不可事之在天者，謂之性；……今人之性，生而離其朴，離其資，必失而喪之。（《荀子・性惡》）其二——徂徠與荀子論聖人之所以為聖人：徂徠：夫聖人亦人耳，……而均謂之聖人者，以制作故也。（《辨名上・聖》）聖人以命作者，而賢人以材德言之。（《辨名上・聖》）聖者作者之稱也。樂記曰：作者之謂聖。（《辨名上・聖》）荀子：故聖人之所以同於眾而不異於眾者，性也；所以異而過眾者，偽也。（《荀子・性惡》）聖也者，盡倫也；王也者，盡制者也；兩盡者，足以為天下極矣。故學者以聖為師，案以聖王之制為法，法其法以求其統類，以務象效其人。（《荀子・解蔽》）其三——徂徠與荀子論聖人之性稟諸天：徂徠：性者人之所受天。（《辨名下・性情才》）夫聖人聰明睿智之德受諸天，豈可學而至

乎。(《辨名上・聖》) 蓋先王以聰明睿知之德，受天命。……稟諸天性。(《辨道》) 荀子：性者，天之就也；情者，性之質也；欲者，情之應也。(《荀子・正名》) 其四——徂徠與荀子論禮樂為聖人所生：徂徠：道，統名也。舉禮樂刑政凡先王所建者。(《辨道》) 所命為聖者，取諸制作之一端耳。先王開國，制作禮樂，是雖一端，先王之所以為先王，亦唯是耳。(《辨道》) 荀子：禮義者，聖人之所生也。(《荀子・性惡》) 其五——徂徠與荀子論聖人立極：徂徠：先王立極，謂禮也。(《辨道》) 至於堯舜，制作禮樂，而正德之道始成焉。君子以成德，小人以成俗，刑措不用，天下大治。輔相天地之宜，而立以為萬世之極。(《辨名上・聖》) 三代聖人，皆亦遵堯舜之道，制作禮樂，以立一代之極。(《辨名上・聖》) 荀子：王者之制，道不過三代。(《荀子・王制》) 禮者，人道之極也。(《荀子・禮論》) 聖人者，道之極也。(《荀子・禮論》) 其六——徂徠與荀子論君乃善群養人者：徂徠：荀子稱，君者群也。故人之道非以一人言也，必合億萬人而為言者也。今試觀天下，孰能孤立不群者，士農工商，相助而食者也，不若是則不能存矣。……故能合億萬人者君也。能合億萬人，而使遂其親愛生養之性者，先王之道也。(《辨道》) 夫君者群也，是其所以群人而統一之者。(《辨名上・仁》) 荀子：道者何也? 曰：君之所道也。君者何也? 曰：能群也。能群者何也? 曰：善生養人者也。(《荀子・君道》) 君者，善群也。(《荀子・王制》) 其七——徂徠與荀子論先王制禮賢者俯而就之：徂徠：蓋先王制禮，賢者俯而就之，不肖者企而及之。(《辨道》) 先王所以紀綱天下立生民之極者，惠存於禮矣。知者思而得焉，愚者不知而由焉，賢者俯而就焉，不肖者企而及焉。(《辨道》) 先王有聰明睿知之德，制作禮樂，立是道，俾天下後世由是焉，而後之君子奉以行之。(《辨名上・仁》) 荀子：聖人明知之，士君子安行之，官人以為守，百姓以成俗，其在君子，以為人道也。其在百姓，以為鬼事也。(《荀子・禮論》) 其八——徂徠與荀子論性偽合成聖人之名：徂徠：大氐自然而然者，天地之道也。有所營為運用者，人之性也。……先文聰明睿知之德，稟諸天性，非凡人所能及焉。……所命為聖者，取諸制作之一端耳。先王開國，制作

合徂徠的聖人屬性，包括：

⑴徂徠的聖人具有創造道之絕對的人格（故徂徠的聖人是古代制作政治制度與社會秩序的文化英雄）。 因徂徠的聖人之性，是稟天性，受天命。故徂徠的聖人不可學而至。

⑵徂徠的聖人兼備眾德之美，且具有能轉化「知」成「智」的才能。

⑶徂徠的聖人是以制作命之。故徂徠的聖人概念，是專規定於政治上。

⑷徂徠的聖人是立道之極。故徂徠的聖人之德是治國平天下的充要條件。

我們引徂徠論〈聖〉的原文，以及參照前面所論述的，大致就可以明瞭徂徠的聖人屬性：

　　禮樂，是雖一端，先王之所以為先王，亦唯是耳。(《辨道》) 荀子：性者，本使材朴也；偽者，文理隆盛也。無性則偽之無所加；無偽則性不能自美；性偽合，然後成聖人之名，一天下之功，於是就也。故曰：天地合而萬物生，陰陽接而變化起，性偽合而天下治。(《荀子・禮論》) 其九——徂徠與荀子論聖人法天而治天下：徂徠：自古聖帝明王，皆法天而治天下，奉天道以行其政教。是以聖人之道，六經所載，皆莫不歸乎敬天者焉。(《辨名下・天命帝鬼神》) 道之大原出於天，古先聖王法天以立道。(《辨名下・文質體用本末》p. 457) 蓋先王之道，敬天為本，禮樂刑政，皆奉天命以行之，故知命安分，為君子之事矣。(《論語徵》)殊不知先王之道，敬天為本，聖人千言萬語，皆莫不本於是焉，詩書禮樂，莫非敬天，孔子動言天，先王之道如是矣，君子之道如是矣。(《論語徵》) 荀子：禮有三本：天地者，生之本也；先祖者，類之本也；君師者，治之本也。無天地，惡生？無先祖，惡出？無君師，惡治？(《荀子・禮論》)

聖者作者之稱也。……古之天子，有聰明睿知之德，通天地
之道，盡人物之性，有所制作。功侔神明，利用厚生之道，
於是乎立。……三代聖人，皆亦遵堯舜之道，制作禮樂，以
立一代之極。……夫堯舜禹湯文武周公之德，其廣大高深，
莫不備焉者，豈可名狀乎。祗以其事業之大，神化之至，無
出於制作之上焉者，故命之曰聖人已。……夫聖人聰明睿知
之德受諸天，豈可學而至乎，其德之神明不測，豈可得而窺
乎。⑱

至於《荀子・性惡》則謂：

凡性者，天之就也，不可學，不可事。禮義者，聖人之所生
也，人之所學而能，所事而成者也。不可學，不可事之在天
者，謂之性；可學而能，可事而成之在人者，謂之偽；是性
偽之分也。

續曰：

故聖人化性而起偽，偽起而生禮義，禮義生而制法度；然則
禮義法度者，是聖人之所生也。故聖人之所以同於眾而不異
於眾者，性也；所以異而過眾者，偽也。〈性惡〉

〈禮論〉論「性」與「偽」合曰：

---

⑱ 《辨名上・聖》，pp. 427-428。

> 性者，本始材朴也；偽者，文理隆盛也。無性則偽之無所加；
> 無偽則性不能自美；性偽合，然後成聖人之名，一天下之功，
> 於是就也。故曰：天地合而萬物生，陰陽接而變化起，性偽
> 合而天下治。

依上所述，徂徠所言之聖人屬性，與荀子的聖人觀又有何異。
兩者都主張聖人必當合天生之「性」所具之「材」與開展❽制作之
「偽」之「能」，命之曰聖人。

雖然，荀子曾謂：「塗之人可以為禹」和徂徠所謂的「聖人不
可學而至」之言，在表面上的文意看來，荀子所言之聖人人格，是
人人可以學而至之，而徂徠的聖人人格，則是絕對的超越一般的凡
夫俗子的存在，有「聖」與「俗」之絕然二分不可跨越的鴻溝。倘
依前引丸山真男的研究所言：「徂徠把聖人限定於作為完全具體的歷
史的存在之先王，認為『聖人不可學而至』(《辨道》)，以防其非人
格的理念化，這是為了對先王賦與道之絕對的作為之論理的資格，
不可或缺的前提。」❾很顯然的是對荀子思想有所誤解。這種誤解是
起自於丸山真男認為，聖人之所以為聖人，在於「他們的Idea性。
所以其Idea被強調的時候，聖人概念就容易使其人格性解消於非人
格的窮極理念之中。宋學裏說『聖人與天地合其德，日月合其明，
四時合其序，鬼神合其吉凶』(〈太極圖說〉)，進而說『聖人為太極
之全體』(同《朱子解》)，這就是其典型的例子。還有，譬如說：
『聖人化性而起偽，偽起而生禮義，禮義生而制法度。然則禮義法
度者，是聖人之所生也』(《荀子・性惡》篇)，由於這種命題的關

---

❽ 所謂「開展」，是指不經由其他方式直接去獲得。

❾ 丸山真男：前引書，p. 213。

係，所以常常被認為是徂徠學之思想的淵源——這在某種程度上是正確的——在荀子方面，聖人一方面意味著禮義法度之制作者，同時在另一方面說：『聖人者，道之極也。故學者因學為聖人也』（〈禮論〉篇），又說：『聖人者，人之所積而致矣』（〈性惡〉篇），帶著作為修為之目標的Idea的意味。聖人概念裏，既有這種普遍的Idea的意味纏繞著，則作為禮義法度之制作者的具體的聖人，結果其價值性亦仰之於自己背後的Idea。如此，則先王還不是絕對的主體。」❾❶

依丸山氏上述所言，其誤解之處有：一是他以別人對宋學的研究成果，作為解讀宋學的精義，並依此解讀荀子的思想。其中引〈太極圖說〉文，是出自《易・乾卦》：「大人者與天地合其德，……」而非出自周濂溪的〈太極圖說〉就是一例，並且他也曾自言，對宋明理學的理解，多取自別人研究成果；二是引《荀子・性惡》：「聖人化性起偽，偽起而生禮義，……是聖人之所生也。」下文還有更重要的一段「故聖人之所以同於眾而不異於眾者，性也；所以異而過眾者，偽也。」他沒有引述。且在此文的上面「凡性者，天之就也，不可學，不可事。禮義者，聖人之所生也，人之所學而能，所事而成者也。不可學，不可事之在天者，謂之性；可學而能，可事而成之在人者，謂之偽；是性偽之分也。」是荀子所述之聖人觀的基本屬性，是非常重要的觀念，丸山氏也沒參考，僅祇斷章取義，取其前斷其後。故而，這樣的取捨，勢必對荀子的聖人思想無法全面地瞭解。

因為，在荀子的聖人觀的思想裏，聖人之性與眾人無異，均為「天之就也」。然聖人與眾人之異而過眾者，在於聖人之「偽」，也

---

❾❶ 丸山真男：前引書，pp. 212–213。

就是說在於聖人之「性」，「可」偽且「能」偽，而眾人之「性」，「可」偽但「不能」偽。這就涉及「凡性者，天之就也」的「性」所具之「才」，「可不可」是一回事與「能不能」是另外一回事的問題。這在前面已有詳細的考察與分析，在此不另。

蓋就此而論，徂徠所言之聖人與荀子所言之聖人，除了「聖人不可學而至」，斬斷了人「性」中「可以」成聖的可能性，與「塗之人可以為禹」的「可以」成聖的可能性上卻又以「能不能」的否定性文字表述不同外，其聖人、先王的屬性是完全相同的，並且其兩者對聖人的價值性也並非仰之於自己背後的 Idea，而聖人本身就是制作道的絕對的主體。故《荀子・禮論》云：

> 禮者，人道之極也。

> 聖人者，道之極也。

徂徠亦賡續繼承其思想曰：

> 先王立極，謂禮也。㉒

> 聖者作者之稱也。……立以為萬世之極。……三代聖人，皆亦遵堯舜之道，制作禮樂，以立一代之極。㉓

另外又如徂徠前所述：

㉒　《辨道》，p. 414。
㉓　《辨名上・聖》，p. 427。

夫先王之道，莫大於仁焉。仁也者，養之道也。以安民為大
焉，安民之道，以寬為本焉，謂有容也。

養民、安民之道以寬為本，謂之有容。荀子亦謂：

請問為人君？曰：以禮分施，均遍而不偏。……請問為人父？
曰：寬惠而有禮。……故君子之於禮，敬而安之；其於事也，
徑而不失；其於人也，寡怨寬裕而無阿；……其居鄉里也，
容而不亂。……仁知之極也，夫是之謂聖人審之禮也。〈君
道〉

把為君之道亦以「寬」與「容」為人君「以禮分施」之本。

　　蓋徂徠聖人觀思想可以說完全繼承了荀子聖人觀的思想，並且
其思想的本質也是一致的、相同的。倘若說徂徠思想的近代性啟蒙
了日本，倒不如說荀子思想的近代性，開啟了日本走向現代化的世
界潮流。如果筆者此說能被各方接受的話，則我國人在邁向現代化
的國家過程中，思想觀念的啟蒙不知求諸自家傳統儒學的精義，卻
要妄求於外的——以美為師、以俄為師、以日為師的媚外心理，真
是叫人感到汗顏的了。

第十章　徂徠的仁學

　　徂徠的仁學來自其聖人觀思想。因為有其仁學思想為政治政道的原理原則，才有下面一節人道、君道與仁政之說。

　　在論其聖人觀思想時，曾就其聖人之德以仁為大，作過詳細的論述，今則就「仁」學在其「道」之中的內在本質性問題，作一考察、分析，以更進一步地瞭解徂徠政治思想精神價值所在。

　　仁德既是聖人眾美兼備之大德中之至德，是以，聖人制作禮樂刑政之道，是秉持仁人之心為立道的基本主要精神。因為，作為聖君者，其主要的政治目的，就在「群人而統一之」，也就是《荀子·君道》篇所云：

> 道者何也？曰：君之所道也。君者何也？曰：能群也。能群者何也？曰：善生養人者也。

「善生養人，群人而統一之」，是作為聖君之仁的外在表現，然其內在動力，則是秉諸仁心為安民原動力。故言：

> 夫君者群也。是其所以群人而統一之者，非仁乎安能焉。❶

---

❶　《辨名上·仁》，p. 425。

然其安民以仁之外，徂徠更言：「後之君子學聖人之道以成其德者，仁為至焉。」❷是知，仁為最高的道德準則，聖人之所以為聖人，就在聖人依仁定立客觀的禮樂刑政之道，以為天下之人所遵從。故曰：

> 先王之教，能養人性以成其德者。❸

蓋仁為道的內化形式，道則為仁的外化形式。故且其在《萱園十筆、二筆》中云：

> 先王以仁作禮，以仁作樂。故曰：人而不仁，如禮何，人而不仁，如樂何。❹

仁為禮樂的實質內容，禮樂刑政的設施，若無仁為內涵，則禮樂刑政不過是僵化的條文罷了。依此，在《論語徵》中更直言禮乃道之體。曰：

> 禮者體也，道之體也。禮亡則道隨亡，豈不惜乎！❺

此言正是以仁為主體，貫穿一切人為之道。因為，道既是安天下之

---

❷　《辨名上・仁》，p. 424。

❸　《辨名下・性情才》，p. 448。

❹　《萱園十筆、二筆》，《荻生徂徠全集》第一卷，東京：河出書房新社，1973年2月28日初版一刷，p. 509。

❺　《論語徵》乙，《荻生徂徠全集》第三卷，東京：みすず書房，1973年7月20日發行，p. 132。

道，為天下黎民百姓而制作之，自然一切的作為之道，必當以人性之仁為準據，才為天下黎民百姓樂於行之、用之。故言：

> 先王之道，緣人情以設之，苟不知人情，安能通行天下莫有所窒礙乎。❻

又言：「先王率人性而作為是道也。」❼而「緣人情」、「率人性」的作為之道「唯仁可以貫之」。❽

　　就此以觀，徂徠的「聖人觀」及其「仁」學思想，德治理想的思想頗濃，立道要以「仁」為極，行道非「仁」難以成，立道與行道也必以「仁」人的聖人，否則難以安天下之民。也就是說，一切的政治政道與治道，必以人心之「仁」為大、為根本、為原則，方能使天下大治。這種以「仁」為立「道」之本的德治理想，就導引出下面的人道、君道與仁政之論。

---

❻　《辨名上・義》，p. 432。

❼　《辨道》，p. 414。

❽　《辨道》，p. 419。

第十一章　徂徠學的人道、君道與仁政

　　徂徠言「道」，向以人為制作之道言之。而所立之道是依於
「仁」，　以「仁」為大、為至德，「仁」又源自聖人之「性」中之
「德」，聖人之「性」又受諸於「天」。❶故而，聖人、先王所立之
道是法天所立。❷因為，聖王受天命、稟諸天性之德中之仁以立道。
因此，聖人人格的絕對性與超越性，被樹之以形而上的存在。如此
一來，聖人的主體價值和創造「道」的地位，在理論性的深層結構
中被確定出來，並且由其所制作之「道」，　乃能維持其絕對的普遍
性與妥當性，而非存在於自然之理與人自身所窮極之天「理」。　這
與以往遵循朱子學通過「理」聯繫「天道」與「人道」，　將「自然
法則」與「社會法則」聯結在一起，以「理」來框住人性的理論，
徹底地揚棄。代之以人立「道」之極的「人道」觀。

　　這種將「道」專繫於聖人制作的徹底「人道」主義思想，是到
了徂徠才完完全全地從以往「道」帶有理的先驗性中抽離出來。雖

---

❶　「性者，生之質也。……所謂本然之性者，唯可屬之天，而不可屬於
　　人也。」《辨名下・性情才》，p. 447。「性者人之所受天。」《辨名下・
　　性情才》，p. 448。

❷　「道之大原出於天，古先聖王法天以立道。」《辨名下　・文質體用本
　　末》，p. 457。

然，伊藤仁齋對徂徠以及其他日本儒學家的最大影響，在於將人道
與天道相區別開來，重人道，輕天道。但他仍然認為道是「不待人
有與人無」的先驗存在之理。❸這在前面已有闡述，在此不另加贅
述。

徂徠的這種人道主義思想，不僅分隔了人道社會與天道自然的
聯繫，否定了貫通天人，涵蓋社會與自然之間，是規範也是法則的
連續性，並且還特別地強調了人所立之道的社會性與政治性。這與
一般人講人道通常都是從倫理道德的觀點出發，注重人道的倫理性
與道德性有所不同。這種截然不同之處，就在徂徠所論的人道，主
要是從政治的觀點為考量，注重的是人道在維持社會秩序與安天下
方面的政治功能。

所以，徂徠人道主義的政治性，首先展現的是他在關於人道與
君道的論述上。人道與君道都是在人與人相互對待的社會關係中產
生的。人道與君道都與安天下、維持社會秩序分不開。在這一點上，
原始儒家多以為人道與君道是相通的。荀子曰：

> 道者何也？曰：君之所道也。君者何也？曰：能群也。能群
> 者何也？曰：善生養人者也。〈君道〉

---

❸　「こうした絕對包括的な道は素行、仁齋、益軒らにおける連續的思
　　維の分解過程を通じて漸次にその中の諸契機が獨自化し、人道は天
　　道から、規範は人性から、當為は（自然的）存在から離れて行った。
　　しかしその分離を最も精密に理論づけた仁齋においてもなほ道は
　　『人有りと人無しとを俟た』ざるイデーとして先驗性を帶びしめられ
　　た。徂徠に至ってはじめて道それ自身の窮極性が否定され是が聖人と
　　いふ人格に依據せしめられた。」丸山眞男：前引書, pp. 152–153。

在〈王制〉中亦云：

> 君者，善群也。群道當則萬物皆得其宜。

故曰：

> 君人者，愛民而安，好士而榮；兩者無一焉而亡。〈君道〉

由此看來，徂徠對人道與君道的思想與荀子的思想觀念是一樣的。這在前面徂徠的「聖人觀」一節中，已有詳述。但就徂徠的觀點來說，徂徠是從人與人之間的社會關係來說，君道也是如此。人道和君道都不能跳脫法律所規範的社會關係。徂徠也正是從社會群體關係的角度看待人道與君道。他在這方面所注意到的是，在邁向社群組織的生活中，人與人之間的相互依存關係，是構築在人們「相親相愛相生相成相輔相養相匡相救」的人性使然的社會物質需求上。❹故徂徠《辨道》云：

> 今試觀天下，孰能孤立不群者。士農工商，相助而食者也，不若是則不能存矣。❺

於是，社會存在本身決定了人們彼此相互依存的群體關係，使君的存在的合理性給予理論的基礎，從而也決定了「君者，善群也。群道當則萬物皆得其宜」的君道存在的必然性。但在此也隱含了徂徠

---

❹　《辨道》，p. 415。

❺　《辨道》，p. 415。

對人性善的預設立場的傾向，才有後面聖人緣人情以立道的仁政理想。蓋徂徠續云：

> 故能合億萬人者君也。能合億萬人，而使遂其親愛生養之性者，先王之道也。❻

根據杜鋼建先生研究指出，徂徠所指涉的君是一般性的泛指。縱凡一切社會的組織領導者和管理者都在君之列。他所理解的君道或先王之道本身就包含人道的内容。人之道與君之道只是同一事物從不同角度加以認識的不同說法。其主要的實質目的就是在保障人的生存與發展。並且，就現實的實際考察發現，在人道與君道的關係中，人道畢竟是君道的充分條件，況且君道的成立，必須以人道為基礎，同時人道又是衡量和評價君道的準則或標準。人道必然要求產生君道，但人道並不從屬於君道。❼也就是說，人道包含君道，君道包含於人道。在人道與君道之間，「人之道非以一人言也，必合億萬人而言者也。」❽簡言之，在億萬眾人與君之間，君是合億萬人共通的生活方式，使之統一成一客觀法則規範，讓億萬眾人生活秩序有所準據可循，故謂：「先王立極，謂禮也。」「禮者，道之名也。」「道，先王之道也。」這種不容顛倒、不容歪曲的理論關係是徂徠的政治思想人道論的最精闢的地方。這種關係在〈徂徠的聖人觀〉一章中的第二節〈歷來對徂徠聖人觀的詮釋 —— 兼論人類學對文化的起源觀〉

---

❻　《辨道》，p. 415。

❼　杜鋼建：〈儒學與荻生徂徠的作為主義法思想〉，第一屆兩岸儒學會議論文，南京：1993年1月8–12日，p. 5。

❽　《辨道》，p. 415。

亦曾詳述，可參閱之。

　　然而要指出的是，君權與民權的對應，政治權力與人權的對應，這些都是近代政治學中人權論的基本前提。徂徠的人道論的思想理論觀點，正好是以人道先於君道為其邏輯前提。具備這種近代政治學上的人權思想，正也是徂徠政治思想中的最可貴之處。

　　基於從人道與君道的邏輯一致性中，便產生了由仁人之聖人施行仁政的要求了。人道與君道的同一性為在上位的統治者，確立了嚴格的聖君賢相的行為規範。在上位的統治者的政道要以「仁政」為最高的政治理想，政治的施政治道，必須符合仁政的標準，要以政治治道來安民、愛民。故言：「先王之道，安天下之道也。……故君子之道，唯仁為大。」然而，仁心、仁政必須行諸日常生活中可見、可行、可用之處，若只存留在心靈深處，做為哲學的思辯或暇想之用，則不足以謂之仁也。簡單的說，徂徠所欲建構的政治理想的理論，著重在具體的「運用營為」的政治實踐當中，倘若只是停留於哲學的思辯，何以能謂之仁。故言：

　　　雖有愛人之心，而澤不及物，豈足以為仁哉。❾

至於，統治者施行仁心、仁政「用力於仁」的具體準則，就是孟子所言「行一不義殺一不辜而得天下不為也」。❿徂徠稱讚孟子此言「是特仁人耳」，但「非聖人也」。⓫因為，在另一方面，徂徠提出如果政治的統治者施政違背人道原則，將如何因應呢？徂徠認為「政

---

❾　《辨道》，p. 415。

❿　《辨道》，p. 414。

⓫　《辨道》，P. 414。

禁暴，兵刑殺人，謂之仁而可乎！然要歸於安天下已。」　這也就是說，做為聖王者，就要有像湯武放伐一般的大仁、大智所興之大勇之德。為求安天下，使天下黎民百姓安居樂業，不惜動用武力，以解決政治問題這是可以的。換言之，做為聖王者，有義務使人民免於恐懼、威脅、不安、求得安居樂業的責任。這樣的思想，是非常符合近代政治理想的精神。使在上位者，不能只享權力不盡義務。

雖然，在徂徠的思想裏，沒有像孟子那樣明確主張「誅暴君」、「誅獨夫」的言論，但在論聖人之大德——「勇」，舉湯武放伐之例的理論本身，與「農人棄親」之例中，包含有統治者要為自己行為負責的邏輯必然性。⓬這也正可以呼應他對處置「四十七士」斷罪的主張。

所以，既然「政禁暴，兵刑殺人，謂之仁而可乎！然要歸於安天下已。」　是在上位者受天命、稟諸天性的天職，那麼絕對的權力必然有絕對的責任，違背「用力於仁」的上位者的行為，自當負相對的政治責任。所以「君權與民權的對應，政治權力與人權的對應」，「基於從人道與君道的邏輯一致性中，便產生了由仁人之聖人施行仁政的要求了。人道與君道的同一性為在上位的統治者，確立了嚴格的聖君賢相的行為規範。」是徂徠政治思想中一個很重要的觀念。這個思想觀念與中國秦漢以降政治思想中所倡導的「君可不君，臣不可不臣」截然有別，況且也深深地印烙在中日兩國政治人物以及企業領導人的行為之中。倘從近代政治思想的角度來看，「君權與民權的對應，政治權力與人權的對應」才是從封建政治走向近代民主政治的關鍵。

⓬　參閱本書第九章〈「勇」之德〉、〈「知」、「仁」、「勇」三德孰大〉兩節和第十三章〈農民棄親〉一節。

因而，徂徠將這種「君權與民權」、「政權與人權」的對應思想認識，集中反映在上述案件的處理上。一個農民因生活貧困攜母流浪。其母途中患病，他棄母自赴江戶。故因「棄親」罪被捕。眾人皆專以朱子理學，詮議心跡。柳澤乃禪者，平日對理學不甚信仰。徂徠對此案看法與眾不同。他認為此類因生活貧困所出現的問題，不能由農民自己負責，而應由為政者負責。如果要追究責任的話，應該首先追究為政者的政治責任。為政者的罪責比該農民的罪責更為嚴重。他對於為政不仁或為政害仁的現象，是導致農民棄親的主因。既然為政者首要目的在安天下，使百姓安居樂業，是為政者用力於仁的政治表現，那麼當農民居然能忍棄其親於不顧，自然是為政者（君權）沒照顧好人民（民權），使得人民不得不棄親而逃。所以徂徠說：「所謂棄親，不應有之事也。」既然是不應有之事，卻又出現了。當然要找到事情發生的主要原因，給予正本清源，徹底解決問題，而不是就事情的表面論斷。在這裏，他首先撇開從朱子學倫理道德的思考模式看問題，避免掉了農人成為道德祭品的可能，反而以仁人之心，施仁人之政，設身處地的思考問題的真正原因。展開了做為一個政治家對其政治成敗應有的風範與責任的政治思想教育。所以，面對問題他所採取的基本思想態度，有兩個方面是非常值得我們研究注意的：一是他做學問的方法論，凡事探源「上窮碧落下黃泉」，找到第一因、第一手資料；[13]是他總是站在「安天下」

---

[13]　徂徠所採取的是古文辭方法論，其方法的特徵，在其批評以往學者以和語推漢語時所云：「其根本分岐處，在以和語推漢語，與以漢語會漢語也。或人所派，是近世精細學問，其於讀書法，亦搜抉無遺。但其所未達一間者，亦在由和訓而入焉，是以究未離和語境界也。……吾黨則異是。其法亦只以漢語會漢語，未嘗將和語來推漢語，故不但

的政治高度看問題，事事處處以仁的準則衡量問題。**⑭**而他的方法論決定其政治思想的建構。這也可以說是徂徠學的精華所在。

　　徂徠言道，指的是人所制作之道，故謂之人道。人道主要是從政治的觀點為考量，注重的是人道在維持社會秩序與安天下方面的政治功能。因而，在維持社會秩序與安天下的君道自然而生。人道與君道都與安天下，維持社會秩序分不開。天下的安定與社會秩序的維繫，必仰賴一個大家都所願遵守且能遵守的客觀規範，而此規範的制定又賴之以人性為出發點，使之合人情之欲，又合人情之理，才能構成所謂的法律之外不外乎人情。蓋此人情是在制作法律之前，就緣之以為據者。故云：

> 先王之道，緣人情以設之，苟不知人情，安能通行天下莫有所窒礙乎。**⑮**

然情各以性殊。徂徠解釋「情」曰：

> 情者。喜怒哀樂之心，不待思慮而發者，各以性殊也。**⑯**

把筆始無誤，平常與同人輩，胡講亂說，語語皆漢語，其有一字顛倒差誤者。……然吾於文戒中必諄諄乎此者，此乃受學之基址。故設以為入門蒙生第一關。……學問雖高，基址不立，如陂陀地上建九層浮圖，緣何不歪倒乎！」荻生徂徠：《徂徠集》卷二十六，《日本漢詩3》，東京：汲古書院，昭和61年2月發行，pp. 270–271。

⑭ 杜鋼建：前引文，p. 6。

⑮ 《辨名上・義》，p. 432。

⑯ 《辨名下・性情才》，p. 448。

情與心之分，在於「以其所思慮者為心，以不涉思慮者為情」。**⑰**
並且以「喜怒哀懼愛惡欲」七情之發不關乎性者為心，關係到性者
為情。**⑱** 因為人之性皆有所「欲」，凡不涉及到思慮（能慮能擇的主
體心）者，則任其性之所欲者為情，反之則能忍其性者為心。由是
之故，心是能有所偽（矯飾），經過矯飾後的行為表現；情則是直
接呈露的「喜怒哀懼愛惡欲」行為表現。凡人以欲為主，自然順人
之欲則喜，逆人之欲則怒，是人之性各有不同的欲望顯見於情者。
因此，如果說情欲，是指天下之人皆有相同之情，都是以人之欲來
說。**⑲**

　　由是以言，徂徠說先王制作禮樂刑政「緣人情以設之」，實質
就是從人性之「欲」以立道。所以，徂徠在提倡人道、行仁政的政
治思想深層理論背後，還和他肯定人欲的思想有關。這與主張存天
理、去人欲，從倫理道德的性理說來論政治治道的朱子學，完全背
道而馳。朱子所言之「道」，是植基於格天地自然之物的知識論以明
天地自然之理的形而上的「理」。其「道」是通貫天人，合涉自然、
社會與倫理至善，是自然法則，也是社會規範，更是倫理至善之道。
是實然之道的理，也是應然之道的理，更是形而上之道的天理。因
此之故，徂徠甚而還批評朱子學的政治論完全違背人道、仁政的精
神，其在《辨道》中就曾屬責云：

> 後世儒者不識先王之道，迺逞其私智，以謂為善去惡，擴天
> 理而遏人欲也。此見一立，世非唐虞，人非聖人，必惡多而

---

⑰ 《辨名下·性情才》，p. 448。

⑱ 《辨名下·性情才》，p. 448。

⑲ 《辨名下·性情才》，p. 448。

善少，則殺氣塞天地矣。故《通鑑》之於治國，性理之於脩身，人與我皆不勝其苛刻焉。遂使世人謂儒者喜攻人，豈不悲哉。❷⓿

另外在《答問書上》更直批朱子理學之害云：

人品好的人，致力於學問，則人品變壞者甚多，此皆朱子流理學之害。今觀《通鑑綱目》，古今之間，今人中意者，亦無一人。因以此見解觀今世之人，故斷言人品自將變惡也。❷①

不論朱子這種「存天理、去人欲」的思想徂徠贊成與否，如果從朱子與徂徠身處的時代背景探究的話，不難發現都有其受制於歷史社會的因素，致使尋求解決之道的方法，亦受制於當時的意識形態。姑且不論兩者誰較能洞見時代課題，對時弊對症下藥，僅從「仁」的立場觀察來看。

「仁」字，從人二。兩個人相對，你視我為人，我也視你為人。講得冠冕堂皇一點，就是孔子所謂的：「己所不欲，勿施於人」。用現代諮商輔導的術語來說，就是感同身受，同理心。如果從自身出

---

❷⓿ 《辨道》，p. 416。文中《通鑑》乃指朱熹所編《通鑑綱目》。朱熹自序言：「雖然，歲周於上而天道明矣，統正於下而人道定矣，大綱既舉而監戒昭矣，眾目畢張而幾微著矣。是則，凡為致知格物之學者，亦將慨然有感於斯。」朱熹：《通鑑綱目》，《四庫全書薈要》第166冊，臺北：世界書局，p. 3。王柏為此書作序說：「正統無統之分甚嚴，有罪無罪之別亦著」。徂徠對此卻不以為然。

❷① 荻生徂徠：《答問書上》，《荻生徂徠全集》第一卷，東京：みすず書房，1973年7月20日發行，p. 432。

發來看世間的存有，當然是把對象的一切視若自身，自然「我」能做到的事情，「你」同樣的理所當然地也能如同我一樣。從好的一面來說，希望人人成聖成賢，每一個人都成為好人且是有用之人，這是對人存在「理想的關懷」，帶有宗教家的情懷，渡盡地獄一切惡鬼。然而，這樣的關懷，如果太過嚴苛，往往會走向偏鋒像宋明理學一般，以理殺人。也就是徂徠對朱子的批評所云：「故《通鑑》之於治國，性理之於脩身，人與我皆不勝其苛刻焉。遂使世人謂儒者喜攻人，豈不悲哉。」由此以觀，徂徠並不以為人人可成為聖人，也不必人人成為聖人。所以，他所採取的態度是「同情的關懷」，先站在對方的立場設想，而不是以「我」的立場推之對方，使對象本身按照「我」所建構的理想行事。因此之故，「君者群也」、「先王率人性而作為是道也」、「先王之道，緣人情以設之」，均是聖王以人民之心、人民之性、人民之情，站在人民的立場為考量，制作禮樂刑政，讓人民能夠遵守且也樂於遵守。故言「君者群也，是其所以群人而統一之者，非仁乎安能焉」，是指為君的人，能將人民共同的心願加以群之、統一成一個共同生活的目標；「先王率人性而作為是道也」，是指先王任人民性之所欲，制作禮樂刑政，以制其心；「先王之道，緣人情以設之」，是指先王依照人不涉思慮、莫有所矯飾之情，設計禮樂刑政之道以規範人民的生活。蓋就徂徠的政治理想，是就人民之心為心、人民之性為性、人民之情為情的「同情的關懷」立場，作為理想政治的設計基準點。故其言：「先王立極，謂禮也」，是純就人民的立場，設計人人所能共守的準據，謂之禮。

這種以民為基準，從下而上，歸納所有人民之心、性、情所得之「仁」，謂之「同情的關懷」（以「農民棄親」為證）；反之，以

聖人為準據，從上而下，演繹聖人之心、性、情所得之「仁」，謂之「理想的關懷」。兩者的最大區別，在於前者取法乎下，把握了現實政治的實然面，後者取法乎上，推崇了理想政治的應然面。但就實際政治的運用營為來說，徂徠確實掌握了近代政治的意識與思潮。且其人道思想的精神，必就人之性、情、欲之關係不斷地辯詰，方能求之「仁」的精神價值之所在。蓋宋明儒被人稱之為誤人、誤國，主要就在滅絕人欲，抑制人性的害「仁」之論，非但自己做不到，卻又強人所難，弄得每個人非得裝模作樣地，學做個有聖人氣象的人。《徂徠先生學則》云：

> 學，寧為諸子百家曲藝之士，而不願為道學先生。❷❷

如果我們再看一段他是如何憎惡那些假道學家的述懷，就可以瞭解他何以要從政治的實然面——「同情的關懷」來論人道了。〈與平子彬書〉云：

> 世儒醉理，而道德仁義，天理人欲，衝口以發，不佞每聞之，便生嘔噦，乃彈琴吹笙。❷❸

❷❷ 荻生徂徠：《右學則七》，《徂徠先生學則》，《荻生徂徠全集》第一卷，東京：みすず書房，p. 17。

❷❸ 荻生徂徠：〈與平子彬書〉，《徂徠先生學則》，《荻生徂徠全集》第一卷，東京：みすず書房，p. 47。另見《徂徠集》卷二十二，《日本漢詩3》，東京：汲古書院，昭和61年2月發行，p. 230。《荻生徂徠，日本思想大系36》，東京：岩波書店，1983年8月10日八刷，p. 503。

所以，杜鋼建先生說：「相形之下，不能不使人覺得徂徠理論雖淺，然仁意至深。徂徠維護人道解放人欲的精神當為後人百世明鑑。」❷此說真可謂一語中的。

　　然而，徂徠肯定人欲的主張與其「作為是道」的制治主義傾向分不開。所謂「禮樂刑政，先王以是盡於安天下之道」《辨道》（前已引用，不另加註），就是要求從倫理至善的抽象之道「理」──「理無形，故無準」，❷將之具體化、客觀化地成為政治法律規範，從而使人們的日常生活行為具有明確穩定的依從形式，進而使人們的內心達到和諧的狀態。這就是日本文化的特徵，從外在的秩序性，以規範內在的秩序。李亦園老師多年前有一篇〈黃蘗緣〉的文章，描寫參訪日本京都黃蘗萬福寺，碰到一位不知生於何代高僧，談論中日文化差異的對話，最能闡釋筆者此處所言之日本文化的特徵了。那為高僧以日本人造園為例說道：

> 李教授想必參觀過龍安寺的石庭，那自然是最有意境的一處，但是在日本這一類的庭園不知有多少，本寺東西方丈的庭園即是同一類的東西。日本人造園表面是為了欣賞而有，內裡則是用以作為幫助內心修持的憑藉。日本人的庭園都喜歡把細砂石爬梳得井井有條，就是要藉這種外在的秩序來訓練自己內心的合理與有條不紊；至於那些砂上的浮石，或者砂海邊緣上的樹木，可以看作是秩序世界的結，如何繞過這些結而再達於合理，更是藉外在景象作內心修持的重點。日本人這種藉外在景象以增強內在修持的特性，恐怕是其他民族少

---

❷　杜鋼建：前引文，p. 6。

❷　《辨道》，p. 418。

見的。……（李老師）補充地問：老禪師談日本人內外互相激盪的看法，非常敬佩。但是我仍然有疑問，那就是我們中國人的文化中，也對外在環境的問題很有興趣，並未只顧內在的修持而已，譬如說中國人很重風水，而風水一事豈不也是一種外在境遇的問題？老和尚說道：對了，對了，差別盡在於此。日本藉有條不紊的庭園以約束自己內在的思維，是譬喻也；而中國人藉外的風水以求得內在的福分，是感應也，假如用你們現在的話說，一是哲學，一是巫術，其間的差別又何止千里。❷⑥

故徂徠在《辨道》中就特別強調禮的制度義、秩序義，藉外在有條不紊的規範法則來約束人內在的思維：「先王之道，以禮制心，外乎禮而語治心之道，皆私智妄作也。」並更嘗續云：

以我心治我心，譬如如狂者自治其狂焉，安能治之。❷⑦

根據徂徠的思想理論，社會秩序的維繫應以具體的規範制度為依歸，對人的評價則以其外在行為表現為據。其經學繼承之得意門生太宰春臺，對徂徠的理論窮究忠實地歸結云：

凡聖人之道，論人心底之善惡，決無其事。聖人之教，乃由外而入內之術也。身之所行，守先王之禮，處事用先王之義，

---

❷⑥ 李亦園：〈黃櫱緣〉，《文化的圖像》（上），臺北：允晨文化實業股份有限公司，民國81年1月，p. 386。

❷⑦ 《辨道》，p. 417。

外具君子之儀容者，是即為君子，并不問其內心之如何也。❷⁸

並又續云：

內心雖有如何，然守禮儀而不可犯者，是為君子。❷⁹

蓋依其〈辨道書〉又云：

夫聖人之道，心中雖起惡念，倘能持守禮法，使其惡念不滋，
身弗行不善，亦即謂為君子。故雖萌惡念於心中，亦不以之
為罪，……譬如見美色而生愛慕之心，人之恒情也，若恣其
情欲而犯禮法，調戲他人之婦女者，是乃為小人矣，……是
非之如何，端視其戲與不戲而定，而未嘗咎其情之所生處
也。❸⁰

---

❷⁸　「凡そ聖人の道には、人の心底の善惡を論ずること、決して無き事
　　なり。聖人の教は外より入る術なり。身な行ふに先王の禮を守り、
　　事に處するに先王の義を用ひ、外面に君子の容儀を具へたる者を君
　　子とす。其の人の内心は如何にと問はず。」太宰春台：〈聖學問
　　答〉，《徂徠學派，日本思想大系37》，東京：岩波書店，1972年4月26
　　日一刷，p. 95。
❷⁹　「内心は如何にもあれ、外面に禮儀を守りて犯さぬ者を君子とす」
　　太宰春台：〈聖學問答〉，前引書，p. 95。
❸⁰　「聖人の道には心中に惡念起りても、能禮法を守て其惡念をそだて
　　ず身に不善を行はざれば、君子と申候。心中に惡念の起るをば罪と
　　せず候。……たとへば美女を見て其色を心に愛するは人情にて
　　候。此情に任て禮法を犯て、妄に他の婦女に戲るる者は小人にて候。
　　……是非の有無は戲るると戲れざるとの上にて定り候。情の起る處

蓋此處依太宰春臺所言以及吾人對徂徠言「禮」的理解，其所言之
禮與荀子所言之禮，兼指政治制度與日常儀文，大致與儒家言禮相
通；但其專論「禮」時，較重制度義則與荀子所言之「禮」是相同
的。因為，二者禮義之源皆在安天下之要求。因而，沒有一定外在
形式的行為規範，空言性惡性善之抽象的理不足以治國理政。「蓋
先王立禮，以為民極。……後世義理之學盛，而儒者唯義理是視，
不知就禮以求其中，徒取中其臆。」❸而「苟有禮義裁之，情即是道，
欲即是義，何惡之有」。同仁齋相比較，如果仁齋所提倡的是主觀的、
內在的「人倫日用」的倫理法規觀念的話，那麼徂徠所主張的就是
客觀的、外在的「刑政日用」的制度法觀念。人欲私心的價值和作
用只有在制度嚴明的制治狀態下才能體現出來。徂徠學的門人太宰
春臺所言「禮則不必去私」（《論語古訓外傳》）講的也是同樣的道
理。人道與君道的同一性最終要體現在仁政的實踐上，而仁政的施
行則要依靠禮樂刑政這些政治法律規範和制度來加以保障。這正是
現代民主政治自由與法治的關係。法治是自由的保障，自由是法治
的內容，自由與法治的充分實踐，則是民主政治的精神與價值所在。
因此之故，推行民主政治，是以人民之心為心、人民之情為情、人
民之性為性，這就是仁政的實施。然推行仁政必然要求為政者積極
作為，不斷依據時代需要創制和完善各種規章制度，以使君民兩方
面行為都納入法制軌道，才不致造成惡法亦法的僵化政治。

　　所以，人道、君道與仁政的同一性與一貫性，是徂徠的政治理

をば咎めず候。」太宰春台：〈辨道書〉，丸山真男：前引書，p. 247。
譯文參閱包滄瀾、徐白：前引書，p. 195。

❸　《辨名上・禮》，p. 430。

想。而此政治理想的實踐，則在徂徠學中「道」的作為精神價值，如何實踐在政治的建構上。

第十二章　徂徠學的「道」

在方法論中，徂徠很明確地指出，要通過認識古文辭，來理解六經，以作為探究聖人之「道」的進路與了解「道」的真義。然而，對徂徠來說，所謂「道」者，不過是將先王（人為）所建構之禮樂刑政的規範，總括起來的統名罷了，並不是在此人為建構的規範之外，另有什麼自然法則之道。故其所謂的先王之道、聖人之道、君子之道、孔子之道、儒者之道，實際上所指涉的都是同一件事。❶徂徠曰：

> 道者統名也。舉禮樂刑政凡先王所建者，合而命之也，非離禮樂刑政別有所謂道者也。❷

為此，一切超乎有形有物的文物制度，而能治人之道，都是臆度之言，私智妄作之行。❸至於什麼天道、地道，不過是人主體意識類

---

❶　「先王聖人也。故或謂之先王之道，或謂之聖人之道。凡為君子者務由焉，故亦謂之君子之道。孔子之所傳，儒者守焉，故謂之孔子之道，亦謂之儒者之道，其實一也。」《辨名上・道》，p. 421。

❷　《辨道》，p. 413。

❸　「先王之道，以禮治心，外乎禮而語治心之道，皆私智妄作也。何也？

推所反映出的對象意識罷了。

> 有曰天之道，曰地之道者。蓋日月星辰繫矣，風雷雲雨行焉，寒暑晝夜，往來不已。深玄也不可測。杳冥也不可度。萬物資始，吉凶禍福，有不知其然而然者。靜而觀之，亦似有其所由焉者，故謂之天道。載華嶽而不重，振河海而不洩，旁礴不可窮，深厚不可盡，萬物資生，不為之焉。死皆歸藏，不為增焉；親而可知，而有不可知焉者。徐而察之，亦似有其所由焉者，故謂之地道。皆因有聖人之道，借以言之耳。❹

於是乎，天地之道，皆因借聖人所建構的人為之「道」，方得以彰顯成立的。岩橋遵成將徂徠「道」的內容歸納成六點：

　⑴道者，禮樂刑政等，凡先王聖人所建之統括名稱。而所謂禮樂刑政者，乃治人民之必要之一切制度文物之總稱。故道不在天地自然之道，又不在事物當行之理，實係先王之作為。

　⑵道係先王作為，然其實聖人率人間本性之作為，即聖人之道以人情為中心。

　⑶先王知以語言教人之不足而作禮樂教之，知以政刑安民之不足，而作禮樂以化之。故道即可謂禮樂也。

　⑷道即文，即道術。先王之道於其本質意味禮樂，然殊重禮，故無知愚賢不肖之別，其一言一行悉稽之先王之禮知合道否。實禮亦可謂道之體。

治之者心也，所治者心也，以我心治我心，譬如狂者自治其狂焉，安能治之。故後世治心之說，皆不知道者也。」《辨道》，p. 417。

❹　《辨名上》，p. 422。

(5)禮樂應和順時勢之事情，係古聖人制作之禮樂，唯示其大體之標準，故吾人以之為規矩準繩以適應今日之國家社會。

(6)先文之道、聖人之道、孔子之道、儒者之道，其名異實不外治民之術，即安天下之道。換言之，即不外政治經濟之術。❺

以上六點雖均為徂徕所論之「道」，但未對徂徕「道」的内在本質性及其根源性等問題，提出較為精闢有深度的解析，因此看不出「道」在徂徕思想中的特質所在，以及重要性。下面即一一地考察、分析徂徕論「道」的根據、本質、内容、功能及目的，以揭示徂徕論「道」的精神價值所在。首先論其「道」的根據何在？

第一節　道的根據

承上所述，「道」既不是自然之道，而是由人所建構之禮樂刑政、規範、制度，自然是由聖人「作為」方謂之「道」。蓋徂徕在《辨名》中論「道」曰：

> 道者，堯舜所立，萬世因之，然又有隨時變易者。故一代聖人有所更定，立以為道。❻

故曰：

> 有曰夏之道，曰殷之道，曰周之道。蓋道者，堯舜所立。❼

---

❺　岩橋遵成：前引書，pp. 290-291。

❻　《辨名上》，p. 422。

❼　《辨名上》，p. 422。

是知，立「道」的根據，在聖人。但何以聖人能立「道」呢？以下分別就內在的主觀根據與外在的客觀根據論之。

㈠立「道」的外在客觀根據

　　徂徠在論「德」時說：

> 夫道大矣，自非聖人，安能身合於道之大乎。❽

聖人因其所建構制作之「道」，廣大高深，且其事業之大，以臻至無所不在，普化世人的神化境界。因而，舉凡世間一切，無不出於其左右。故曰：

> 夫堯舜禹湯文武周公之德，其廣大高深，莫不備焉者。其可名狀乎！祇以其事業之大，神化之至，無出於制作之上焉者。故命之曰聖人已。❾

至於孔子雖述而不作，不能擔當制作之大任，並不是孔子無制作之「性」與「德」，❿而是歷史條件不一樣，生不逢時，先王之道崩頹

---

❽　《辨名上》，p. 423。

❾　徂徠論「聖」。《辨名上》，p. 427。

❿　徂徠將「性」與「德」分屬不同的範疇，且性人人不同，德也人人各異。其在論「聖」中曾云：「人之德以性殊，雖聖人其德豈同乎！而均謂之聖人者，以制作故也。唯制作之跡可見矣！」《辨名上》，p. 428。又論「德」云：「德者得也，謂人各有所得於道也，或得諸性，或得諸學，皆以性殊焉。性人人殊，故德亦人人殊焉。……蓋人性之殊，譬諸草木區以別焉，雖聖人之善教，亦不能強之。故各隨其性所近，養以成其德，

——禮壞樂崩，是非混亂，無法辨識先王之道。於是訪求四方，正本清源，將心智集中於以恢復周文（周代的禮制）為己任。蓋徂徠將孔子尊為聖人之列的理由，乃基於「道大集於孔子，而六經於是乎書」。⓫換言之，若無孔子，則先王之道以絕，更何論今人如何了解先王之道。因此，三代聖人亡世千年之後，由孔子繼承且發揚光大，並集於六經之中，此等絕續之功的心志，等同於制作。故徂徠論「聖」云：

> 制作之心，可得而窺矣。故當時高第弟子如宰我子貢有若，既稱以為聖人者，不翅以其德，亦為制作之道存故也。假使無孔子，則先王之道亡久矣。故千歲之後，道不屬諸先王，而屬孔子。……夫我以吾所見，定其為聖人。⓬

又案：

> 古聖人之道藉孔子以傳焉，使無孔子，則道之亡久矣。千歲之下，道終不屬諸先王，而屬諸孔子，則我亦見其賢於堯舜也己。蓋孔子之前，無孔子，孔子之後，無孔子。⓭

　　從上所述，徂徠對聖人的定義，是建立在堯舜以降，在歷史洪流中是否有「遵堯舜之道，制作禮樂，以立一代之極」⓮的制作之

　　德立而材成，然後官之。」《辨名上》，p. 423。

⓫　《辨名上》，p. 427。

⓬　《辨名上》，p. 427。

⓭　《辨名上》，p. 427。

功——如三代聖人，或有續絕存亡之功——如孔子，作為聖人知所以為聖人的準則與聖人立「道」的外在客觀根據。然此之意，透露出孔子以後，在中國的歷史上，聖人已絕。聖人絕意謂著，自孔子以後，已無制作外在客觀制度的聖人，而專論治心之說，皆屬辯士所言之道。故言：「思孟以後之弊，在說之詳而欲使聽者易喻焉，是訟者之道也。」⓮ 而非聖人之「道」。

蓋聖人之所以為聖人的客觀根據，是以「所命為聖者，取諸制作之一端耳」，⓰ 建立客觀的制度為準則。然「道」因世而易，「故一代聖人有所更定，立以為道」，⓱ 其用心主要在安天下後世之人，使人有所遵循。透過外在的制度——「道」，規範人心，天下即可大治。故言：「夫先王之道，安天下之道也。」⓲

(二)立「道」的內在主觀根據

聖人之所以為聖人，而能立「道」的內在因由，乃基於人性之殊。徂徠認為：「人性之殊，譬諸草木區以別焉。」故應「各隨其性所近，養以成德，德立而材成。」⓳ 聖人雖也同樣是人，但是後天的德行表現，乃因性不盡相同所致，即使同樣被稱之為聖人，也是基於有「制作」之功而被稱為聖人。⓴ 因為，聖人是無法透過後天的

⓮　《辨名上》，p. 427。

⓯　《辨道》，p. 417。

⓰　《辨道》，p. 414。

⓱　《辨名上》，p. 422。

⓲　《辨道》，p. 419。

⓳　《辨名上》，p. 423。

⓴　「夫聖人亦人耳。人之德以性殊，雖聖人其德豈同乎！而均謂之聖人者，以制作故也。」《辨名上》，p. 428。

學習成就的，❷且聖人又受有「天命」，其德稟諸「天性」，不是一般凡人所能與之匹配者。❷自古唯有湯武孔子學而為聖人者，因此，更不要妄想學而可成為聖人，自湯武孔子以降從無此例。❷但聖人雖然因人性之殊，不可學而至，可是「仁人可學而能」。徂徠云：

> 仁人可學而能焉。孔子教人以仁，未嘗以作聖強之，為是故也。❷

後世之人因誤信子思、孟子、程、朱之言，超過先王孔子之教。所以，人人立志作聖人，總以為聖人可學而至。❷至於，子思推孔子為聖，以誠語聖，稱其為聖人，有神明不測的意思；孟子勸梁惠王欲革周命，乃不得不以聖人自處。二人均勇於救時之蔽，所採取的權衡之言。❷

---

❷　「聖人不可學而至」。《辨道》，p. 414。

❷　「先王以聰明睿知之德，受天命，王天下，其心一以安天下為務。」又云；「先王聰明睿知之德，稟諸天性，非凡人所能及焉。故古者無學為聖人之說也。」。《辨道》，p. 414。同樣的徂徠在《辨名》論「聖」時亦云：「夫聖人聰明睿知之德受諸天，豈可學而至乎！其德之神明不測，豈可得而窺乎！故古之學而為聖人者，唯湯武孔子耳。」《辨名上》，p. 428。

❷　「思孟而後，儒家者流立焉。乃以尊師道為務，妄意聖人可學而至矣！」《辨道》，p. 413。「古之學而為聖人者，唯湯武孔子耳。」《辨名上》，p. 428。

❷　《辨道》，p. 414。

❷　「聖人不可學而至焉，仁人可學而能焉。孔子教人以仁，未嘗以作聖強之。為是故也，大氐後人信思孟程朱，過於先王孔子，何其謬也。」《辨道》，p. 414。

　　蓋在傳統儒家以至宋儒所言「人人皆可為堯舜（聖人）」——
對人性追求完美的普遍自覺性思想，到了徂徠這裏則完全被否定了。
這種否定，是把人之所以為人的可能性——「成聖成賢的人格完美
性」，滑落到人因先天命定之「性」故，每個人只能「各隨其性所
近，養以成德，德立而材成，然後官之。」㉗質言之，人人性各不相
同，聖人有聖人之性，凡人有凡人之性，人人可依其所近之性，培
養出自己的德行。這也是「及其德之成也，如四科，及賜也達，由
也果，求也藝，可以見已」㉘的因由。徂徠更言道：

　　　　如孔子曰據於德，依於仁，人各據其性之德而不失之。性之
　　　　德雖多端，皆不害於仁，祇未能養而成之。故悖於道。㉙

由知，人人性不同，德亦因所稟之性不同，培養發展出的德行亦各
自有其特色。而先王聖人之所以「立道之極」的「聰明睿知之德」
的根據，則在「稟諸天性」、「受天命，王天下」，自然非一般的凡

㉖　「至於子思推孔子之為聖。而孔子無制作之跡，又極言道率人性，則
　　不得不言聖人可學而至矣！故以誠語聖也。至於孟子勸齊梁王欲革周
　　命，則不得不以聖人自處矣！以聖人自處。而堯舜文周嫌於不可及矣！
　　故旁引夷惠，皆以為聖人也。子思去孔子不遠，流風未泯，其言猶有
　　顧忌。故其稱聖人，有神明不測之意。若孟子則止言行一不義殺一不
　　辜而得天下不為也，是特仁耳，非聖人也。要之孟子亦去孔子不甚遠，
　　其言猶有斟酌者若此。祇二子急於持論，勇於救時，辭氣抑揚之間，
　　古義藉以不傳焉。」《辨道》，p. 414。
㉗　《辨名上》，p. 423。
㉘　《辨名上》，p. 423。
㉙　《辨道》，p. 415。

人所能為者。蓋徂徠在《辨道》云：

> 蓋先王以聰明睿知之德，受天命，王天下，其心一以安天下
> 為務。是以盡其心力，極其知巧，作為是道。❸⓿

又續言：

> 先王聰明睿知之德，稟諸天性，非凡人所能及焉！故古者無
> 學為聖人之說也。蓋先王之德，兼備眾美，難可得名，而所
> 命為聖者，取諸制作之一端耳。先王開國，制作禮樂，是雖
> 一端，先王之所以為先王，亦唯是耳。若唯以其在己之德，
> 則無天子之分矣，若以平治天下之仁命之，則後賢王皆爾。
> 制作禮樂，是其大者也。故以命先王之德爾。❸①

其在《辨名》論「聖」時，更直言：「夫聖人聰明睿知之德受諸天，
豈可學而至乎！其德之神明不測，豈可得而窺乎！故古之學而為聖
人者，唯湯武孔子耳。」❸② 在此，無意透顯出「龍生龍，鳳生鳳，老
鼠生的兒子會打洞」。 這種天生命定的聖人、賢者、君子、小人思
想，甚至連出生以後，想變化氣質都不可能。徂徠云：

> 氣質者，天之性也。欲以人力勝天而反之，必不能焉。強人
> 以人之所不能。其究必至於怨天尤其父母矣。聖人之道必不

---

❸⓿　《辨道》，p. 414。

❸①　《辨道》，p. 414。

❸②　《辨名》，p. 428。

爾。 ㉝

另外在《答問書中》發揮得更是徹底，並且批評宋儒氣質變化乃妄
說之言：

> 所謂變化氣質，乃宋儒之妄說，責人以不可能之事，無理之
> 至矣。氣質乃無論如何不能變化之物，米終是米，豆終是豆，
> 惟有養其氣質，以成就其所能生得，是為學問。譬如：同是
> 米也，同是豆也，灌漑施肥，以遂其天性結豐碩之實也。……
> 是則，米為世界成米之用，豆為世界成豆之用。……倘如宋
> 儒之說，變化氣質，渾然中和，抑欲成一既米又非豆之物耶？
> 斯則難成任何之用矣。 ㉞

　　如此一來，人雖同是人類，若欲「官」之，則需先成其「材」；
若欲材成，則需先立其「德」；　若欲「德」養，則需隨其「性」之

㉝　《辨道》，p. 417。

㉞　「氣質を變化すると申候事は。宋儒の妄説にてならぬ事を人に責候
　　無理之至に候。氣質は何としても變化はならぬ物にて候。米はいつ
　　迄も米。豆はいつまでも豆にて候。只氣質を養ひ候て、其生れ得た
　　る通りを成就いたし候が學問にて候。たとへば米にても豆にても。
　　その天性のままに實いりよく候樣にこやしを致したて候ごとくに
　　候。……されば世界の為にも。米は米にて用にたち。豆は豆にて用
　　に立申候。米は豆にはならぬ物に候。豆は米にはならぬ物に候。宋
　　儒の説のごとく氣質を變化して渾然中和に成候はば、米ともつかず
　　豆ともつかぬ物に成たきとの事に候や。それは何の用にも立申間敷
　　候。」《答問書中》，《荻生徂徠全集》第一卷，東京：みすず書房，1973
　　年7月20日，pp. 456–457。

所近。是以，導出人人性不相同。然人性不同之因由？徂徠則不得
不歸之於「先王聰明睿知之德，稟諸天性」，並受有「天命」。

是以，聖人立「道」的內在根據，若非「天性」稟諸「天命」，
則無以立制作之「道」。這種天生命定的思想，是否合於其邏輯的
一致性，且是否為鞏固傳統封建階級的意識形態有關，待後面再作
批判。

第二節　道的本質

徂徠把「道」定為聖人之道、先王之道。「夫道，先王之道
也。」㉟然而，所謂聖人之道所指為何？徂徠曰：

> 道者統名也，舉禮樂刑政凡先王所建者，合而命之也。非離
> 禮樂刑政別有所謂道者也。㊱

又：

> 道者統名也，以有所由言之。蓋古先聖王所立焉，使天下後
> 世之人由此以行，而己亦由此以行也。辟諸人由道路以行，
> 故謂之道。自孝悌仁義，以至於禮樂刑政，合以名之。故曰
> 統名也。㊲

㉟　《辨道》，p. 413。

㊱　《辨道》，p. 413。

㊲　《辨名》，p. 421。

由於先王乃聖人也，所以先王之道，亦稱聖人之道。堯舜是所謂的
先王，蓋立道者，自然就是堯舜。「蓋道者，堯舜所立。」❸❸然立道
的本質為何？徂徠云：

> 先王之道，安天下之道也。其道雖多端，要歸於安天下焉，
> 其本在敬天命。❸❾

是知，自古雖言道者各依其端，然萬法歸宗，均在安天下為其旨。
蓋先王之道以至聖人之道的本質，在「敬天命」、「受天命」，制作
禮樂刑政，建立文物制度以「王天下」、「安天下」為其首要之務。
換言之，先王之道：「作為是道，使天下後世之人由是而行之」，❹❶
首在治國平天下的政治性。如此一來，治國平天下的外王事功，則
成為徂徠論「道」的核心。這與傳統中國儒家先求內聖，然後將個
人道德的完滿，延伸到外王事功的政治理想上，顯然有所背離。且
不難看出徂徠所身處時代的課題，急欲建構政治社會秩序的迫切性，
勢必導出政治實效——「法治主義的實證法」與道德理想——「德
治主義的自然法」分離的必然性。蓋就徂徠思想的本質言，與先秦
孔孟德治的政治理想相去甚遠，倒與荀子的思想有其相近又相契的
意趣一致。就此而言，徂徠認為：

> 聖人之道亦專以治一己之身心為事，一己之身心治，則天下
> 國家亦自然而治，此說等於佛、老之緒論。……縱令治心修

---

❸❸　《辨名》，p. 422。

❸❾　《辨道》，p. 415。

❹❶　《辨道》，p. 414。

身，修行成就猶無瑕之玉，若無濟世拯民之心，不知治國家
之道，乃係毫無益之事也。 ❹

此中道出，道德歸道德，政治歸政治；道德的完美，並不保證對政
治有何實際的效益。也就是說，道德與政治並沒有邏輯的必然性。
且政治的目的，首在安天下黎民百姓。故其云：

政禁暴，兵刑殺人，謂之仁而可乎！然要歸於安天下已。 ❷

此言使我們想起撰寫《君王論》的馬加福利（Machiavelli, 1469～
1527）， 馬加福利生長在西方文藝復興運動中心的發祥地，意大利
的佛羅倫斯。生長在佛羅倫斯的馬加福利，躬逢這樣波瀾壯闊的時
代之中，急於謀求意大利的統一，乃提出他曠世的君王術。其在《君
王論》中云：

為君王的，只要使人民精誠團結，奉公守法，就是被責為殘
暴，那是可以不必介懷的。要是君王因為過分的濫施仁政，
把國家的秩序弄得紛亂不堪，殺人劫掠，必層出不窮，倒不

---

❹ 「此故に聖人の道も專ら己が身心を治め候にて相濟み、己が身心さ
へ治まり候へば天下國家もをのづからに治まり候と申候說は、佛老
の緒餘と可被思召候。……たとひ何程心を治め身を修め、無瑕の玉
のごとくに修行成就候共、下をわが苦世話に致し候心無御座、國家
を治むる道を知り不申候はば、何の益も無之事に候」〈徂徠先生答
問書上〉，《荻生徂徠全集》第一卷，東京：みすず書房，1973年7月
20日發行，pp. 430-431。譯文參閱包滄瀾、徐白譯：前引書，p. 64。
❷ 《辨道》，p. 415。

如以殘暴的手段，做幾件事，促成和平統一，結果，反變為
太平的仁政。紛亂和殺人劫掠是危害全國的人民，偶然或有
限度的暴虐，只不過危害不利於少數的幾個人。❸

似乎有異曲同工之妙。然而，徂徠對仁與不仁的先王之道，是盡在
能否安天下的制度是否完善，才是真正的先王之道。故曰：

禮樂刑政，先王以是盡於安天下之道，是所謂仁也。❹

反言之：

後世之儒者，釋仁為至誠惻怛，然縱有至誠惻怛之心，如不
能安民，則非仁。雖有甚多之慈悲，皆徒人也，婦人之仁
也。❺

這也就是說，縱令有多麼慈悲高潔的至誠之心，倘若不能使天下黎
民百姓，生活在安和樂利的政治環境之下，也不是仁人之人。就此
而言，徂徠主要的目的，是要建構一個「化個人道德為政治之手

---

❸ 馬加福利著，劉成韶譯：《君王論》(*THE PRINCE*)，臺北：三民書局，
　　民國55年3月29日出版，pp. 70–71。

❹ 《辨道》，p. 414。

❺ 「後世ノ儒者仁卜云ハ、至誠惻怛ナド釋スレ共、タトヒ至誠惻怛ノ
　　心アリトモ、民ヲ安ンズル事能ハズンバ仁ニ非ズ、何ホド慈悲アリ
　　共、皆徒仁也、婦人ノ仁ナリ」《太平策》，《荻生徂徠，日本思想大
　　系36》，東京：岩波書店，1983年8月10日八刷，p. 466。譯文參閱包
　　滄瀾、徐白譯：前引書，p. 64。

段」❹的實效政治理論。所以，根據徂徠的說法，在上位者之所以先要注重個人修養，其目的是：

> 居人上者，若身之禮法不正，則下不敬信，不敬信則命令不能行，難成安民之功，故修身之為事也，非所謂推修己之身以其餘治民也。❹

蓋修身只不過是要達到政治目的的一種包裝手段，塑造一個政治人物的形象，使政令的傳達與施行易於為人民所遵行，並不是什麼「大人之德風，小人之德草，風吹草偃」的德治理想。這與馬加福利所言又不謀而合，其云：

> 因此，為人君的，不必把我所列舉的特性，全都具有，惟不能不裝做有的樣子，進一步說，有了這些優點特性後，時常遵守著是有害的，要是裝作有的樣子，那是有益的。像外表裝作慈悲、忠實、仁愛、信義、公正、篤信宗教，同時並顯出有此種精神，一旦到了不需要裝的時候，馬上就要轉到相反的方面去，因為，貌似這些美德是有用的，老是遵守著就危險了。❹

---

❹ 「しかし徂徠の論理はなほも停止しない。進んで個人道德を政治の手段化しようとする。」丸山真男：前引書，p. 83。

❹ 「人ノ上ニ居ル者ノ身ノ行儀正シカラネバ，下ヨリ敬信セズ，敬信セザレバ命令行ハレズ，安民ノ功ヲナシ難キユヘニ，身ヲ修ムル事也，身ヲ修ムルヲ推及ボシテ，其餘ヲ以テ民ヲ治ムルト云ニハ非ズ。」《太平策》，《荻生徂徠，日本思想大系36》，p. 467。

❹ 馬加福利著，劉成韶譯：前引書，pp. 77-78。

因此，為了政治的安定與百姓幸福的目的，縱使偽裝、不合道理也無妨，自然也是徂徠論「道」的政治本質，必然導出的法實證主義的實效「作為」觀了。故言：

> 然則為人君者，縱離道理將被人笑之事，倘係足以安民之事，則不論若何之事均願為之，能如此存心，可謂真實之民之父母也。⑭

在此，儒家德治理想的價值觀，又是進一步地滑落，且與講求功利實效的實用主義，只是一線之隔了。丸山真男在其大著《日本政治思想史研究》中，把徂徠學中《太平策》的這種思想與馬加福利的《君主論》⑩做了比較指出，「在徂徠學中，政治的思維之道學的制

⑭ 「去バ人君タル人ハ、タトヒ道理ニハハヅレ人ニ笑ハルベキ事也共、民ヲ安ンズベキ事ナラバ、イカヤウノ事ニテモ行ント思フ程ニ、心ノハマルヲ真實ノ民ノ父母トハ云ナリ」《太平策》，《荻生徂徠，日本思想大系36》，p. 467。丸山真男：前引書，p. 83。譯文參閱包滄瀾譯：前引書，p. 64。

⑩ 「……これらすべての氣質のうち善いものだけを具へた君主は真に珠玉的な存在でああることは誰しも否認しないであろう。しかし、一人の者に一切の美德が具はることは人間の弱味からして不可能であるから、君主は地位を失ふ恐れのある様な惡德を避け、そのほかの惡德からも出來るだけ身をまもることが賢明である。……しかしまた、惡德を冒さずしては統治を行ひえない様な場合は毀謗を甘受することに躊躇してはならない。」 中文譯文：馬加福利說：「……這些所有的氣質之中，專具有其良好者的君主，恐怕誰也不能否認他真是珠玉般的存在吧！但是，一個人要具有一切的美德，由人類的弱點來說，是不可能的。所以，君主避免有失去地位之處的那種

約，既被排除到這種程度，則猶如『君主論』之著者獲得近世歐洲科學政治學樹立者的榮譽一樣，把日本德川封建制下的『政治之發現』，歸之於徂徠學，也沒有什麼不妥當了。」❺ 雖然他也承認，從政治的個人倫理束縛下赤裸裸地解放出來的這一點上，《君主論》比《太平策》是要徹底的多，但必須考慮兩者所身處的歷史社會背景。可是，當我們重新審視中國先秦儒家荀子的弟子，韓非的法家政治哲學思想時發現：

聖人之治民，度於本，不從其欲，期於利民而已。故其與之

惡德，對於其他的惡德也盡量守住身子，這就是賢明的了。……但是，還有，不冒惡德即不能統治的時候，則甘受誹謗，不可躊躇。」丸山真男：前引書，p. 83。譯文參閱包滄瀾、徐白：前引書，p. 65。又：「そこで君主は私が上に舉げた樣な美德をすべて事實上具へてることは必要でなく，それらを具へてゐるかの如く見えるだけで充分である。いな，私は敢へて主張しよう，君主が美德をすべて事實上具へそれを發揮することはむしろ彼にとって危險であり，反對に，ただ美德をもってゐさうに見えるだけの方が有利であると。」中文譯文：「於是，君主事實上具有我上面所舉的一切美德，這件事已非必要，他只要看上去好像具有這些就夠了。不！我敢主張：君主如事實上具有一切美德而發揮它們，這件事，對於他毋寧是危險的；相反的，他只是看上去似乎具有美德，這是有利的。」丸山真男：前引書，p. 84。譯文參閱包滄瀾、徐白：前引書，p. 72。

❺ 「しかしともかく徂徠學において政治思惟の道學的制約がこの程度にまで排除されてゐる以上，近世歐洲における科學としての政治學の樹立者の榮譽を《君主論》の著者が擔つてゐる樣に，我が德川封建制下における『政治の發見』を徂徠學に歸せしめることはさまで不當ではなからう。」丸山真男：前引書，p. 84。譯文參閱包滄瀾、徐白：前引書，p. 65。

刑，非所以惡民，愛之本也。❷

案韓非所說，聖人治理國家，設立刑罰制度的目標，其根本在於有
利益於人民，並不是殘害人民，而是愛民的表現，更是內存仁心，
外作制度的「真實之民之父母」。 蓋從韓非的政治思想來看，為求
國家安定、社會秩序與國強民富的前提下，不惜拂逆人民也無妨。
這種政治價值論，本身並不關乎道德性，祇涉及當下利益，是否能
維繫政治運作的穩定與安全，對此，蕭璠先生有精闢的解說：「韓
子只謂實際上的害利，不論倫理上的是非，他不說性惡，即他不處
理應然領域內的事務，而只關心實然世界中的問題，從而他也必須
把道德排斥於政治活動範圍之外。」 ❸

關於這一點，丸山真男也曾提出：「並不是說政治和倫理沒有
關係。祇是說：為了政治和倫理如何結合成為問題，前提是先要找
出政治的固有法則性。在政治和倫理隨便連續著的期間中，沒有本
來之意義之政治學成立的餘地。」 ❹兩者所言，並沒有本質性的差
異，且徂徠和韓非一樣，有一共同之處，就是不處理荀子性惡說應
然的層面，只針對實然的現實面，作一客觀具體的規範。

---

❷ 陳奇猷：《韓非子集釋》下冊，第二十卷，〈心度〉篇，臺北：漢京文
化事業公司景印，民國72年，p. 1134。

❸ 蕭璠：〈韓非政治思想試探〉，《臺大歷史學報》第八卷，民國70年12
月，p. 21。

❹ 「……政治が倫理と無關係だといふのではない。ただ政治と倫理が
如何に結合するかが問題になる為には、まづ政治の固有法則性が見
出されることが前提だといふのである。政治が倫理と無雜作に連續
している間は、本來の意味の政治學の成立の餘地はない。」 丸山真
男：前引書，p. 93。譯文參閱包滄瀾、徐白：前引書，p. 72。

由是觀之，把徂徠學的「政治之發現」與韓非政治哲學相比，可能比馬加福利所身處的社會歷史文化背景，更為妥切而中肯。因為，中日的社會歷史文化背景相近，均是針對封建社會逐漸瓦解的課題，急欲找出解決時代課題之道，而封建領主與人民之間的關係，也是造成相對的專制與利民的情況是一致的。

因為，從封建社會的君主政治理論出發，個人所追求的價值理想必須受到國家、法律的保障，纔得以實現。國家的強盛是個人幸福、自由，所普遍認同的唯一價值，在社會動亂與具體的歷史情境中，人民更會強烈地感受到這種價值的意義。因此，韓非與徂徠所揭示的政治統治的終極目標，不僅僅祇是對國家（君主、領主、大名）有利，更是對全體人民共同利益的保障。所以，就統治者（君主）與被統治者（人民）所追求的政治價值關係來說，本質上是相互矛盾的，但是在韓非的政治思想中，這兩種相互矛盾的思想觀念，卻巧妙結合在一起。張純與王曉波所著《韓非思想的歷史研究》中指出：

> 民本與尊君的結合，之所以會有這種結合，實乃因當時阻礙生產力提高的是井田主，亦即封建主或重人，他們為了維護自己的利益是上欺其君，下壓其民，而使得私田主與國君在對付這批重人的這點上，利益是共同的。故使得在當時具體的條件下，造成相對的專制而利民的情形。[55]

徂徠所面對正是同樣的社會歷史問題，這也是徂徠把儒教（在日本

---

[55]　張純、王曉波：《韓非思想的歷史研究》，臺北：聯經出版事業公司，民國73年3月二刷，p. 144。

稱儒教）政治化的社會契機。更進一步來說，徂徠將聖人之「道」解釋成，由聖人、先王作為所制定的外在客觀具體的禮樂刑政、文物制度，正反映了他所身處時代的存在感受，人與人之間的社會關係，和社會價值觀。

　　道既是以治國平天下為本質，則道的內容就不可能是什麼「道德」、「理」、「氣」、「性」之類，超越於物表之外的人類內在精神理念性的東西，更不是什麼形而上「於穆不已」的實體。而是落實在維繫現實政治安定、社會秩序，為人民可遵循的禮樂刑政上了。故徂徠將「道」定義為：「道者統名也。舉禮樂刑政凡先王所建者，合而命之也。非離禮樂刑政別有所謂道者也。」「辟諸人由道路以行，故謂之道。」（前已引用不另加註）

　　循上所言，不難看出徂徠論「道」包含兩個層面：一、道是絕對的、普遍的──「道者，統名也。」因為「道」是「聖人之道、先王之道」，由聖人所制作，且聖人之德「廣大高深，神不可測，神化之至，受諸於天」，所以是絕對的；聖人之道「莫不備焉，豈可名狀」統攝一切諸德、禮樂刑政、文物制度，所以是普遍的。亦即古文辭學中被稱為「事」與「辭」的唐虞三代文物制度的總稱。❺❻

---

❺❻　徂徠《辨道》云：「夫道，先王之道也。……六經即先王之道也。……舉禮樂刑政凡先王所建者，合而命之也。非離禮樂刑政別有所謂道也。……禮樂刑政，先王以是盡於安天下之道，是所謂仁也。……能合億萬人，而使遂其親愛生養之性者，先王之道也。……夫先王之道，安天下之道也。安天下之道在仁，……先王之道多端矣，唯仁可以貫之矣。」pp. 413–419。《辨名》論「道」云：「道者統名也。……辟諸人由道路以行，故謂之道。自孝悌仁義，以至於禮樂刑政，合以名之。故曰統名也。……蓋先王之立是道也，其心在安天下後世焉。……六藝亦先王之道也。」pp. 421–423。

徂徠就曾說：

> 諸子百家九流之言，以及佛、老之頗，皆道之裂已。亦莫有
> 不由人情出焉。故有至言。夫聖人之道，盡人之情已矣。不
> 爾，何以能治而安之哉。故苟立其大者，撫而有之，孰非聖
> 人之道也。㊺

案上所言，聖人之道是絕對的、普遍的，不與其他思想對立，且包
含他們的一切。故言：「聖人之道，……其道與天地相流通，與人
物相生長，能極廣大而無窮已者也。」㊽

　　二、道是客觀的、具體的——「非離禮樂刑政別有所謂道者也。」
道因為是外在客觀的、具體的制度。蓋古代聖王所立，後世之人，
則依先王所立之典章制度施行於政治社會之中。就好比前人築路，
後人則依所修之路行之。然而，道因為自上古聖人之時，就已經開
始創造制作，到了堯舜之時，道才建立，歷經殷周方逐漸完備，可
說是經過數千年，與許多聖人之手，盡其心智完成的。因此，並不
是某一個聖人一生所能完就的，就有所謂的「夏之道，殷之道，周
之道」。既然道是聖人所立，後世之人因襲然後又有隨時變易，自
不待言，道就一定是歷史客觀的、具體的產物。㊾由此觀之，徂徠
強調人所作為之「道」的社會歷史性和規範形式。至於，以己之意
求所謂當行之理於事物的「道」，在徂徠來說是「私智妄作」。因為

㊺　《學則、右學則五》，《荻生徂徠全集》第一卷，東京：みすず書房，
　　1973年7月20日發行，P. 15。

㊽　《辨道》，p. 418。

㊾　《辨道》，pp. 421–422。

其一：

　　心無形也，不可得而制之矣。⑥

其二：

　　理無形，故無準。⑥

心無形無狀，容易咨意妄為，所建構之理，自然是「生於心而害於政」。⑥且「以我心治我心，譬如狂者自治其狂焉，安能治之」。⑥這也是徂徠避開性惡、性善抽象應然層面的論旨，而專論政治、社會具體實效的實然層面的主要原因了。因此，得到一個客觀的、具體的，能為世人所共同遵循的制度，以規範人心，則是聖人責無旁貸的責任。也是徂徠理解聖人之「道」本質的必然結論。故曰：

　　先王之道，以禮制心。外乎禮而語治心之道，皆私智妄作也。⑥

道既是外在客觀的、具體的、普遍的且是絕對的，以治國平天下為

⑥　「心無形也，不可得而制之矣。故先王之道，以禮制心。外乎禮而語治心之道，皆私智妄作也。」《辨道》，p. 417。

⑥　《辨道》，P. 417。

⑥　徂徠曰：「善惡皆以心言之者也。孟子曰：生於心害於政，豈不至理乎!」《辨道》，p. 417。

⑥　《辨道》，p. 417。

⑥　《辨道》，p. 417。

本質，然其實際內容為何？這正是下面一節所要探討的問題。

第三節　道的內容

聖人之「道」，以治國平天下的政治性，為其本質。然其內容，自然不外乎透過聖人所制作出的禮樂刑政，文物制度，來規範人心，管理人民，如此才可以安天下。故云：「先王之道，以禮制心。」

外在制度的建立，據上所述，必須包含客觀性、具體性、普遍性與絕對性。建立制度的人，勢必身處於歷史情境之中，心智亦必超於常人，方能為天下黎民百姓制作超越時、空之絕對普遍妥當的道。然道的超越性、普遍性與絕對性既是由聖人所制作，聖人之智與德亦必超乎常人，且其人格之完美亦是制作之道的完美之保證。因為，除了在道的背後有一創造道的絕對人格，使道的一切價值性歸諸這超越的人格性之外，實在無法保證道何以具有普遍性與絕對性。普遍性是建立在放諸四海而皆準，無遺弗屆；絕對性是建基在上下貫通而唯一，無所取代。

是以，道的內容，從表面上看來，似乎僅僅是聖人所制作出有形的禮樂刑政，文物制度。例如：夫婦之倫，是伏羲所立之道，五穀耕種之事是神農所創立，宮室建築、紡織製衣是黃帝所教示之道。❻至於，將禮樂刑政加以系統化的，則是堯、舜、禹、湯、文

---

❻　「夫婦之倫は。伏羲之立玉つる道なり。洪荒之世は只畜類之如くにこそ候へ。まして君臣朋友之道に至りては。聖人之立玉へるによりてこそ人是を存候へ。然共聖人甚深廣大の智を以て。……五穀を耕すといふは。神農の建立し玉へる事也。宮室を作り衣服を織出す事は。黃帝之建立し玉へる事也。」《徂徠先生答問書下》，《荻生徂徠全

武周公所謂的三代聖王。依上所述,前者伏羲、神農、黃帝之作為,止於利用厚生之道,⑥屬於上古時代創造物質生活的文化英雄;後者三代聖王所創建的禮樂刑政之道,則屬於創造社群生活的文化英雄。⑥⑦至於聖人作為道德的完美無缺的精神文化方面,則是徂徠所儘量避免的,除非聖人制作「道」的絕對性的價值根源無法解說時,否則徂徠不輕易碰觸這政治制度以外,虛而不實的心、性、理之類人性中的道德問題。因為,「心無形,不可得而制之」、「理無形,故無準」, 把道建基在一個不確定的心與理之下,勢必會破壞了道的普遍性與絕對性。因此,徂徠始終把聖人定義為制作禮樂刑政者,而不是一個道德完美無缺的人。但深究之,外在制度的建立,又以內在性、德、仁、智為必要條件,否則聖人作為必不能成立。這也是徂徠在論聖人制作禮樂刑政──「作為」與荀子言禮樂生於聖人之「偽」在思想上所共同必須面對的困境,否則聖人的作為,何以既具客觀性、具體性,又具普遍性與絕對性的理論將無法成立。所以,在荀子則言:

> 禮義者,聖人之所生也。〈性惡〉

> 生於聖人之偽,非故生於人之性也。〈性惡〉

集》第一卷,東京:みすず書房,1973年7月20日發行,p. 478。

⑥ 徂徠曰:「伏羲神農黃帝亦聖人也。其所作為,猶且止於利用厚生之道。」《辨道》,p. 414。

⑥⑦ 「歷顓頊帝嚳,至於堯舜,而後禮樂始立焉,夏殷周而後繄然始備焉。」《辨道》,p. 414。

但是聖人也是人，荀子卻說「非生於人之性」，除非聖人不是人，否則禮義之所生就無法成立。可是偏偏荀子在〈榮辱〉云：

> 凡人有所一同。饑而欲食……是人之所生而有也，是無待而然者也，是禹桀之所同也。

又云：

> 故聖人之所以同於眾其不異於眾者，性也。〈性惡〉

荀子不察，自陷於性惡論的矛盾的困境。且性從何來？荀子云：

> 性者，天之就也。〈正名〉

性既是由天所完就的，但何以聖人之性與常人不同？何以聖人就能制作，而凡人就無法制作？這又勢必導出天的好惡與人格性，否則無法合理的解釋禮樂何以生於聖人之偽。但偏偏荀子言天為之自然之天，這又與其學說偏頗。荀子云：

> 天行有常，不為堯存，不為桀亡。應之治則吉，應之以亂則亡。〈天論〉
>
> 天能生物，不能辨物；地能載人，不能治人。〈禮論〉

此即荀子認為天的運行，有其常軌，皆自然的運行，不主張人事歸之於天命。也就是說，知道什麼是天的職分來治理天下則吉，反之

則亡。簡單的說，就是要明瞭天與人的分際。

　　為此，荀子主張禮義生於聖人的理論是不成立的，因為，他最後還是得將聖人之性的價值根源歸諸「天之就也」。 同樣的情況，也發生在徂徠所欲建構的聖人之所以異於常人者，性也。故言：「性人人殊。」且能作為立道者唯聖人耳。因為：

> 夫聖人亦人耳。人之德以性殊，雖聖人其德豈同乎，而均謂之聖人者，以制作故也。 ❽

「德以性殊」，聖人之德，得之於性。性由天生──「稟諸天性」，受天命。蓋「先王之道，本於天，奉天命以行之。」❾是以，徂徠的聖人所制作之「道」帶有先驗的絕對性。最後的價值根源，也還是要還諸「天命」、「稟諸天性」，方能給其聖人所制作之「道」，一個客觀的、具體的、普遍的、妥當的、絕對統一的保證。

　　由是觀之，天在徂徠論「道」的價值根源裏，就成為帶有人格天的信仰對象了。並且，所謂的先王制作之「道」， 也就是合天道與人道一以貫之之「道」。徂徠在《辨名下》云：

> 命者，謂天之命於我也。……其實則命是天之所命，天與命豈可岐乎！……帝亦天也。……蓋上古伏羲、神農、黃帝、顓頊、帝嚳，其所制作：畋漁、農桑、衣服、宮室、車馬、舟楫、書契之道，亙萬古不墜，民日用之，視以為人道之常，而不復知其所由始。……其與天地同功德，廣大悠久，孰得

---

❽　徂徠論「聖」。《辨名上》，p. 428。

❾　徂徠論「智」。《辨名上》，p. 426。

而比之。故後世聖人，祀之合諸天，名曰帝。……是先王之
道，合天人而一之。❼⓪

　　當然，上述的解法，不難看出徂徠在建構其聖人制作「道」的
價值根源上的困境，且與荀子在解釋聖人的意趣上，有其共同的弔
詭之處。其一，是將聖人與常人在「性」的本質上作一分割，聖人
天生就是聖人，凡人就是凡人，聖不可學而至之。亦如前徂徠所述：
「米終是米，豆終是豆。」其二，是天既是自然之天，但又是聖人
立道之極的價值根源與絕對性、普遍性、妥當性的保障。其三，是
天與人的關係，是既反對又結合、既矛盾又統一。簡言之，就是相
反而相成的矛盾的統一的調和。其四，是聖人既同是人，但又異於
常人、超乎常人的平凡性，而將其絕對化。使之在平凡庸俗的常人
之中，更見其超凡絕倫的神聖性。

　　依是所見，徂徠所建構包裝的聖人形象，主要是要達到政治的
實效目的，是顯而易見的了。所以，為了政治的安定與百姓的幸福，
縱使不合道理也無妨。因為，政治的目的在禁暴平亂，軍隊刑罰主
要在抵禦外侮、斬奸罰惡，若是為安天下百姓，均可謂仁。❼①而「安
天下之道」的實際作為，就是制作禮樂刑政，所以，就安天下而言，
聖與仁同義。然聖之所以為聖的外在形式，則根據所作為之禮樂刑
政語聖；聖之所以為聖的內在形式，則依所行之仁為其作為之保證
語聖。聖人行為的本身就含有仁的意向、仁的宗旨和仁的作為。蓋
就徂徠言，「聖人者，以制作之故也」，但在聖人制作道的背後，卻

❼⓪　徂徠論「天命帝鬼神」。《辨名下》，pp. 443–444。

❼①　「政禁暴，兵刑殺人，謂之仁而可乎！然要歸於安天下已。」《辨道》，
　　　p. 415。

不得不承認聖人的絕對人格，且此人格帶有先驗的絕對性，使作為
之道的一切價值性，依據這絕對的人格而外顯，並且也保障了道的
絕對性。就制作禮樂刑政而言，「聖人不可學而至」，但「仁人可學
而能」，只在「養而成之」。故言：

> 孔子教人以仁，未嘗以作聖強之，為是故也。⑫

在聖與仁的關係上，徂徠所持的理由，是聖人外制禮樂刑政，內具
仁人之性。人人可以「用力於仁」，但聖人卻非人人學而可至。作聖
與為仁有著一致的方向，只是聖與仁分屬於不同之人的職分。況且
「制作禮樂，是其大者也，故以命先王之德爾」，更「是更數千年，
更數聖人之心力知巧而成焉者，亦非一聖人一生之力所能辦焉
者。」⑬這與後來儒學家將聖與仁分離的觀點，有著相當大的差異。
徂徠批評後儒多言聖人立人極為凡人所不能為，曰：

> 後儒多強學者，以高妙精微凡人所不能為者，而日聖人以是
> 立極也。⑭

徂徠認為，就立極來說，「先王立極，謂禮也」，⑮是以禮立極。
極有中意思，也有俯就和企及等達及的意義。⑯因此，極者應該是

---

⑫　《辨道》，p. 414。

⑬　《辨道》，p. 414。

⑭　《辨道》，p. 414。

⑮　《辨道》，p. 414。

⑯　「漢儒訓極為中，禮者所以教中也。……蓋先王制禮，賢者俯而就之，

「凡人所能為者也。」❼先王立極制禮，主要目的就是「以為民之所準據者也」，❼要使天下的人皆能遵循實踐。否則「凡人所不能為者而強之，是使天下之人絕望於善也。」❼即非先王安天下之道的目的了。所以杜鋼建先生說：「徂徠主張的是聖仁結合，聖仁同旨。仁也是徂徠作為主義法思想的出發點和歸宿。」❽

然若深究徂徠所謂之仁，實乃因聖人之所以為聖人的保障。❽因為，仁可以統貫諸德，縱使道雖多端，亦可以一以貫之。非但如此，先王之道，也以仁為大。徂徠在〈贈長大夫右田君〉書中云：

　　不肖者企而及之。是所謂極也。」《辨道》，p. 414。

❼　《辨道》，p. 415。

❼　「極者，謂先王立是，以為民之所準據者也。」《辨名下·極》，p. 454。

❼　《辨道》，p. 415。

❽　杜鋼建：〈儒學與荻生徂徠的作為主義法思想〉，第一屆兩岸儒學會議論文，南京：1993年1月8-12日，p. 5。

❽　在「道的本質」一節中，筆者曾經言及，徂徠主要的目的，是要建構一個「化個人道德為政治之手段」的實效政治理論。所以，根據徂徠的說法，在上位者之所以先要注重個人修養，其目的是：「居人上者，若身之禮法不正，則下不敬信，不敬信則命令不能行，難成安民之功，故修身之為事也，非所謂推修己之身以其餘治民也。」蓋修身只不過是要達到政治目的的一種包裝手段，塑造一個政治人物的形象，使政令的傳達與施行易於為人民所遵行，並不是什麼「大人之德風，小人之德草，風吹草偃」的德治理想。因為「道」的絕對性，必來自一個聖人人格完美的絕對性，方能為「道」的完美性、絕對性找到一個保證。所以，聖人形象的完美無瑕，只是達到政治目的的手段。為了政治的安定與百姓的幸福，縱使不合道理也無妨，因為有聖人之所以為聖人之仁為保障，自然是徂徠論「道」的本質，必然導出的法實證主義的實效「作為」觀了。

吾且言其大者。夫先王之道，莫大於仁焉。仁也者，養之道
也。以安民為大焉。……先生以安民為仁。……先王之道，
為安民之道矣。❷

因此，先王之道即安民之道，安民之道的內在形式內容即為仁。這
與孔子所言：「人而不仁，如禮何？人而不仁，如樂何？」〈八佾〉
是同樣的意思。仁為禮樂的基礎，聖人制作道，若無公心之仁，則
不能建立普遍的社會秩序；而建立社會秩序的正義，又必求之於公
心之仁。故「依於仁」，然後「游於藝」。徂徠把六藝視為聖人制作
之道，正是言道必依於仁。故徂徠在《辨名上》論「仁」曰：

先王之立是道也以仁，故禮樂刑政莫非仁者。是以苟非仁人，
何以能任先王之道以安天下之民哉！

在《辨道》中更直言，「吾道一以貫之」，且「安天下之道在仁」：

夫先之王道，安天下之道也。安天下之道在仁，故曰一以貫
之。何以謂貫之？仁一德也，然亦大德也，故可能貫眾德焉。
先王之道多端矣，唯仁可以貫之矣。❸

且人雖據其性得諸德，但皆不害於仁。為此，仁又為諸德之母，
能統而貫之。概六經、❹六藝皆先王之道，❺然安天下之道在仁。

❷ 《徂徠集・贈長大夫右田君》，《荻生徂徠，日本思想大系36》，p. 498。
❸ 《辨道》，p. 419。
❹ 「孔子之道，先王之道也。先王之道，安天下之道也。……六經即先

「孔門之教，仁為至大」。 仁之所以重要，就在於能安天下。以安天下為本的人便是君子。「故君者群也。群人而養之者也。」❽ 「故君子之道，唯仁無大。」❼ 故言「仁」為道的內在形式。

　　仁為道的內在形式，為眾德之母，主要在仁具客觀性、具體性、普遍性、絕對性。其客觀性與具體性，在於每個人生活在這個世界，不能離群索居，孤立無援，人與人的關係是相助相輔而相成的，否則很難生存於世。徂徠還從人性為仁的普遍性與絕對性證明人道及仁道。於是乎，人與人之間的關係，是各依其內在的仁心之德──「相親相愛相生相成相輔相養相匡相救者」， 共存於這個世界。徂徠云：

> 孔門之教，仁為至大。……君子之道，唯仁為大焉。且也相親相愛相生相成相輔相養相匡相救者，人之性為然。故孟子曰：仁也者人也，合而言之道也。❽

人人皆有仁的道德屬性，人人可以為仁。人性本身先天就具有仁的本質，這就是為什麼孟子說：「仁也者，人也」〈盡心下〉的正確意義。〈中庸〉二十章亦云：「仁者，人也。」從字義上說，孟子與〈中庸〉把「人」與「仁」劃等號，也就是說「仁」的觀念是「人」所

王之道。」《辨道》，p. 413。

❽　徂徠論「道」：「先王之道在外，六藝亦先王之道。故古以道藝並稱。」《辨名上》，p. 423。

❽　《徂徠集·贈長大夫右田君》，《荻生徂徠，日本思想大系36》，p. 497。

❼　《辨道》，p. 415。

❽　《辨道》，p. 415。

獨有，而人之所以稱為人，就在人具有「仁」的本質。這也就是徂徠所說「稟賦天性」。人性中雖含有仁性，但仍需以實際行動去實現仁性和豐富仁性。人用力於仁，成為仁人，這就是道。因此，徂徠提倡積極作為之道的內因與孟子所言之道是相符合的。作為的目的仍然在於實現「仁者，人也」的要求。「且先王之立是道也以仁，故禮樂刑政其非仁者。是以苟非仁人，何以能任先王之道以安天下民哉！」[89] 從這一點上講，徂徠以禮樂刑政為道同仁齋以仁義為道，二者之間並無根本的區別。且徂徠也自言先王之道若非仁人，亦無法行仁道以安天下。徂徠不贊成仁齋「以往來弗已為道」，[90] 認為「是其人所自負死活之說，猶爾貴精賤粗之流哉」。[91] 其實，仁齋所言「道猶路也，人之所以往來通行也」，[92] 其本義是講成為仁人。所謂通行，強調的正是行為作為之義。徂徠在〈辨名〉論「道」亦曾謂：「辟諸人由道路以行，故謂之道。」在〈辨道〉中更云：「先王之道，以禮制心，外乎禮而語治心之道，皆私智妄作也。」其所指謂之本義，皆和仁齋所指相同。在此問題上，徂徠對仁齋的指責也不免失之「自負」。[93] 且與荀子的生命氣質——「狷介剛愎，深自信恃，內評一切碩儒、諸子皆非我獨是」非常相近。這也是為什麼當世之人說他好辯的原因了。[94]

---

[89] 《辨道》，p. 425。

[90] 《辨道》，p. 414。

[91] 《辨道》，p. 414。

[92] 伊藤仁齋：《語孟字義》，《伊藤仁齋、伊藤東涯，日本思想大系33》，東京：岩波書店，1985年5月15日4-2刷，p. 26。

[93] 杜鋼建：前引文，p. 5。

[94] 徂徠自我辯解曰：「夫人心如面，好尚各殊。……夫學問者，君子之事也。君子無所爭，爭斯害乎德問者。……自孟子好辯，闢楊墨，雖

案仁的普遍性與絕對性又是以仁的客觀性與具體性為基礎。徂徠云：

> 人各據其性之德而不失之。性之德雖多端，皆不害於仁。❾

由是言之，「人各據其性之得而不失之」，是仁的客觀性與具體性的形下之用；「性之德雖多端，皆不害於仁」，是仁的普遍性與絕對性的形上之體。聖人之所以為聖人，就在聖人稟賦形上之體的天性之仁，而在作為形下之用的禮樂刑政之道上具現仁。所以聖人總是據其性之仁為發用，始終不違仁，且在仁的範疇之下發展諸德。故言：

> 苟能識先王之道要歸於安天下，而用力於仁，則人各隨其性所近，以得道一端。如由之勇，賜之達，求之藝。❾

而先王之道之所以能安天下，在於先王把握了億萬人普遍的仁心，制作安天下的禮樂刑政之道，並為天下百姓所願遵循。蓋言：

> 人之道非以一人言也，必合億萬人而為言者也。……能合億

其時之不得已乎！亦非古之道也，不佞竊惜焉。……隨筆之作，自書以自翫，聊以消閒，初非以示人也，獨奈誤墮剞劂之手，遂公諸海內，海內諸君子，因謂不佞好辨者，非不佞之心也。」《徂徠集・答屈景山（第一書）》，《荻生徂徠，日本思想大系36》，p. 528。更有謂其：「或犯孟軻氏玉人之譏，然一時偶然之失。」見《徂徠集・復安澹泊（第二書）》，《荻生徂徠，日本思想大系36》，p. 536。

❾　《辨道》，p. 415。
❾　《辨道》，p. 415。

萬人，而使遂其親愛生養之性者，先王之道也。學先王之道
而成德於我者，仁人也。 ❼

是以，仁是既客觀又普遍，既具體又絕對。因為，唯有如此，聖人
所制作之「道」， 才能從個別具體的人心，掌握客觀的、普遍的、
絕對的，合億萬人的「仁」之性。

綜上所言，聖人作為之「道」的外在形式，是以具體、客觀的
禮樂刑政、文物制度為内容；道的内在形式，則以普遍的、絕對的
内在於人性之中，統攝諸德的「仁」為内涵。兩者之間，是一而二，
二而一的關係。這種關係指的是，立道的價值規範，若不由聖人稟
諸天性之仁的形上根源的天命流下的話，禮樂刑政都必成為僵化的
空殼。故言：「天秩有禮，是堯舜之制禮，奉天道以行之。」 ❽ 至於，
人為何會悖於道，不遵道以行之。徂徠說是因為：「未能養而成
之。」 ❾ 故云：

大氐先王孔子之道, 皆有所運用營為, 而其要在養以成焉。 ❿

此即下面一節所要闡述的道的功能。

---

❼　《辨道》, p. 415。

❽　徂徠論「禮」:《辨道》, p. 430。

❾　《辨道》, p. 415。

❿　《辨道》, p. 415。

第四節　道的功能

　　徂徠道的内在形式内容，並不是為實現個人道德價值理想為目標。因此，在徂徠學裡，仁的内在道德意義並不是非常醒目。主要原因是徂徠的道，是建基於社會價值的政治屬性，並不是為成就個人價值的道德屬性所立之道。因此之故，個人與全體之間，徂徠所關心的是全體的利益大於個人利益。這也是後面所要探討，徂徠學中「公」與「私」的一個很重要的課題。

　　由於徂徠的道，具有社會的性質，是作為規範社會人心的一種客觀的制度。因此，該制度的建立，必以眾人信服為基準。因此，徂徠言：

　　　人之道非以一人言也。必合億萬人而為言者也。❿

且先王之道，除「能合億萬人」之外，還要具有「使其親愛生養之性者」，也就是道還要具有使人民主動地去親近愛養其天生的特性，成就每個人各據本性之德的功能，才合乎先王之道。⓫故曰：

　　　先王孔子之道，皆有所運用營為，而其要在養以成焉。⓬

---

❿　　《辨道》，p. 415。

⓫　　徂徠曰：「能合億萬人，而使遂其親愛生養之性者，先王之道也。」《辨道》，p. 415。

⓬　　《辨道》，p. 415。

在此，先王之道的功能，只在養以成其本性之德，使人民各據其性之德而不失其性。蓋道的功能性，帶有各正其「性」位之「德」的規範性。這種規範性對徂徠來說，是道的社會價值，他要成就的是社會秩序的「公德」，並不是成就個人道德完滿的「私德」。故言：「人之道非以一人言也，必合億萬人而為言者也。」至於，能否因道之規範養以成就其他的德性，也就是所謂的變化氣質，徂徠則抱持否定的態度。所以在《答問書中》云：

> 所謂變化氣質，乃宋儒之妄說，責人以不可能之事，無理之至矣。氣質乃無論如何不能變化之物，米終是米，豆終是豆，惟有養其氣質，以成就其所能生得，是謂學問。譬如：同是米也，同是豆也，灌漑施肥，以遂其天性結豐碩之實也。……是則，為了世界米就成米之用，豆就成豆之用。……倘如宋儒之說，變化氣質，渾然中和，抑欲成一既非米又非豆之物耶？實則難成任何之用矣。 **⑩**

⑩ 「氣質を變化すると申候事は。宋儒の妄說にてならぬ事を人に責候無理之至に候。氣質は何としても變化はならぬ物にて候。米はいつ迄も米。豆はいつまでも豆にて候。只氣質を養ひ候て。其生れ得たる通りを成就いたし候が學問にて候。たとへば米にても豆にても。その天性のままに實いりよく候樣にこやしを致したて候ごとくに候。しいなにては用に立不申候。されば世界の為にも。米は米にて用にたち。豆は豆にて用に立申候。米は豆にはならぬ物に候。豆は米にはならぬ物に候。宋儒之說のごとく氣質を變化して渾然中和に成候はば。米ともつかず豆ともつかぬ物に成たきとの事に候や。それは何之用にも立申間敷候。又米にて豆にもなり。豆にて米にも用られ候樣にと申事に候はば。世界に左樣なる事は無之事に候。」《徂徠先生答問書中》，《荻生徂徠全集》第一卷，pp. 456–457。

案此說，變化氣質只是宋儒針對個人實現價值理想的前提，甚而也是筆者前面所述，原始儒家的外王事功，必以個人道德修養的完滿方能延伸到政治上。也就是所謂的由內而外的「德治」理想。然徂徠的政治理想，則是建立「以禮」來規範——「治心」的「法治」基礎。講求的是由外而內的實效政治理想。對一個身處亂世，世道人心崩頹，急欲重建社會政治秩序的人來說，德治的文化理想，放在政治理想之後，自然是比較實際的。且對在上位者言，穩固其既得利益的意識形態，總比遙不可及、又不可見的道德理想上的玄思，來得兩全其美。宋儒的妄說——「變化氣質」，在徂徠學中，就根本沒有實踐的可能性，也是必然的歸結。

蓋言：

> 變化氣質之說非矣，且氣質者天之性也，欲以人力勝天而反之，必不能焉。強人以人之所不能，其究必至於怨天尤其父母矣。聖人之道必不爾矣。[105]

因此，徂徠主張，與其畫虎不成反成犬——「欲成一既非米又非豆之物」，難成任何之用之物，倒不如各依其天性相異的氣質，努力發展「其性所近，養以成德」。對於「人性之殊」的特殊性涵養，徂徠則用「移」的觀念來闡釋。曰：

> 性者，生之質也。宋儒所謂氣質者是也。……皆指人之性善移而言之也，譬諸在中者之可以左、可以右、可以前、可以

---

[105] 《辨道》，p. 417。

後也。……孔子又曰：上知與下愚不移，亦言其他皆善移也。
貞者不變也，謂人之性不可變也。成之者性，言其所成就各
隨性殊也。人之性萬品，剛柔輕重，遲疾動靜，不可得而變
矣！然皆以善移為其性。習善則善，習惡則惡。故聖人率人
之性以建教。⑩

案徂徠所言，人之性萬品，每個人有每個人的特殊之性，且是天生
命定的，不能改變的。而此性就是天生之質，也就是宋儒所謂的氣
質。氣質與性，既是同一件事，質不可變，自然性也不可移。但徂
徠言所移者為何物呢？根據徂徠的說法，性人人殊，但人能各隨其
所近的自性，養以成德。於是乎，人能所移者，乃其德。質言之，
每個人移其天性之氣質所得的長處，稱之為德。然移其德的外力，
則借諸聖人立道的教化，學以成習，習善則善，習惡則惡。蓋其下
文曰：

聖人率人之性以建教，俾學以習之，及其成德也。剛柔輕重，
遲疾動靜，亦各隨其性殊，唯下愚不移。故曰：民可使由之，
不可使知之。故氣質不可變。⑩

由知，聖人所立之道帶有教化的功能，能移人天性之德。亦即
養德改變人的習性，然後成就每個人的材性，使每個人各正其性位，
發揮每個人所應擔負的社會責任。成就米之所以為米的食用價值，
豆之所以為豆的油用價值。如此一來，每個人各正其性之德以養其

---

⑩　《辨名下・性情才》，p. 447。

⑩　《辨名下・性情才》，p. 447。

材，發揮其材以官之，社會秩序安定，政治權力鞏固，天下自然太平。故云：

> 萬物之品雖殊乎，其得養以長者皆然。竹得之以成竹，木得之以成木，草得之以成草，穀得之以成穀，及其成也，以供宮室衣服飲食之用不乏。猶人得先王之教，以成其材，以供六官九官之用已。⑩

且：

> 君之使斯民學以成其德，將何用之。亦欲各因其材以官之，以供諸安民之職已。⑩

如斯，諸民各司其職，使道的社會功能發揮到極致，甚而全民皆官參與治國平天下，⑩更使道的普遍性，無遠弗屆。而儒家的政治教

---

⑩　《辨名下・性情才》，p. 447。

⑩　《辨道》，p. 425。

⑩　「農は田を耕して世界の人を養ひ。工は家器を作りて世界の人につかはせ。商は有無をかよはして世界の人の手傳をなし。士は是を治めて亂れぬやうにいたし候。各其自の役をのみいたし候へ共。相互に助けあひて。一色かけ候ても國土は立不申候。されば人はもろすざなる物にて。はなればなれに別なる物にては無之候へば。滿世界の人ことごとく人君の民の父母となり給ふ助け候役人に候。」中文譯文：「農耕田，養世界之人，工造器，供世界之人之用，商通有無，助世界之人，士治之使其不亂。雖各盡其職，但相互扶助，缺一即國土不立。是以人各就所好，而非分散各別之物，故滿世界之人，悉皆助人君為民父母之官吏也。」《徂徠先生答問書上》，《荻生徂徠全集》第一卷，p. 430。

化，更是發揮到極致。

由是觀之，徂徠所謂的道，是先王之道，先王之道的本質，在治國平天下的政治性。但政治的安定，又必以社會秩序為前提，社會秩序的維繫，又以穩定人心為主。穩定人心，勢必要使人民能各司其職，各安其分，嚴守分際。而分際的自守，則又必以其自知其性分之德，養以成材，方能官其所職，使其充分發揮性分之職。而這性分之職的自知、自明、自願且自行之，則落在聖人立道的社會教化功能。故個人謹守其天生之德的特殊性，也同樣地參與了聖人立道的普遍性價值。因為，唯有如此，方能解決這僅在力求聖人之道於政治性的徂徠學，使個人道德從屬於政治上，就不得不還原到政治的支配者的限定性與聖人之道的普遍妥當性的關係如何的根本問題。由此筆鋒一轉，導出下一節論「道的目的」。

第五節　道的目的

承上所述，徂徠所言，立道的根據，在聖人。聖人稟受天命，「法天而治天下，奉天道以行其政教」，[111] 為其立道建立制度的形上根源與保證的外在根據；聖人立道的內在根據，則因得之於人性之殊的先驗的天性。道的本質，則在「敬天命」、[112]「受天命」以制作禮樂刑政，「王天下」的政治性。道的內容，其外在形式，則是以生活中目之所見，耳之所聞，身之所觸的禮樂刑政、文物制度等為用；內在形式，則是以仁為體，一以貫之，統攝諸德。道的功能，

---

[111]　《辨名下・天命帝鬼神》，p. 442。

[112]　「是以，聖人之道，六經所載，皆莫不歸乎敬天者焉。」《辨名下・天命帝鬼神》，p. 442。

則在規範人心，養以成德，運用營為，教人嚴守分際，以達社會教化之功。道的目的，則在包裝聖人的形象，以達到現實政治的實效目的。而此現實政治實效的目的，則是以自然物類材性的穩定實用性——「米終是米，豆終是豆」，類比為人類社會材性的自然性分之德，以重新建構封建社會職業分工（職分）的超穩定性，並冠之以「悉皆助人君為民父母之官吏」的「全民皆官」的美名。除令「下愚不移」者，「可使由之，不可使知之」者，炫惑樂於被使喚之外，更易於在上位者的統治與控制，達到言說聖人立道安天下的政治目的。徂徠在論「善良」曾云：

> 良者謂無瑕疵也。以其材言之，如良相、良醫、良材、良馬、三良、器之精良，可以見已。……又如良知良能者，謂人隨其材質，各有自然知能也。❶❶❸

是以，徂徠立道的目的，外則對封建社會根本規範的五倫，以至士、農、工、商的基本身分秩序的肯定與鞏固；內則杜絕了一般人想成聖成賢，成為彼岸世界之聖人制作合於人性之道的非分之想。這對面對現實危機，急欲達到治國平天下，重建社會秩序的上位者來說，確實是炎炎酷日下沙漠中的清泉。

徂徠以聖人絕對化的人格的實際作為為「道」的理論，排除了以往以「道」為自然秩序規範人間秩序的思想。自然給予德川將軍在政治上，樹立其絕對的權威性與神秘性的政治理論基礎。藉著德川將軍的強力作為，穩定了搖搖欲墜，且難以繼續維繫崩頹的混亂社會，建立起純粹基於自然經濟的身分秩序，這可以說是徂徠主張

---

❶❶❸　《辨名下・天命帝鬼神》，p. 441。

「作為是道」的終極企圖。⑭然而，若不深究，徂徠這種意圖似乎很成功，但卻有著與荀子同樣地自相矛盾的理論上的困境。因為，徂徠所依據的立道主體──「聖人」的作為理論價值根源，就是其所急欲排除又不得不割離的天道──「先王之道，合天人而一之」、⑮「道之大原出於天，古先聖王法天以立道」。⑯是以，徂徠只是將封建社會關係，借用另外一套語言系統理論，將「道」重新加以包裝與詮釋，並未解決他所欲建構的「道」的價值是源自聖人，且僅僅是聖人的作為的「人為屬性」，而絲毫未帶任何其他一切「自然屬性」。

---

⑭　「徂徠學はまさにかかる使命を滿すべく登場し、自然的秩序思想の根源たる、イデー的なるものの優位を排除して、『道』を聖人といふ絕對化された人格の實在の作為に歸した。それは政治的には必然に德川將軍の絕對主義となって現はれた。德川將軍の『作為』によって現實の社會的混亂を安定し、純粹な自然經濟に基く身分的秩序を建立するのが徂徠の窮極の意圖であった。」 丸山真男：前引書，p. 241。

⑮　《辨名下・天命帝鬼神》，p. 444。

⑯　《辨名下・文質體用本末》，p. 457。

第十三章　徂徠「公」與「私」的思想

論及徂徠「公」與「私」的問題，最容易釐清問題本質的方法，就是以實際的個案來探討問題的核心。並以當時代的人的批評，以及日後對歷史文化的影響，才能真正地瞭解其思想的精義與特質。而此討論，正足以對其政治秩序優於個人道德實踐，以及作為法思想中，「義」與「不義」──合不合乎近代法思想中「正義」與否的論證。

在論及徂徠生平時，曾提到徂徠三十一歲到四十四歲間的「仕宦時期」，徂徠受聘柳澤吉保家的儒臣，有兩件事情的論辯所作的判例，最具代表徂徠對「公」與「私」的思想。

第一節　農民棄親

第一件事是發生在元祿九年（1696年），徂徠剛受聘於柳澤家不久。柳澤受寵於五代將軍，於元祿七年（1694年）被提拔為將軍府中執政大臣，分封於山越一帶之地，是享有俸祿七萬石的城主。在其領地中，有一農民，因生活窮困難以維生，賣掉房產，並與妻子離婚，自己削髮為道人，帶著老母出門流浪，不料中途老母親病倒，他卻棄親不顧，自己跑到江戶。後來他的母親被附近的人送回

川越，道人被人告官，因棄親之罪被捕入獄。於是，吉保諮詢門下的儒臣，應該如何處置道人。徂徠在《政談》中，曾追述當時的情形：

> 其時，某在美濃守處尚屬新進，各儒者考慮後，同稱：棄親之刑，不見明律，古今之書籍亦無，此人究屬賤民，攜母乞食，中途而罷，難以謂之棄親也。首途四五日之前，業以出妻，雖乞食而仍攜母，賤民之中，亦難能也。若其與妻同居於家，棄母於他處，可謂棄親，然此人無棄親之心，難以謂之棄親云云，美濃守不能首肯，曰：無論何人，當不忍棄其親，此事可達上聞，伺上之意見。諸人皆信仰朱子學，專以理學之說，詮議心跡。美濃守乃禪者，對於儒者之理，平日不甚信仰。其時，某由末座云：世間若遭飢饉，如此人者，他領亦必甚多。所謂棄親，不應有之事也。如以此為棄親，科以若何之刑，亦將成為他領之判例。以某之見，此人當究其事之所自出。第一科代官郡奉行（他方官），再科家老（家臣之長），其上當亦有可科之人。道人之罪甚輕也。美濃守聞之，始稱善，賜道人養母之費一人扶持，俾其還鄉，以某為可用，自此始。❶

按文中所述，由其所身處的時代環境與現實情況，可推導出徂徠作為法思想中的幾個基本命題與當時的時代思潮。徂徠思想中的幾個基本命題，大致可羅列為：

---

❶ 《政談卷一・乞食》，《荻生徂徠，日本思想大系36》，p. 289。譯文參閱包滄瀾、徐白：前引書，p. 56。

⑴有法者以法行，無法者以類舉；

⑵對存有的體會與生命的感悟；

⑶徂徠所抱持的特定的世界觀，以及徂徠主觀而又不自覺的意欲。

⑷當時的社會價值觀以及人與人之間的社會關係。

以上四點，我們可以詮釋分析如下：

1.

「棄親之刑，不見明律，古今之書籍亦無」，蓋只能以「類舉」定刑。然在論「類舉」定刑之前，我們必須將「有法者以法行，無法者以類舉」的觀念及出處作一清楚的交代與說明，以便更進一步地了解徂徠思想的淵源與特質。

我們重新審視荀子的思想可以發現，荀子的學問是落在歷史文化傳統，他所欲建構的是一個人文化成的社會，雖然他主張性惡（自然人性），　但認為經由禮義師法可以化人動物本能之性，所以強調教化或改造歷程，來建立社會秩序。

建立社會秩序固然不容易，維繫社會秩序就更困難。禮義雖然也可以有限度地禁惡與姦的功能，但要防止惡與姦的發生和擴散，就必須有「法」。「法」是具體的規範和成文的規例，更是治理國家的基本起始點。所以〈君道〉說：「法者，治之端也。」然而法從何而來？荀子續言：

　　君子者，法之原也。〈君道〉

君子乃制作禮法的法源。也就是說，「法」乃是人為制作而成的作為法。然法雖由君子所制作而成，但法是依「禮」的精神而立。蓋〈勸

學〉云:

> 禮者,法之大分,類之綱紀也。

禮是法的大分,統類的綱紀。「分」是指基礎根本的意思,就是說「禮」是訂立法律的根本原理原則。「類」是指依據法律推類出的律條,也就是所謂的類於法,類於所曾經看到的、聽到的或親身體驗到的。因知,法與類是以禮為根本,為最高指導原則訂定的。若以現代國家所制定的法來說,憲法是根據各國的建國精神所制定的根本大法,民法則根據憲法的精神來立法,然若法律上所未規定的,則依風俗習慣,依據法理類推。所以,禮是全體人民溝通的橋梁與生活規範,法則是全體人民行為的禁律與生活的保障。蓋言:「禮施未然之前,法禁已然之後。」

然而,荀子對法的態度與孟子的「徒法不能以自行」十分相似。〈君道〉:

> 有治人,無治法。……君子者,法之原也。故有君子,則法雖省,足以遍矣。無君子則法雖具,失先後之施,不能應事之變,足以亂矣。不知法之義,而正法之數者,雖博,臨事必亂。

所以荀子他認為,法固然重要,但單單只靠所制定的法律條文是不夠的,因為由不同的人來使用法,會產生不同的結果。況且世事變化無窮,以有限的法規來應付,必定有時而窮。因此,必須有君子才能補法之不足。那麼,君子憑什麼來應付無窮的事變呢?〈王制〉

云：

> 其有法者以法行，無法者以類舉。

因為，君子是道德完善之仁人，是制定禮法之原，對禮法的基本精
神最能掌握。在現實的政治社會環境中，如何恰當地應用「法」，普
遍而又圓滿地解決每一單一事件，是需要有大仁、大智、大勇之人
「以類舉」成就之。因為，「推類而不悖」〈正名〉，「類不悖，雖久
同理」， 根據同類的事物推斷，自然不會違背事理，歸結出一個斷
事的相同之理。況且〈王制〉云：「以類行雜，以一行萬。」以統類
可以察知博雜，以擇一可以察知萬事。因為〈解蔽〉云：

> 類不可兩，故智者擇一而壹焉。

凡事類都不可以兩相矛盾，是彼又不是彼，所以智者慎重地選擇一
道而專壹以赴。故〈修身〉言：

> 依乎法而又深其類，然後溫溫然。

就是說，能依循法而又深知統類的方法，然後才會溫溫然而有潤澤
的樣子，成為一個知類明統的君子。所以〈解蔽〉說：

> 以聖人之制為法，法其法，以求其統類。

就是要以聖人所制定的制度為法，效法他的法度，求他的統紀類例，

以知類明統，而統類的意思，就是歸類而得其「理」， 由所得之理而統貫百王之道。所以知類明統的意思，就是知其將同類事物歸類成百王之道，以制定禮法。簡言之，就是通過禮統與歷史的傳統來制定制度。

所以就第一點來說，人飢己飢，人溺己溺的「人道」關懷，而此關懷是立基於聖人之「仁」的立道之極。蓋將個人的行為，重新反省後所得的生命感悟，作為一個客觀的類型，推之於在整體社會中普遍化的可能實際情況，作為量刑的依據。也就是說，刑罰的標準，當不以絕對標準為據，而是以相對的比較標準為據，作成無罪的結論。

2.

世界的美好，必待超乎常人之聖人完就。因而，賤民實踐道德已難屬可貴，何能苛求成為完人。在此以透顯出，人的性、德、材是不盡相同的。況且法是最低的道德標準。

3.

人對同一件事情會有不同的詮釋，除了詮釋者試圖去對事件的本身作一合理的說明之外，還有詮釋者自身的世界觀往往也左右著對事情的理解——以「已知之知去知未知之知」，自然又帶有詮釋者主觀的意欲。再者，詮釋者在進行詮釋工作時，其所身處的境域，往往是在一種「同情理解」狀態之下，有一種不自覺的意欲。這種不自覺的意欲所表達的內容，並不意味當事者運用理性能力有意識地去實踐其行為，相反的，這種態度也許連當事者也完全意識不到。為此，詮釋者在進行詮釋的過程中，亦帶有其不自覺的意欲，這種意欲的表現就是思想家對世界的獨出心裁的觀感。徂徠在此已預設了先王立道以仁，人者仁也的世界觀。

4.

社會價值怎可以「理」殺人，對朱子學道德的信仰，不足以據為立法的標準。人與人之間的權分與社會關係的維繫，當各盡其職。子既以克盡孝母之職，然在位者卻未盡愛民之責，養民以成德。(荀子稱：君者群也。《辨道》。《荀子・王制》篇云：君者，善群也。)蓋棄母保全自身，乃符合法律上之道德。這與近世的法學思潮是一致的。故此正是「公」與「私」之別。

第二節 四十七士事件

第二件事是發生在元祿十五年（1702年）十二月十五日凌晨四時，原淺野長矩第一號部下（家老）大石良雄，冒著霏霏大雪，帶領四十六人侵入吉良義央的邸宅，順利完成為其主公復仇行動，斬下義央的首級。天亮後，參與行動的人來到泉岳寺，在淺野長矩墓前祭拜，報告已完成復仇行動，大石良雄指派其中一人返回故鄉報告主公夫人以及同志家屬。

在離開吉良邸宅時，大石良雄派吉田兼亮、富森正因兩人前往幕府官吏仙石久尚住處自首，請求仙石久尚報告幕府，眾人則在泉岳寺靜待處分。好夢初醒的江戶市民，忽然如同當頭霹靂一樣，聽到這一件重大的消息。他們這一行動，頓時引起輿論沸騰。當天（15日）晚上，仙石久尚傳達幕府命令，四十六人分別囚於四侯邸。因十七人於肥後侯邸，十人於南松山侯邸，十人於長府侯邸，九人於岡崎侯邸。

隔年二月三日，幕府命令四十六人切腹。二月四日下午，四十六人奉命自盡完畢，是夜，全體葬在泉岳寺。❷丸山真男說：「這次

事件，是封建的主從關係——這也是幕府自己據以建立的基礎——與幕府說一政權之政治立場的正面衝突。同時，這也意味著對於使君臣道德與父子夫婦兄弟朋友等私的關係並列之儒教倫理之致命的鐵槌。這件事，給與儒學者的混亂和困惑，實有超出想像之外者。只看這次『赤穗義士』事件，從現實的問題，一直到近世後期，事件已成過去的『故事』， 儒者的論爭，仍然綿綿不絕，也就可以明瞭這件事給他們的衝擊是何等的大。」❸近人林景淵先生也撰文說：「元祿年間的這一次武士復仇事件留下了太多太多的難題。其中有些難題不僅當時沒有定論，甚至將近三百年來一直不能得到定論，

❷ 「……越明年。壬午。冬。十二月。十四日。故赤穗大夫大石良雄及諸士。共四十六人。夜襲吉良氏。殺義央。斬首以行。遂詣泉岳寺故赤穗侯墓所而獻捷焉。事畢。自歸于官以待死。事聞。憲廟乃命有司。分四十六人。因于四侯邸。……明年癸未。春二月。四日。皆賜死于因所。」太宰純（號春台）：〈赤穗四十六士論〉，《近世武家思想，日本思想大系27》，東京：岩波書店，1974年11月25日一刷，p. 409。另見《翁草》卷之九十五，《日本隨筆大成》第三期第21冊，東京：吉川弘文館，昭和53年5月6日發行，pp. 329–332。林景淵：〈四十七武士是義人嗎？——影響日本人至鉅的「忠臣藏」故事〉，《中央日報》，民國83年10月23日，第十七版。

❸ 「この事件は封建的主從關係——それは幕府自らの據って立つ基礎でもある——と幕府の統一政權としての政治的立場との端的な衝突であった。さうして同時にそれは君臣道德父子夫婦兄弟朋友といふ如き私的な關係と並列させる儒教倫理への致命的な鐵鎖をも意味した。この事件が儒學者に與へた混亂と當惑は實に想像にあまるものがある。『赤穗義士』が現實の『問題』から、過去の『物語』になった近世後期までも儒者の論爭は綿綿と盡きてゐないものを見ても、彼等に與へたショックの如何に大であったかがわかる。」丸山真男：前引書，pp. 73–74。包滄瀾譯：前引書，p. 57。

此後可能還要繼續討論下去。最大的問題是：四十七武士為主公復仇是正當行為嗎？如果是，為何「幕府」將他們處死？接下來的問題不勝枚舉，例如：淺野長矩雖然犯錯，卻並非直接冒犯『幕府』；處死、取消封地是否太嚴厲？而另一個當事人吉良未央完全沒有責任嗎？為何他依舊逍遙法外……。在德川家統治日本的二百餘年之間，忠貞武士為主公復仇雪恥的事件並不少見，為何日本人情有獨鍾，只對『赤穗義士』如此傾倒呢？——就整個事件的前因後果加以仔細推敲，最大的關鍵應該是『幕府』似乎不宜將四十六人處死。由於他們的死，故事流傳到民間之後，引發強烈的悲憤和不平；更因為在事件後的四十七年（1748年）首度上演了影射四十七武士的舞臺劇『假名手本忠臣藏』，從此，推波助瀾，不僅事件本身一再被敘述流傳，淺野長矩在『幕府』之殺人，四十七武士復仇之舉以及事前的準備等，一再被挖掘新的歷史材料，人人也樂意一遍又一遍深入去瞭解和轉述。……在官方方面，事件後已逐漸緩和處分，甚至開始尋求補救手段。四十七武士被處死之同時，『幕府』下令他們的兒子流放外島；但是，三年後被赦免無罪。西元一七○九年，淺野長廣（長矩之弟）也被赦免，翌年奉命恢復武士身分，西元一七一三年，大石良雄嗣子大三郎奉令成為武士，食祿一千五百石。當事人之一的吉良家後代則被撤銷官職、封地，從此不見天日。『幕府』政權結束後的明治元年（1868年），天皇頒下詔書一紙，肯定了四十七人的壯舉，可謂為此一樁長久的爭議畫下句點，詔書內容是：『汝良雄等，固執主從之義、法死復仇，使百世以下之人感奮興起；朕深嘉賞焉。今因幸東京，遣使全弁事藤原獻弔汝等之墓，且賜金幣。特宣。明治元年戊辰十一月五日。』事實上，事件發生後，雖然也有儒學者荻生徂徠認為淺野長矩是一名『不義』的城主，

四十七武士為『不義者』復仇當然也是『不義』的行為。但在此前後卻也有室鳩巢寫過《義人錄》，三宅觀瀾著書《烈士報讎錄》。……根據估計，截至目前為止，以『忠臣藏』為體材的小說超過五百種。……」❹ 我們姑且不論後世之人如何看待這一事件，先以身處歷史現場的那個時代的人來看，因為這比較關係到當時的政治社會情境，比較不至於因距離的美感而產現第二義思古悲壯的情懷。❺ 當然，若就史料所載，四十七武士在斬下義央的首級之後，在離開吉良邸宅時，大石良雄派吉田兼亮、富森正因兩人前往幕府官吏仙石久尚住處自首，請求仙石久尚報告幕府，眾人則在泉岳寺靜待處分的這種行為來說，是發自第一義的「本心」。 是只見其行

---

❹ 林景淵：前引文。林先生所言對四十六士處置是否過當，徂徠的弟子太宰春台在其〈赤穗四十六士論〉中就曾云：「純聞神祖之法，殺人於朝者死。赤穗侯之於吉良子。傷之而已，是其罪宜不死，而國家賜之死，則是其刑過當矣!」太宰純（號春台）：前引文，《近世武家思想，日本思想大系27》，東京：岩波書店，1974年11月25日一刷，p. 410。另外，林先生文中所指室鳩巢所著「義人錄」， 在《近世武家思想，日本思想大系27》，東京：岩波書店，1974年11月25日一刷，pp. 343–370，所載的篇名是〈赤穗義人錄〉。

❺ 筆者將人的道德良知的判斷，分為第一義的良知判斷與第二義的良知判斷。第一義是先天的統覺（統一自覺性）， 未經外在的干擾的「本然（應然）之心」，在此可謂之「本心」。就好比出車禍，兩輛車撞在一起，駕駛人當下最清楚孰是孰非，這是第一義的良知判斷；第二義是後天的統覺，經由思慮考量客觀的情勢以後，所呈顯出的良知判斷，在此可謂之「偽心」，也就是荀子所謂的性與偽合的「性偽」，若以徂徠所言，就是「以禮制心」的「心」。 就好像出車禍知道自己不對，想逃避肇事責任，但經內心的掙扎、不安，為求自我良心的安頓，擔負起肇事之責。

為本身在行一「義」行，行為後果則在求一「求仁得仁」，而不見
其利害關係者。這也是日本之所以為日本的精神價值之所在。推而
廣之，古代日本的武士道，現代商社的社員，甚而家庭中的主婦，
忠於其分內職守，不論大仁、小仁，大義、小義，只在行一「義」
行，求一「仁」德罷了。故太宰春臺曾謂：

> 且我東方之士，自有一道，見其君長之死，立即心亂發狂，
> 不旋踵赴其難，但以死為義，不復問其當否。自仁者觀之，
> 雖或不免為徒死，而國家因存是道，亦足以屬士氣，故不可
> 棄也。❻

接著，我們還是還原到歷史的現場，看看當時的人怎麼看待這
一事件。首先，是像室鳩巢那樣篤信朱子學的學者，便毫無顧慮地
讚揚四十七武士的義行，寫了一部有名的《赤穗義人錄》，並於〈赤
穗義人錄序〉一文中云：

> 時秋。積雨新霽。戶外履聲鏗然。出而迎之。則奧子復谷勉
> 善及石慎微也。於是。出義人錄。相與讀之。讀罷。繼之以
> 泣。慨忠善之不作。恨天道之無知。嗟天理之悅人心。嘆孟
> 氏之不我欺。慎微曰。赤穗諸士。朝廷致之於法。而室子乃
> 張皇其事。顯揚其行。並以義人稱之。（後略）❼

---

❻　太宰純：前引文，p. 410。

❼　室鳩巢：〈赤穗義人錄序〉，《近世武家思想，日本思想大系27》，東京：
　　岩波書店，1974年11月25日一刷，p. 343。

這是「以理學的條理，專作心上詮議」的朱子學之當然歸結。❽但是，在以講程朱學為主，身掌幕府文教的儒者林信篤那裏，事情就沒有那麼簡單了。他主張免除義士的死刑，但他的建議並不為家臣們所接納，後曾作〈義士挽詩〉以舒胸臆。詩云：

> 闢門突入蔑荊卿，易水風寒壯士情，炭啞形衰追豫讓，薤歌淚滴挽田橫，精誠貫日死何悔，義氣拔山生太輕，四十六人齊伏刃，上天無意佐忠貞。❾

此詩大有義薄雲天的忠義之士，被誤誅的憤懣之情。然而，再看看他所做的〈復讎論〉：

> 關西一牧士臣，大石等四十有六人，為亡君一心結黨。元祿十五冬十二月十四日，報讎為囚。公命有司，詳審密察，鞫罪以下令，使彼黨自殺。或問，三綱五常，禮之大體，教化

---

❽　「これは『理學ノスヂニテ心ノ上ノ詮義專』らなる朱子學の當然の歸結であった。しかし林大學頭信篤の樣に、幕府の文教を掌握する公的地位にある儒者にとっては事態はしかく簡單ではない。」丸山真男：前引書，p. 74。

❾　林信篤：〈義士挽詩〉，《近世武家思想，日本思想大系27》，pp. 374–375。此書所載是取自〈赤城士話〉，但亦指出在《鳳岡　詩文集》，《鳳岡林學士集・卷二十五》所載的林信篤：〈聞淺野長矩舊臣報讎并序〉有些不同。原詩摘錄於下：「曾聞壯士無還去，易水風寒連袂行，炭啞變形追豫讓，薤歌淚滴挽田橫，精誠石碎死何悔，義氣冰清生太輕，四十六人齊伏刃，上天無猶未察忠情。」引自《近世武家思想，日本思想大系27》，p. 375。

之本原，固不異古今遠近。而先王立法詳律，以示天下，傳于後世也。蓋君臣父子，三綱之要，五常之本，天理人倫之至，無所逃於天地之間。故記禮者曰：君父之讎，不與共戴天。則發不能自己之固情，而非專出於一己之私也。苟不詳復讎，則乖先王之典，傷忠臣孝子之心。至若誅復讎者，壞典黷刑甚矣，以是為正人倫之法可乎！予應之曰：復讎之義，見於禮記，又見於周官，又見於春秋傳，又唐宋諸儒議之。丘氏於大學衍義補論之詳也。竊取經傳之意以議之。以彼心論之，則不同天之保讎，寢苫枕刃，以復之可也。偷生忍恥，非士之道也。據法律論之，則讎法者必誅。彼雖繼亡君之遺志，不免讎天下之法，是悖驚而凌上也。執而誅之，以示天下後世，所以明國家之典也。二者雖不同，並行而不相悖。上有仁君賢臣，以明法下令；下有忠臣義士，以據憤遂志，為法伏誅，於彼心豈有悔哉。古人所謂治世久，則民心怠。幸今遇唐虞之世，民享利樂生，未有盛於此時也。是以天下之士，沐浴膏澤，而怠惰之心生，避談聚議，習為軟熟。及彼一拳，奮發興起，以向義之心起，君知信臣，臣知忠君也。嗚乎王蠋之一死復齊，唐朝中興，顏真卿為之倡者，於是識之焉。彼亦一世之人傑，有功於世教，與豫讓田橫之徒，並稱而可也。❿

在此頗有「有法以法行」，任何人不得以任何形式或理由向國家之典挑戰，大有「法者、憲令著於官府，賞罰必於民心，賞存乎慎法，而罰加乎姦令者也：此人臣之所師也」⓫的法家色彩。可以說是完

---

❿　林信篤：〈復讎論〉，《近世武家思想，日本思想大系27》，p. 374。

全同意幕府的處置。這種認同幕府的處置，姑且不論其正確與否，
「但是，他把『以彼之心論之』與『據法律論之』分開，這就已暴
露出：以『理』連續個人道德與國家規範之朱子學的思維，早在朱
子學的本家自身有了破綻。這個破綻，結果還是用『上有仁君賢
臣』，『幸今遇唐虞之世』這些御用學者的口吻來彌縫。」 ❷ 顯然帶
有搪塞之嫌，且並不能將真正地問題的本質 ── 「公」與「私」凸
顯出來。

我們再來看看徂徠的態度如何呢？透過史料來看，徂徠始終認
為長矩乃「不義」之城主，四十七武士乃「不義」之士，且其行徑
還不如佃奴市兵衛忠主之道。❸ 在徂徠論〈復讎文〉中云：

---

❶ 　《韓非子・定法》。

❷ 　「……完全に幕府の處置を追認してゐる。……さうしてこの破綻
　　は結局、『上に仁君賢臣あり』とか『幸に今唐虞の世に遇ひ』とか
　　いふ御用學者的口吻を以て瀰縫されてゐるのである。」 丸山眞男：
　　前引書，pp. 74–75。譯文參閱包滄瀾、徐白：前引書，p. 58。

❸ 　「寶永乙酉春三月，有司奉　旨。以流人上總州市原縣姊崎村次郎兵
　　衛之田宅，沒在　官者五町七段，還畀其子萬五郎。以村之無主田六
　　町，授其奴市兵衛以賞市兵衛也。始次郎兵衛為村之里正。元祿乙亥
　　歲，同甲摠兵衛放銃驅野豕於人家竹林中，誤中人之妻而斃。歲時猛
　　獸在田。　官授民以鳥銃，里銃丁幾名，銃幾門，籍其戶，假其器，
　　唯火硝藥，勿用鉛石，任其驅逐，不得擅殺，著在令甲，齊民遵守，
　　皆所以防亂源。廣慈惠也，而摠兵衛之銃有子，處斬。次郎兵衛身為
　　里正不以聞，事覺猶為弗知，流于豆大島，其田宅皆沒入官。次郎兵
　　衛父，老且羸，子二，女六歲，男三歲。既行其妻方產，頗艱，生女
　　而死。奴市兵衛，寘諸懷抱中，遍丐於里之有乳者乳之。親戚弗顧，
　　三口者煢然無所依，兒女則呱呱啼弗已。市兵衛與其妻謀所以養之，
　　售己之女為人婢，直若干，與其佃人田所受者若干，獲中金八兩，悉
　　出買一小廛，以處次郎兵衛之父與子女者，奉而事之。若其主在日，

外史氏曰：辛巳歲三月，天使東下。是日赤穗侯淺野長矩，以私憾拔佩刀，擊少將吉良義英于殿廷。義英創而不死，其夕長矩賜死，國除，義英如故。迨壬午十有二月，赤穗遺臣

益佃它人田，以裒其升合之贏，而饘褐之供。四口者於是乎無飢寒之患焉。市兵衛猶恐己妻之或育，而朝夕之弗給也，遂不與俱同床蓐者十有一年矣！次郎兵衛就罪之日，市兵衛業已詣東都，俯伏官廳，請以身代其主之罪。姊崎去東都二百來里，往還可三日程，而市兵衛來請若初者，月必一二次，弗輟弗措，亦十有一年矣。都下店主人，稍稍知其所為，遂弗與舉籌云。嗚呼細民之多口而無田，悉取米鹽麻布之入于己，筋骨之力，惟日弗給，亦已勤矣。而年必虛六七十之日，而取償于佗日之勤，其困苦之所倍何如哉。且夫官家之租不薄，田主之稅愈刻，几為佃客者。藜藿弗粒，褞縷露肩，居則苫稿為坐，動則犁鑺之從，炎畦雪簑。晨牧宵絢，歲無虛日，日不虛刻，而其可以展布四肢，而償一日之勞者，唯在夢寐半枕之餘耳。大抵人世之所說，曼聲美色，芬芳甘旨，與其風流繁華之娛，從容逸豫之樂，悉付諸他生天堂之受。而其可以暢舒精神，而取半晷之快者，唯在伉儷一床之上耳。故諺曰：耕夫與耕馬伍。而市兵衛十一年之苦心，此情之最為可憐者乎。是歲二月某日，市兵衛又來訴于官者如初，而自矢弗虛還。吏訊其由，次郎兵衛之父，今年八十三，患風三歲弗差，起臥手足莫已聽。且莫則曰：願一獲見次郎兵衛，則死無憾矣。其哀籲弗忍聽也，且三子者益長愈慕，日夜悲泣，是烏可忍視耶。小人無狀，告愬弗勤，以貽斯慼，故敢特冒官威，懇請蹔赦次郎兵衛之罪，放還以獲與老父訣，則小人擅訴之罪，身首殊處，亦所不辭也。辭色哀惻，聳動官聽，旁訊縣里，情實弗爽。事遂聞，下之閣老，僉議以為次郎兵衛罪在不赦，而市兵衛忠且誠，是可嘉，其以其主之田宅，賜之市兵衛，教曰可。有司傳旨，市兵衛不肯奉命。乃曰始之為主，卒之為己，小人義不敢奉命，願賜之舊主之子萬五郎。事再聞，遂有今命。」荻生徂徠：〈記義奴市兵衛事〉，《徂徠集》卷十二，《日本漢詩3》，東京：汲古書院，昭和61年2月發行，pp. 117–118。

大石□□等四十有七人，夜襲義英第而戕之，然後束手就擒。
越翌年二月，皆賜死。世皆謂四十七人者，捐身命于主死之
後，以效無報之忠，翕然以義士稱之。以予觀之，是亦田橫
海島五百人之倫也。夫長矩欲殺義英，非義英之殺長矩，不
可謂君仇也。赤穗因欲殺義英而國亡，非義英之滅赤穗，可
謂君仇乎？長矩一朝之忿，忘其祖先，而從事匹夫之勇，欲
殺義英而不能，可謂不義也。四十有七人者，可謂能繼其君
之邪志也，可謂不義也。雖然，士也生不能救其君於不義，
寧死以成其君不義之志。事勢之至於此，是推其情，不亦大
可憫乎！故予以為田橫海島五百人之倫也。今察佃奴市兵衛
事，則不大勝於長矩之臣乎！鞠躬竭力，以致其忠主之道，
能盡為其所得為者，而久弗輟。誠志感縣官，以復其主之家，
而身得為良民，是不亦大勝於長矩之臣乎！嗚呼！雖所遇之
不同，然推其志，亦可謂義也已。**⑭**

---

⑭ 荻生徂徠：〈論四十七士事〉，《近世武家思想，日本思想大系27》，東
京：岩波書店，1974年11月25日一刷，p. 401。另參見〈物子論復讎
文〉，《漱芳閣叢書》第一冊，補遺。文轉引自岩橋遵成：《徂徠研究》，
東京：名著刊行會，昭和57年2月27日發行，pp. 533-534。這兩篇文
章篇名不同，但都撰寫著同一件事，文中只有一小部分不同，如前者
所載「四十有七人者，可謂能繼其君之邪志也，可謂義乎？」後者所
載是「四十有七人者，可謂能繼其君之邪志也，可謂不義也。」在文
意上並沒有相左之處。另外就是斷句的問題，以及在前者〈論四十七
士事〉文上面，也有指出一些與文中所載的字有不同，但並不影響文
意的解讀。因此，在此以前者為引證。在〈論四十七士事〉與〈物子
論復讎文〉中所提「田橫海島五百人之倫」，典出《史記》卷九十四，
另外《漢書》卷三十三亦有載。大意是：田橫原本是齊王田榮之弟，
田榮兵敗被殺，田橫帶領其眾襲擊項羽，收復了齊地，立田榮之子田

概長矩一朝之忿，逞匹夫之勇，欲殺其私仇義英而不能，遭致賜死，國除，使食其俸祿之武士與城民蒙辱以偷生，而為不義之城主；四十七武士繼長矩私怨之邪志，了其食祿報主之私義，非但未能救長矩於不義，反而寧死以成就長矩不義之志，故徂徠斷之為不義之士。至於後來「以侍之禮處以切腹」，來決四十七義士之罪，徂徠也並不以為然。在〈徂徠擬律書〉中云：

> 義為潔己之道，法乃天下之規矩也。以禮制心，以義制事。今四十六士為其主報仇，是知「侍」（武士）者之恥也。潔己之道，其事雖義，然限於其黨，畢竟是私論也。其故由於長矩殿中傷人，已被處罪，而又以吉良氏為仇，未得官方許可，企圖騷動，於法所不可許也。今若決四十七士之罪，以侍之禮處以切腹，則上杉家之願不定，彼等不輕忠義之理，尤可謂為公論。若以私論害公論，此復天下之法不得立矣。 ❺

廣為齊王，自己為相，主掌國政。田橫定居齊國三年，田廣為漢將韓信所俘虜，田橫乃自立為齊王。漢滅楚以後，田橫與其部眾從屬五百餘人，逃亡於海島上，漢高祖劉邦詔之曰：大者王，小者侯，不來則舉兵討伐誅之。田橫乃與二客詣洛陽，未至三十里，曰：橫始與漢王俱南面稱孤，今奈何北面事之，其恥固已甚矣。遂自殺。高祖以王禮葬田橫，並拜二客為都尉，二客皆自刎。居海島中之五百餘人，使使召之，至聞田橫死，亦皆自殺。《史記》卷九十四，pp. 2644–2649。

❺ 「義は己を潔くするの道にして法は天下の規矩なり。禮を以て心を制し義を以て事を制す，今四十六士其主の為に讎を報ずるは是侍たる者の恥を知るなり。己を潔くする道にして、其事は義なり雖も、其黨に限る事なれば畢竟は私の論なり。其ゆへんのものは元是長矩殿中を不憚其罪に處せられしを、又侯吉良氏を以て為仇、公儀の免許もなきに

倘以前述徂徠論聖人之大德——「仁」、「知」、「勇」言,「先立其大
者,而小者自至焉。」 義乃禮的細目,首先當把握禮的精神內涵,
然後根據禮以規範人心的發用,再根據義來決定事之可行不可行。
縱使先王之禮雖繁,但均以「仁」統之。因為,「仁」是以「公」
言,「義」以「私」論,而「法」更是以「禮」為最根本的原理原
則。蓋言:「先王立極,謂禮也」、「禮以制心,義以制事,禮以守
常,義以應變。」徂徠就此而言,「義」不過為潔己之道的「私論」,
法乃先王依立極之「禮」, 以為天下百姓所共同遵守之規矩的「公
器」也。四十六武士為其主公報仇,是知「侍」(武士)者之恥也。
乃個人潔己之道,其行事雖符武士之義,然拘限於其私黨(私人)
之義,畢竟還是「私論」。 所以,對社會秩序造成騷動,對維繫政
治穩定之不可侵犯性的「法」, 造成嚴重的威脅。概四十一武士所
必須面對的問題有二:一則對「公」言,操私劍以干國法之罪,必
須對現實政治秩序負責;二則對「私」言,求仁得仁以盡武士之義,
這是對日本歷史文化傳統負責。這也是「有法者以法行,無法者以
類舉」知類明統的最好明證。在〈徂徠擬律書〉中,徂徠應幕府的
諮詢答覆,並不主張「以侍之禮處以切腹」斷罪。其所持的理由是:
「今若決四十七士之罪,以侍之禮處以切腹,則上杉家之願不定,

騒動を企る事、法に於て許さざる所也、今四十六士の罪を決せしめ、
侍の禮を以て切腹に處せらゐるものならば、上杉家の願も空しから
ずして、彼等が忠義を輕ぜざるの道理、尤公論と云ふべし。若私論
を以て公論を害せば、此以後天下の法は立べからず。」 荻生徂徠:
〈徂徠擬律書〉,《赤穗義人纂書》第一,補遺, p. 150。引自丸山真
男:前引書, p. 75。譯文參閱包滄瀾、徐白:前引書, p. 58。

彼等不輕忠義之理，尤可謂為公論。若以私論害公論，此復天下之法不得立矣。」個人的「潔己之道，其事雖義，然限於其黨，畢竟是私論也」。

　　蓋四十七義士操私劍以干國法，其行雖義，畢竟是小義、私義。以小害大，以私害公，自然不足效行。縱使被殺的吉良義央絕非善類，但就現實政治秩序橫斷面的維繫與考量，也不能把個人的道德（私德、私義）行為影響到全體政治的和諧。就這一點而言，徂徠所主張的現實政治的穩定優先於個人的道德實踐，是顯而易見的事。但是，在《萱園雜話》中卻有著這樣的記載：

> 赤穗之士伐吉良時，刑定死罪，徂徠向柳澤呈言，報君仇之故，可令切腹，於是立即改判以士之格切腹。❶

由這點看卻與上述的「若以私論害公論，此復天下之法不得立矣」的觀點相左。當然，這就涉及到把這一事件視做法律事件抑或是政治事件來處理。就法言法，徂徠理當堅持法的威信與不可易性。才有所謂的：「若以私論害公論，此復天下之法不得立矣。」但就其現實輿論與政治的考量，則不得不考慮到歷史文化的傳統與民意的傾向，做出不滿意，但還能接受的斷罪方式。這也就是現代政治所講求的妥協，常保平衡共進。

---

❶　「赤穗の士吉良を伐し時、死罪に刑定りたりしを、柳澤侯に徂徠申上られしには、君の仇を報ずること故切腹仰付らる可く存する旨申上られし故、夫より急に評定かはりて士の格にて切腹に定りたり。」《萱園雜話》，《續日本隨筆大成》第4冊，東京：吉川弘文館，昭和54年12月20日發行，p. 73。

　但就武士的忠義之「理」， 從日本的歷史文化傳統縱斷面的承傳來看，則就不能不考量以侍之「禮」處置。「且禮者體也，道之體也，禮亡則道隨亡，豈不惜乎！」[17]而禮又是法之大分與準據,「先王立禮，以為民極。極，中也。使賢者俯而就之，不肖者企而及之」。[18]而「極者，謂先王立是，以為民之所準據者也」。[19]所以就是要以聖人所制定的禮樂刑政為準據，效法他的法度，求他的統紀類例，以知類明統，而統類的意思，就是歸類而得其「理」， 由所得之理而統貫百王之道。所以知類明統的意思，就是通過禮統與歷史的傳統來制制度。徂徠以「佃奴市兵衛事」與「四十七士事」來斷「義」與「不義」， 故言「今察佃奴市兵衛事，則不大勝於長矩之臣乎！ ……嗚乎雖所遇之不同，然推其志，亦可謂義也已」。 所以，徂徠並不認同「以侍之禮處以切腹」，決四十七士之罪的理由，是因為四十七士之忠義之「理」的「義」， 畢竟是「限於其黨」的「私論」。 其私必會違害到政治全體長期的穩定與和諧，使得所立之法徒具其文，而不能取信於全體人民。故言：「若以私論害公論，此復天下之法不得立矣。」 但此言必定與在上位的幕府主公們切身利益相左，因為「公」固然是好，太過講「公」的話，則畢竟不近乎人情。且：

　　先王之道，緣人情以設之， 苟不之人情， 安能通行天下莫有所窒礙乎！ [20]

---

[17]　《論語徵》，《荻生徂徠全集》第三卷， p. 132。

[18]　《辨名上・禮》，p. 430。

[19]　《辨名下・極》，p. 454。

[20]　《辨名上・義》，p. 432。

但這也是後來徂徠在五十二歲寫《辨名》論「義」，　思想更趨成熟的時候講的話，與他三十六歲時，在吉保家任儒臣的時候發生赤穗四十七士的時間，相距十幾年。所謂：「世事洞明皆學問，人情練達皆文章。」　就是這個道理。且徂徠在離開吉保家「祿隱」時，保山侯（柳澤吉保）為報綱吉知遇恩寵之恩，命徂徠編撰《憲廟實錄》，其中忌諱憲廟犬奴殺生（因綱吉頒生類憐憫令，禁止殺生，造成民怨，而被譏笑為犬公方），❷保山侯勸徂徠不要直書，後依保山侯之勸，未將此事記載於《憲廟實錄》。但徂徠告訴保山侯說：「君之過，臣下當受之。」❷蓋論「義」云：

❷　犬公方之名得之於，「隆光為滿足個人欲望，對於綱吉的子嗣問題，……利用桂昌院的迷信，對她說：要有公子，必須戒殺。尤其是為著將軍是犬年生，更當保護狗類。狗的繁殖，就是子孫的繁昌。綱吉母子都相信他的話。貞享二年（1685年）七月，禁止人民在他出巡時繫犬貓。後來，禁令範圍日廣。到同四年，命令人民，向奉行所呈報犬的戶籍，記毛色、年齡；至於無主之狗，則由村町飼養。次則保護牛、馬、龜、鰻、雞和貝類。這就是日本歷史家所謂『生類憐憫令』。執行這一命令，有許多人為著虐待生物的罪名，受流罪和斬罪。還有許多人，為著虐待犬，受嚴重的處分。於是，人不及犬。犬有犬醫，有良好的飼料，並橫行市中，吠叫傷人，不敢制止。結果，犬數日增——十萬頭之多。將軍特設犬屋飼犬（人稱將軍為『犬公方』），並佈告人民，告發殺犬者，賞金高至三十兩。」鄭學稼：《日本史》（四），臺北：黎明文化事業，民國66年1月15日出版，pp. 118–119。

❷　「憲廟實錄は保山侯報恩の為め徂徠に命じて編れしなり。其中憲廟の犬奴并に殺生を忌み玉ひしことは保山侯の勸めにて致されしやうに書れければ、保山侯徠翁に申されけるは、箇樣の儀我が勸めにあらず、是にては如何と申されければ、徠翁云はく、君の過は臣下の受くべきことなりと對へられければ、侯暫く思惟の體にて實にさ

> 如曰君臣有義也，主臣言之，蓋君統其全者也。先王之道，
> 在安民，是以非仁人則不能任道矣。故曰為人君止於仁，臣
> 亦任先王之道者也。然君統其全，而臣任其分，各有官守，
> 各有所事，千差萬別，非義則不能，故以義為臣之道也。……
> 行義以達其道，謂仕以行其所學先王之義也。❷❸

因此，幕府主公決四十七士罪，賜「以侍之禮處以切腹」，正是以
武士之「義」，行為臣之道。簡言之，武士行「義」以達其「武士」
之「道」。這也是為什麼日本人將各種生活上的事物，冠之以「道」
的原因。因為，「道」是「先王立是，以為民之所準據者也。」故花
有「花道」、茶有「茶道」、畫有「畫道」、書有「書道」、武士有「武
士道」、空手有「空手道」等，就是要將一切的生活的行為，定立
一客觀的規範與方法，使得一般大眾有跡可循。故徂徠所云之「道」，
是一具體的、形而下的行事規範與方法，凡人照著做就可以了，也
不希冀一般大眾能成聖成賢。因為，「聖不可學而至焉」。不像大多
數的中國儒學家，將「道」視之為一抽象的、超越的、形而上的存
有，非但一般大眾難以理解，甚而告知人人可以成聖成賢，要求人
人要以成為聖人為職志。缺乏了對現實社會、政治秩序的理解與同
情，雖有超乎現實的文化理想與政治抱負，但畢竟是海市蜃樓，有
如空中樓閣一般。這在中、日兩國近代化的歷史比較過程與邁入現
代化的文明中，是頗值得探討的政治思想的母題。

るととも有べしと云ひ玉ひし由。」《萱園雜話》，《續日本隨筆大成》
第4冊，p. 77。

❷❸ 《辨名上・義》，p. 432。

所以，這也是為何獨獨「在《徂徠集》和其他完整的著作裏，找不到關於義士的議論」的主要原因。❷就食祿報君主義的幕府大名們來說，武士之「道」，就在盡「其黨」之義，縱是「私論」，誰也不願意見到食其「祿」之武士，不盡其報君之「義」。因為，這攸關幕府大名們的切身利益，且又與當時的朱子學與民意相左，當然要把不符合既得利益的思想言論刪除。與之同時的林大學頭信篤來說，就要比徂徠來得圓熟老練的多了。

試想，徂徠若能以「知類明統」的歷史意識──「自決」（自覺）切腹，來斷罪四十七義士。既高揚了現實政治的穩定秩序優於個人道德，又維繫了歷史文化傳統的精神與價值（武士的尊嚴），兩全其美。

但徂徠這一點點的執著，卻透露出以國家為「公」的立法精神，摒棄以「私論」的個人道德論斷「公論」的政治思想了。這也是從幕府邁向近代化國家的主要思想啟蒙，也是徂徠之所以為徂徠，被譽為近代化思想的導師之原因了。

❷　「徂徠集其他彼の纏つた著作には義士論はなんら見出されない。今
　　日彼の意見として傳はつてゐる史料は悉く斷片的に散在してゐる
　　ものである。にも拘らず、徂徠が當時旭日の勢にあつた柳澤吉保の
　　家儒たりし以上、何程かの程度において義士處分問題に關與したで
　　あろうことは確かである。さうして現存せる史料を通じて窺はれる
　　徂徠は終始一貫、義士切腹論者であつた。」根據丸山真男所述：「在
　　徂徠集和其他完整的著作裏，找不到關於義士的議論。在今天，他的
　　意見所傳下來的史料，都是片段的散在著。雖然如此，徂徠當時既是
　　炙手可熱的柳澤吉保的家儒，則曾有某種程度關心過義士的處分問
　　題，這是確實的。而透過現存史料所可窺的徂徠，始終一貫是主張義
　　士切腹的。」丸山真男：前引書，p. 75。譯文參閱包滄瀾、徐白：前
　　引書，p. 58。

但丸山真男的理解，卻認為徂徠充分認同四十七士的行動是「義」。其云：

> 徂徠一方面充分承認浪士的行動是「義」——由於這一點，他反對斬首的極刑——但這個承想，始終是「私論」，只能局限於私的領域，如若私論妨害了公論，換言之，就是把個人道德擴張到政治的決定，他是斷然否定的。㉕

且在引註中指出：

上述之徂徠的史料，無論那一種，沒有一種不在某種形式上對義士表示同情的。這一點，和他的高足太宰春臺的意見，顯然相異。尤其在《柳澤秘記》中所載說：幕議一度要決定處以斬首之刑，徂徠透過吉保，極力表示反對意見，因此改為切腹。其他各點也是如此，這個問題，也由於春臺之說被人歸諸其師，所以徂徠似乎被誤解著。㉖

㉕ 「徂徠が一方、浪士の行動な『義』として充分是認しながらも──この點で彼は討首のごとき極刑には反對した──その是認をあくまで『私の論』として私的領域に局限し、私論が公論を害することを、換言すれば個人道德を政治的決定にまで擴張することを斷乎として否認した彼の立場。」「徂徠一方面充分承認浪士的行動是『義』──由於這一點，他反對斬首的極刑──但這個承想，始終是『私論』，只能局限於私的領域，如若私論妨害了公論，換言之，就是把個人道德擴張到政治的決定，他是斷然否定的。」丸山真男：前引書，p. 76。譯文參閱包滄瀾、徐白：前引書，p. 59。

㉖ 「上述の徂徠の史料いづれもなんらかの形で義士に同情を示してゐないものはない。この點彼の高弟、太宰春台の意見とは明白に異ってゐる。とくに柳澤秘記においては、一時討首の刑に幕議が決せん

丸山真男並參照岩橋遵成的說法，認為徂徠並不像太宰春臺這麼的過於嚴酷。[27]但就太宰春臺的〈赤穗四十六士論〉所載：

> 及見徂來先生。聞其餘論。則與純所持。若合符節。先生曰。赤穗士不知義。其殺吉良子。乃山鹿氏之兵法也已，可謂一言而盡矣。[28]

且就徂徠所持之「公」與「私」論，與丸山真男也自述徂徠「如若私論妨害了公論，換言之，就是把個人道德擴張到政治的決定，他是斷然否定的」相互矛盾。但其續言「我們只要注目這裏所表現的徂徠的精神態度就夠了。……一言以蔽之，就是政治的思維之優位。」[29]則才真正地符合，下面所要探討徂徠「作為法」的精神。然而，可惜的是，在岩橋遵成的大著中，卻未對此事有什麼精闢的見解與分析，僅只對徂徠不迂於「死文經義的空疏議論」幾個字一筆帶過。[30]

としたのを、徂徠が吉保を通じて極力反對意見を述べその為に切腹に變更された樣に書かれてゐる。他の諸の點においても然る如く、この問題でも春台の說がその師にまで歸せられたため徂徠は誤解されてゐる樣である。」丸山真男：前引書，p. 77。

[27] 「然しながら徂徠の四十六士論は春台の如き過酷の論でない。」岩橋遵成：前引書，p. 468。

[28] 太宰純（春台）：〈赤穗四十六士論〉，《近世武家思想，日本思想大系27》，東京：岩波書店，1974年11月25日一刷，p. 410。另見《翁草》卷之九十五，《日本隨筆大成》第三期第21冊，p. 330。

[29] 「一言以て表現するならば、政治的思惟の優位といふことである。」丸山真男：前引書，p. 76。

第三節　徂徠「公」與「私」思想探討分析

就此而言，倘觀上述二例，徂徠所持之基本精神與價值，就在「有法者以法行，無法者以類舉」。 第一個例子「棄親之刑，不見明律，古今之書籍亦無」， 蓋難以「諸人皆信仰朱子學，專以理學之說，詮議心跡。」 既然「不見明律」又以個人信仰「詮議心跡」不可行，故當求之於相「類」之事物，舉證之、比較之後，再「科以若何之刑，亦將成為他領之判例」。 這樣的一種思考方式，很明顯地就是「無法者以類舉」的現代量刑方法。然而，徂徠更進一步地指出，為避免將來成為其他領地之判例，理當以「公」為出發點，也就是以「政治」的考量為主。並且亦合乎徂徠所一直強調的，聖王制作禮樂刑政的作為法的精神。故當時代之君王，對此一事件做出合於那個時代的判決時，正就是徂徠所謂的聖王制作之「道」——「禮樂刑政」。

就此二例而言，倘若所謂的「政治」，就是管理眾人之事的話，則第一例中當下的「政治」人物，就未盡政治的責任。故云：「所謂棄親，不應有之事也。……以某之見，此人當究其事之所自出。」蓋當「第一科代宦郡奉行（他方官），再科家老（家臣之長），其上當亦有可科之人。道人之罪甚輕也。」 這樣的一種絕對權力、絕對義務的責任政治的思維方式，正是現代政治學中「責任的國家」的

㉚　「公の左右に侍し、公の顏色を伺ひ、徒らに死文經義に泥み、空疏なる議論を弄ぶ群儒の中に於て、抗顏何の憚る所もなく……」岩橋遵成：前引書，p. 121。

責任政治之精神所在。❸若冠之以現代的社會福利法來說，也正是徂徠此言之用心所在。

徂徠一家之言非苟同於當時官學派之朱子學者，倡導於幕府大名所統領的領地之下，而幕府與人民的政治的自覺性，因之增進這一點來說，將徂徠譽之為日本近代思想啟蒙大師是不為過的。

第二個例子中的四十七士，徂徠基本態度則是以「有法者以法行」論之。雖然，有資料顯示，徂徠曾表示對四十七士同情之意，但就「若以私論害公論，此復天下之法不得立矣」的邏輯一致性立場來說，並且如上例「為避免將來成為其他領地之判例，理當以『公』為出發點，也就是以『政治』的考量為主。」比較合乎丸山真男所說的：「他（指徂徠）試著將瀕於崩潰的儒教，使其政治化，以圖根本再建」的論點。否則，不但使徂徠的理論陷於不一致性，也使丸山真男自己所持的論點相互矛盾。況且，丸山真男自己也指出：「這篇〈擬律書〉，也難斷定是徂徠的真作。關於流傳徂徠意見的史料，還有《纂書》第一所收的〈赤穗四十六士論〉和岩橋遵成氏的《徂徠研究》中所載的《柳澤秘記》等文。重點的配置多少雖有不同，但是結論皆與〈擬律書〉相同，所以此處取其有代表性而最能表示徂徠之論理的〈擬律書〉。」❷倘依其所言，〈擬律書〉的可靠性本身就有待商榷，且又與丸山真男自己所主張者：「就是把個

---

❸ 英國政治學家賴斯幾在論〈責任的國家〉時云：「政治的國家，即令大削其權，而要其行政之職務，皆繫乎國民之公共需要，故國民利益之在其保護中者，自為他團體所不及，而不能與爭。」賴斯幾著，張士林譯：《政治典範》卷上一，收錄在《萬有文庫薈要》，臺北：臺灣商務印書館，民國54年2月臺一版，p. 84。

❷ 丸山真男在註解中，對〈擬律書〉與《柳澤秘記》文之可靠性，作一取捨。丸山真男：前引書，p. 77。

人道德擴張到政治的決定，他（指徂徠）是斷然否定的。」[33]更見此說的不當。更何況，走向政治近代化的過程，最大的特質，就是「法治」取代了「人治」。這也可以說是現代化過程中，一般對儒家「德治」理想，仍抱有其大憧憬的理想主義者，最難適應現代生活的地方。

就筆者言，徂徠三十歲出頭時的思想傾向，更與其五十二歲時所著的《辨道》、《辨名》的思想，前呼後應。且更能謂其思想的近代性，啟蒙了日本國民走向現代化的國家。不能不承認其「以一家之言倡導於全國，而國民之政治的自覺性，因之而增進矣」。[34]下面我們再引用現代經濟分析理論，來闡釋這兩件法律上的問題。

(一)經濟分析

吾人要進一步指出的是，從現代「經濟分析」的觀點來看，徂徠對此二例的判決思想，其中和本文有關的，是「事前分析」（先見之明）與「事後分析」（後見之明）的區分。這個觀點是芝加哥

---

[33] 丸山真男：前引書，p. 76。

[34] 張士林先生翻譯賴斯幾的《政治典範》，在其譯者序中所言：「近三百年歐洲，陸克之國會主權論，影響於英國政制者如何，盧騷之民約論，影響於法國革命者如何，哈米爾頓之聯邦論，影響於美憲者如何。此政治思想家於國家根本問題，溯其由來，窮其應用，不獨進國家政制於自然演進之中，且以一家之言倡導於全國，而國民之政治的自覺性，因之而增進矣。賴斯幾之言曰：人才之不易得者，為對於國家之知覺歷史上稍具之者，為大思想家數人，如霍布士、盧騷、陸克、馬克思輩。以歐洲政治學說之發達，而賴氏猶深概政治哲學家之不易得，則吾儕之為東方之人者，尚何面目立於大地耶。」。賴斯幾著，張士林譯：《政治典範》卷上一，p. 1。

大學的講座教授伊斯特布克(Frank Easterbrook)，在一九八四年《哈佛法學論叢》專刊的卷首語所提出。❸他所謂的事前分析是一般性的通則，事後分析是針對個案和特例來考量的案件。因為是通則，所以事前分析會影響到後續的行為，也就是會影響到以後類似事件的判決；至於事後分析只考慮個案和特例，等於是斟酌當下現實層面的影響，而忽略了長期的影響。因此，就長遠來看，以事前分析的角度作為判決的依據比較好。

　　茲引熊秉元教授所述伊氏引用一九八三年的其中一個判例為例，說明事前分析的重要；就是美國內政部「國家公園管理署」和公益團體「創意性非暴力聯盟」之間的官司。管理署明文規定，在華府特區的公園內，不准「露營」。 但是，該署特許這個「聯盟」，可以在白宮附近的拉法葉公園設置兩座「象徵性」的帳篷營，以突顯「遊民」的處境和訴求。而且，該署還同意，示威者可以在帳篷中躺下。但是，聯盟得寸進尺，希望能讓示威者在帳篷中過夜；不但可以吸引真正的遊民，而且更能真實而深刻的反映無家可歸的問題。管理署不同意，聯盟提出告訴。基於美國憲法第一修正案所保障的言論自由，華府地區法院認為聯盟有理；案子送到最高法院的手裡，最高法院裁定，支持管理署的立場。

　　伊氏認為，聯盟的論點（已經設有帳篷，也可以躺下，再允許示威者能闔上眼睛過夜只是一步之遙）是事後分析；以既成事實作為基準點，並且針對個案來考量。可是，管理署的條文是通則，是適用所有的情形，而不是只針對這個聯盟。如果允許這個聯盟得寸

---

❸　伊斯特布克（Frank Easterbrook）：《哈佛法學論叢》，1984年。參見熊秉元：〈要先見之明或後見之明〉，《中央日報》，民國87年9月15日，第十五版。

進尺，可以預見後果：會有更多的人申請設營；會有更多的人在帳篷裡過夜；會有更多類似的訴求，而管理署核准與否的尺度會持續的受到挑戰和引起爭議。因此，伊氏認為，最高法院採取「事前分析」的觀點，是經濟分析、好的裁決！ ❸ 以下我們就以經濟分析理論，對此二例作「事前分析」與「事後分析」，來看看徂徠的斷罪判決，是否是好的判決。

1.事後分析

回到「農民棄親」這件事上，情況非常類似。以當時的社會經濟環境來看，農民生活窮困至極，以至賣掉田地房產，亦不足以養母治病。但是，農民棄親本身是一個事實。以事後分析的觀點來看，農民即使有過，也不至於定罪。因為，「棄親之刑，不見明律，古今書籍亦無，此人究屬賤民，攜母乞食，中途而罷，難以謂之棄親也。首途四五日之前，業已出妻，雖乞食而仍攜母，賤民之中，亦難能也。若其與妻同居於家，棄母於他處，可謂棄親，然此人無棄親之心，難以謂之棄親云云」。

同樣的以「四十七士事件」來看，四十七士為報食祿之君被殺之仇，操私劍以干國法，其殺人犯罪是事實。以日本傳統文化武士「道」的精神來說，乃潔己之道的「忠義」之士，即使有過，罪不該斬首處死，當以「侍之禮處以切腹」。

2.事前分析

以事前分析的觀點來看，農民棄親，「無論何人，當不忍棄其親，此事可達上聞，伺上之意見。」然「專以理學之說，詮議心跡」，以「理」殺人，此例一開，則「他領亦必甚多。所謂棄親，不應有之事也。如以此為棄親，科以若何之刑，亦將成為他領之判例」。今

---

❸　熊秉元：前引文。

日之斷罪，勢必成為日後量刑的標準，這是必須設想的關鍵問題。
蓋當求問題之源，以杜絕日後再發生的可能性。這比較符合制定法
律的精神，考慮長期的影響，做事前的防範。

　　關於「四十七士」更是明顯不過。以法論法，「以法為仇者必
誅」，「若以私論害公論，此復天下之法不得立矣」。況且個人的私
義之德，怎可擴張到維繫社會秩序長治久安的公義之德。但是，僅
就法律面言之，由事前分析的觀點來看，答案非常簡單。可是，一
但涉及日本傳統文化與當下政治因素，則政治面的考量就比法律的
「公」論來得重要得多。這才是「四十七士」最後以「侍之禮切腹」
定刑的最主要原因。

㈡徂徠論「義」與「公正直」

　　最後，筆者再引徂徠《辨名》中論「義」與「公正直」，來看
其一貫的思想主張，作為為本節的結語。論「義」曰：

> 義，亦先王之所立，道之名也。……禮以制心，義以制事。
> 禮以守常，義以應變。……蓋義者道之分也，千差萬別，各
> 有所宜。故曰義者宜也。 ㉗

此處所言，「禮以制心，義以制事。禮以守常，義以應變」，禮有其
恆常不變之規範人心的原理原則，義則是在此不變的原理原則之下，
求其面對各種事物的應變之道。蓋義是道分散在千差萬別的各種事
物中，求其恰到好處的行為舉止。故謂之：「義者宜也。」

　　論「公」曰：

㉗　《辨名上・義》，p. 430。

公者私之反。眾所同共，謂之公；己所獨專，謂之私。君子
之道，有與眾共焉者，有獨專焉者。書曰：無偏無黨，王道
蕩蕩；無黨無偏，王道平平。……是公私各有其所，雖君子
豈無私哉！祇治天下國家貴公者，為人上之道也。❸

蓋公乃求一無偏無黨，非己所獨專的應事之道。尤其是治理天下國
家的君王，更應以「公」為長治久安、取法乎上之道。

論「正」曰：

正者邪之反。循先王之道，是謂正；不循先王之道，是謂邪。
……先王之道，規矩準繩也，故循先王之道而後為正。……
孔子曰：其身正，不令而行；其身不正，雖令不從。皆以禮
言之。後世理學興焉，舍先王之禮而以理言之。以理言之者，
取其臆已。……以禮制心，古之道為爾。❸

先王以禮治心，求其客觀的外在有跡可尋的規範，導引人民之心以
正。非以私智妄臆之理，使人民無所規範可循。故能循先王所立之
禮樂刑政行事者，謂之正，反之則邪。徂徠在〈復讎文〉中曾云：

四十有七人者，可謂能繼其君之邪志也，可謂不義也。雖然，
士也生不能救其君於不義，寧死以成其君不義之志。（前已引
註，不另）

---

❸　《辨名上・公正直》，p. 439。
❸　《辨名上・公正直》，p. 439。

四十七人所行乃「繼其君之『邪志』也」，蓋非先王之道所立之當行之事，自然不可謂之「正」、不可謂之「義」、不可謂之「公」。

論「直」曰：

> 直者曲之反。其於德，謂伸己之義，不曲從人也。直道者謂不枉其道也。❹

「直」既然是「不曲從人也」，四十七士曲從其君之邪志，自然不可謂之「直」。且徂徠下文中曾批評伊藤仁齋言「直」：「乃以不偽為直，倭人之陋也。」❹並以「攘羊之直」駁斥仁齋所言之「直」。蓋言「直道者謂不枉其道也。」此處正是以「化性起偽」言聖人所立之道。化人性的自然原始本能之性，而依聖人制作之禮樂刑政以行事，謂之「不枉其道」。

概徂徠認為，四十七士「曲從其君」，自然不可謂之「直」：「繼其君之邪志」，亦非先王之道所立之當行之事，自然不可謂之「正」；其行不知應變，非有所宜，亦非先王所立制事之道，自然不可謂之「義」；其行「己所獨專」，非「無偏無黨」，不可謂之「公」。故斷罪四十七士，乃以依「祗治天下國家貴公者，為人上之道也」判之，才符合徂徠政治思想走向近代化「國家」的理想。

---

❹　《辨名上・公正直》，p. 439。

❹　《辨名上・公正直》，p. 439。

第十四章　徂徠思想中的「自然」與 「作為」

第一節　自然屬性的「自然」之道與 人為屬性的「作為」之道

《周易·序卦》云：

> 有天地然後有萬物，有萬物然後有男女，有男女然後有夫婦，
> 有夫婦然後有父子，有父子然後有君臣，有君臣然後有上下，
> 有上下然後禮儀有所錯。❶

依照自然的法則，將天地之始與人倫之始，進而將特定的政治之始
的社會的秩序，上下的緊密承襲關係，力圖建構起統一的因果必然
性。試圖讓在這套自然秩序理論系統下生活的人，設想自我必然與
其他人處於社會之中，天性使然地使自我與他們聯結，並習慣於將
父子血緣關係的天理（自然）長幼之序，推至君臣政治關係的倫理

---

❶　《周易·序卦》，《十三經注疏》，臺北：藝文出版社。

上下臣屬之制，以給予強固穩定的「人倫日用」的倫理法規觀念的
精神保證，以形成一超穩定系統的「刑政日用」的政治組織法架構。
社會秩序之所以能夠作為自然的秩序來通用，往往是因為該秩序看
起來像自然的秩序。且也自由地在自我的良心中，有義務地去限制
自我在團體社會中的自由。然而，這是在每個人僅受那項隨意決定
的拘束，與他人共同過社會生活，如果有人不再願意限制自我的自
由意志，則在自然法則範圍以內即無法可以規範得了他，除非他自
行離開一切人類社會。所以，在以往中國古代依自然法則所建構的
封建社會的基礎，是奠定在父子血緣親疏的關係上，是從原始社會
走向文明社會，向社會安定化發生作用，且以社會的某種程度之安
定性為前提的「第一義法」。❷但是，當封建大家長乾綱不振，處事
不明，則群小環繞，是非紛雜的環境下，封建政治的社會關係，驟
然會失去自然的平衡性，賴以規範人心的自然倫理法規，便不足以
產生有效的支配性。由於自然規範內在於其自身的合理性、妥當性，
早已失去其因應現實環境的有效性。所以，這個時候尋求規範的妥
當，訂定制度的合理，挽救失序的平衡，恢復社會的安定與施行政
治的有效，自然常是走向以人為主體的人格立場的「作為法」， 來
取代以往師法自然的「自然法」的「第二義法」。❸

　　因此，日本到了元祿時代，由於「內在於近世封建社會的各種

---

❷　「第一義法」是人類自我意識的第一次覺醒，是人類從原始社會走向
　　文明社會的起始點，自覺地反省到人應師法自然，建構一個像自然秩
　　序一樣的人間社會。

❸　「第二義法」是人類自我意識的第二次覺醒，是人類從文明社會走向
　　人文社會的起始點，透過反省再反省地自覺到應以人為主體，建構一
　　個依照人類理性普遍需求所設計的合理的人間社會。

矛盾急速激化，遂由吉宗倡呼起被稱為享保之改革的德川時代最初之封建制輔弼工作的時候，自近世初頭以來，保持牢固之存續至今的自然的秩序觀，終於全面的被推翻了。」❹代之而起的，則是以徂徠最早提出的：

> 先王率人性而作為是道也，非謂天地自然有是道也，亦非謂率人性之自然不假作為也。❺

蓋「道」非事物當行之理，亦非宋儒格物窮理之學所明之道，更非「以己意求夫當行之理於事物，而以此造禮樂刑政」之道，❻而是由先王所造之人為制作之道。在此，徂徠很嚴格地區分了，「道」的「人為屬性」而非從屬於「自然屬性」。所以他說：「非謂率人性之自然不假作為」，　人性的材質是天生自然而有，先王所立之道，則是後天人為所創造而有。

所以，面對元祿時代封建社會即將崩潰的時代課題，仍想將社會關係奠基於自然之理（自然屬性）所流出的社會人倫之理（社會屬性）的朱子學的思考模式，繼續地支配封建社會的正常化，對徂徠來說，這是「人人而欲操先王之權，非僭則妄，亦不自揣之甚」，❼

---

❹　「元祿時代に入って、近世封建社會に内在する諸矛盾が急速に激化し、遂に吉宗によって享保の改革と呼ばれる德川時代最初の封建制輔弼工作を呼起すに至ったとき、さしも近世初頭以來牢固たる存續を保って來た自然の秩序觀が遂に全面的に覆されることとなつた。」丸山真男：前引書，p. 209。

❺　《辨道》，p. 414。

❻　《辨道》，p. 414。

❼　《辨道》，p. 414。

脫離現實的妄想。為了從現實政治社會環境的困頓中，重建封建社
會於不墜，徂徠其最根本的前提，就是必須徹底地把造成封建社會
崩潰的主要原因——由朱子學所建構的儒家理論之觀念的基礎給予
變格。即把自然屬性的社會秩序理論，轉化成以人為屬性為主體的
政治作為理論。所以，當我們重新審視徂徠學的方法論時，不能不
注意他在建構其政治思想體系時，在方法系統上的整體宏觀態度。

　　徂徠自言其學為「譯學」與「古文辭學」， 從方法學來看，兩
者皆是回歸原典做為探求學問的本源。以「譯學」來看，即捨「和
訓」，「以漢譯漢」；從「古文辭學」來看，即捨宋儒議論文學，直
復古道。簡言之，就是從文學上復古言，從經學上復古道。至於其
復古之方法過程，即質疑今人之言（指伊藤仁齋與宋人以今釋古之
言）後捨之，如《萱園隨筆》即對仁齋學之批判。接著反宋文學，
以明李、王不取漢以下之文為模範，為其所謂之「古文辭學」； 並
又反宋理學，以先王之古道為其經學，從古文辭學另闢蹊徑為復古
之經學。亦即所謂的「六經即先王之道也」。❽徂徠透過方法學上的
自覺與變革，就是要徹底地揚棄以往自然的秩序的理論。因為，以
往儒家自然的秩序的理論，是把儒家倫理規範一方面被稱為天道、
天理的宇宙的自然，和另外一方面被稱之為本然之性的人性的自然，
作一有機的結合。徂徠批評曰：「夫天之不與人同倫也，猶人之不
與禽獸同倫焉也。……宋儒曰：天即理也者，亦以私智測天者
也。」❾而此兩者之間實際上並沒有邏輯的必然性，只不過是人把自
我意識轉化成對象意識，以人間社會秩序向自然界類推，以求找到
一個形上的根源與保證。因此，將所謂的陰陽之自然界的現象，植

---

❽　《辨道》，p. 413。

❾　《辨名下‧天命帝鬼神》，p. 443。

入到人間社會的人群關係裏，顯然是私智妄作。這是徂徠把宇宙自
然，從聖人之道的內容中首先要揚棄的第一要務。故謂：

> 元亨利貞者，卦德之名也。諸儒以為天有斯四德者謬矣，如
> 乾為天，亦後人取其象云爾。其實乾自乾，天自天，豈可混
> 乎。如曰易有天道焉，有人道焉，有地道焉，亦後人玩其象，
> 則見易有三才之道耳，豈必天道哉！……故乾元亨利貞，當
> 以易觀之，不必引天道及聖人之道解之。❿

又云：

> 陰陽者，聖人作易，所立以為天之道者也。所謂極也，學者
> 以陰陽為準，以此而觀乎天道之流行，萬物之自然，則庶或
> 足以窺之也。然至人事則不然，何則？聖人不立此以為人之
> 道故也。後世說陰陽者，其言漫衍，遂至被之人之道，謬
> 矣。⓫

至於將仁義比之猶天之有陰陽，以仁義為道之總，或如漢儒以五德
佩五行，皆後世之言，非古道也。⓬ 又如將陽比做男、比做天，將
陰比做女、比做地，做為男尊女卑，上下貴賤關係的自然法則；和
與陰陽並稱，至漢儒始以仁義禮智信為五常之基礎的五行 —— 金木
水火土，以配諸元亨利貞的思維方式，在徂徠看來完全是聖人觀察

---

❿　《辨名下・元亨利貞》，p. 441。

⓫　《辨名下・陰陽五行》，p. 453。

⓬　《辨名下・陰陽五行》，p. 453。

天地萬物時，為求統類方便的一種「御繁之術」，故云：

> 以此觀之，五行者聖人所立以為萬物之紀者也。辟諸富商以
> 記號別其貨，豈必有其理哉！亦御繁之術已。⓭

故僅祇是比喻附會之說，彼此之間並沒有邏輯的必然性。再者，所
謂的天之經、地之義在自然的秩序思想上，只不過是「贊辭」罷
了，⓮已不再有其實體性。如此一來，傳統儒家自然秩序的思想，
原先是作為治國平天下，維繫封建社會尊卑、上下關係，安定社會
秩序的一種保障手段，已被徂徠將之否定，並且由「人格義」之天
所命之聖人制作之道代之。

第二節　天的「自然義」到「法則義」
以至「人格義」的進程

　　徂徠強調人格義的天，有其一貫的思想進程，與尋求價值根源
的保證。蓋就徂徠「天」的自然義來說，天只是「望之蒼蒼然，冥
冥乎不可得而測之。日月星辰繫焉，風雨寒暑行焉，萬物所受命，
而百神之宗者也。至尊無比，其能踰而上之者。」⓯然而，除此之外，
徂徠又以「天」為古代聖帝明王，治理天下所效法的法則。故云：

⓭　《辨名下・陰陽五行》，p. 453。

⓮　「有曰天之經，地之義也，贊禮之言也。經者，謂禮之大者，能持眾
　　義，如經緯之經焉；義者，謂禮之細者，各制其宜焉。所以謂之天地
　　者，贊辭已。」《辨名上・義》，p. 432。

⓯　《辨名下・天命帝鬼神》，p. 442。

自古聖帝明王，皆法天而治天下，奉天道以行其政教。是以
聖人之道，六藝所載，皆莫不歸乎敬天者焉❶。

法則義的天，是徂徠用來做為聖人立道的形上根源與保證，故曰：
「法天而治天下」，使所立之「道」有絕對的、超越的屬性。但此
絕對的、超越的法則義之天，無法保證一般常人所能窺知。於是，
徂徠又將天的屬性帶有人格義，使聖人因稟天性（自然義）、受天
命（人格義）、奉天道（人格義加上法則義）完成立道以安天下之責。
上文「奉天道」的「奉」字帶有命令義，故「奉天」則帶有奉天承
運的意味；然而「奉天道」，「天道」的「道」字，在徂徠來說，是
指規範、法則義，故「天道」是指天的法則義，合而言之，「奉天
道」則是將人格義的天與法則義的天相融合。相融合的目的，主要
就是轉向以絕對人格的主體為基礎法天所立之道，才能構成安天下
的準則。蓋由上文窺知，徂徠企圖由天的自然義轉向天道的法則義，
進而更向天命的人格義轉化，使聖人的人格主體性超越化、絕對化，
效法天的法則義以立道作為。故道已從以往宇宙自然之道，或人倫
之道中轉化成人為主體的作為之道——「作為法」。

　　徂徠在《辨道》中既言「先王率人性而作為是道也，非謂天地
自然有是道也，亦非謂率人性之自然不假作為也。」將道由天生自
然之人性的自然之材質（自然義），轉向由人性之才能的超越化所
立，而此才能的超越化唯聖人受天命、奉天道所獨有（人格義加法
則義）。故云：「先王之道，先王所造也，非天地自然之道也。」《辨
道》。在《辨名》中亦云：「夫道者，先王之所立，非天地自然有之
也。」於是乎，道非天地自然有之，則「自古聖帝明王，皆法天而

---

❶　《辨名下・天命鬼神》，p. 442。

治天下，奉天道以行其政教」就不可解。因為，徂徠堅持「道」的人為制作性，就是為了揚棄以往自然的秩序與人間秩序的關聯性，以避免在人為制作的背後有一「天即理」的 Idea（理念）什麼的東西來束縛人性的自然。蓋此處「法天」與「奉天道」而治天下、以行其政教，則是徂徠學中的又一大困頓之處。且此困頓，一如荀子思想中一般，天有其自然義、有其法則義、更兼具人格義。

第三節　徂徠的絕對「作為主義」思想

人格義的天賦予聖人、先王絕對人格的超越性，且斬斷了人與天內在倫理的關聯性，「夫天之不與人同倫也」，《辨名下·天命帝鬼神》是徂徠「作為主義」思想的前提。徂徠云：

> 先王之道，先王所造也，非天地自然之道也。❼

為此之故，所謂的聖人、先王，就是實際上立道之極的絕對作為者，非假天以立道。因為：

> 蓋天也者，不可得而測焉者也。故曰天命靡常，惟命不于常。古之聖人，欽崇敬畏之弗遑。❽

於是，自古以來，聖人立道制作禮樂刑政，只能「盡其心力，竭其智巧」《辨道》來作為方能使之制作而成。至於天是一「不可得而

---

❼　《辨名下·天命帝鬼神》，p. 443。

❽　《辨道》，p. 413。

測焉」的存在，先前引徂徠所言「奉天道」、「受天命」、「稟天性」、「天與人不同倫」，　只能視之為將聖人、先王之「材」與「能」推向絕對人格主體的理想化的描述性語言，以建構其政治所立之道的完整性與完美性，否則就自相矛盾不可解。所以，所謂聖人、先王，就是禮樂刑政制度之道的作為者之總稱。「夫道，先王之道也。」（《辨道》）

徂徠在政治上的用心，實乃有其參與政治實務的經驗與其面對幕府政治急劇轉變的衝擊，並已感到君如鍋水，民如材火，火劇水沸氣氛的壓迫，現實的政治問題，較其他的任何問題，對於他更為急迫。於是他捨傳統儒家的人文精神，而專注於政治方面的禮樂刑政，以期透過理想化的聖人，重新建構現實社會政治秩序，此固昧於當時情狀，然其政治理想與抱負，卻深植在日本近代化的土壤裏，起了除舊佈新與推陳出新的作用。

所以，在當時徂徠一反朱子學自然的秩序觀與內在化的傾向，直探古代先王六經之道，把聖人、先王作為之道推到外面去，使禮樂成為一種外在的客觀的制度，一種政治組織的原則與工具。這也可以說是日本儒學者，較疏於有關形而上學的世界的本體存在的抽象思考，傾向於在實踐上下工夫，在現實社會生活中建構人倫秩序，使日本封建社會出現了長期穩定的局面。故謂：

　　道者統名也。舉禮樂刑政凡先王所建者，合而命之也，非離禮樂刑政別有所謂道者也。 **⑲**

至此，所謂聖人、先王實際上就是禮樂刑政之「道」的絕對「作為」

---

⑲　《辨道》，p. 413。

者。這與荀子所言之聖人思想「性偽合，然後成聖人之名」，又有何異？

然而，丸山真男卻認為：「徂徠之所謂禮樂，當然不是宋學中所說的『天理之節文，人事之儀則』那種抽象的東西，和荀子的也不同，而是不以人類之內面性之改造當作問題，在專欲使其為政治的支配之具的一點上，更加對於人性，成為外在的東西。」❷而其解釋：「所謂人性外在一事，並非違反人類之本性。徂徠與荀子不同，乃力主道係合乎人性之說。（這與他主張氣質不變，排斥性惡之說有所關聯。）」

蓋日本儒學的特色，就是把理論與實踐相結合在一起，用理論指導實踐、把理論應用於實踐，使之成為社會各階層日常生活的指導原則❷。

---

❷ 「しかし徂徠のいふ禮樂は宋學に於ける樣に『天理の節文、人事の儀則』といった抽象的なものでないのは勿論、荀子のそれともちがつて、人間の内面性の改造を問題としないで、ひとへに政治的支配の具であらうとする點で一層人性に對して外在的のものとなるのである。」丸山真男：前引書，pp. 211-212。

❷ 「人間性に對して外在的であるといふことは人間の本性に反するものだといふ事ではない。徂徠は荀子と異って道が人情にかなったものである事を力說してゐる。（このことは彼が氣質不變化を主張し、性惡說を排したことと關聯する。）」丸山真男：前引書，p. 216。

第十五章　徂徠思想中「作為主義」的政治建構與實踐

　　徂徠學的本質，是在於治國平天下的政治性，因此，他的「作為主義」思想，必須建築於政治建構與實踐上，也就是說，他的內容，必須求之於客觀的、具體的禮樂刑政，落實於人倫日用的生活上，方才有實質的意義。否則亦如朱子學想當然爾般的空中樓閣之空虛寂寥之「理」。❶故於《政談》卷二云：「只須坐擁鉅金，雖賤民亦可如大名般享用，而不致遭任何咎責。最可悲者，乃手無分文，縱係位高有德之士，亦不免自慚形穢，避人於道塗，乃今之世界也。」❷且「學，寧為諸子百家曲藝之士，不願為道學家」。❸在〈與

---

❶　「人品良好之人，及從事學問，人品變惡者甚多，此皆朱子流理學之害也。試觀通鑑綱目，古今之間，今人中意者，一人亦無。以此見解觀今世之人，故人品自將變惡也。」荻生徂徠：《答問書》上，《荻生徂徠全集》第一卷，東京：みすず書房，1973年版，p. 432。

❷　「兔角金サヘ有バ，賤キ民モ大名ノ如クニシテモ，何ノ咎メモナシ。唯悲キハ，不持金，手前惡ケレバ，高位・有德ノ人モ自ヅト肩身スボマリテ，人ニ蹴落落サル，今ノ世界也。」《政談》卷二，《荻生徂徠，日本思想大系36》，東京：岩波書店，1983年版，p. 314。

❸　《徂徠先生學則・右學則六》，《荻生徂徠全集》第一卷，東京：みす

平子彬書〉中即嚴厲地批評世上道學者:「世儒醉於理,衝口便發道德仁義、天理人欲。不佞聞之,每生嘔曰,乃彈琴吹笙。」❹蓋其所主張國家政治優於個人道德,團體倫理高於個人倫理的政治理想,主要就是建構一國家主義的政治機制,以達到富國強兵的政治目的。故其積極地參與政治,批評政治,主要就是對於政治改革,提供理論根據。所以,他反對宋儒以降,以虛玄的形上之理箝制人心,主張思想自由與解放,以期達到政治思想上的積極作為與創造。

徂徠主張作為主義法思想,注重以禮樂刑政規範行為的特點,最主要表現在反對思想的箝制與懲罰。在思想問題上,他堅決反對宋儒以降「私智妄作」的「以理治心」之說,主張養德以成性。

依據徂徠作為主義思想,人應該積極地創造制作人間社會的禮樂刑政制度。從人的內在主觀面來說,積極作為有一個思想上的基本原則問題,就是孔子所謂:「志於道,據於德,依於仁,游於藝。」《論語・述而》據性依德的主觀作為原則。徂徠認為德與性需要一個養成的過程,使之相聯繫在一起,如此才能合乎社會的規範制度──禮,達到政治安定的目的。故其「作為主義」的政治建構與實踐的起點,就在養德成性。徂徠對性與德仁關係的理解云:

> 人各據其性之德而不失之,性之德雖多端,皆不害於人,祇未能養而成之,故悖於道。養之道,在依於仁游於藝。❺

ず書房,1973年版,p. 17。

❹ 〈徂徠先生學則附錄十四・與平子彬書〉,《荻生徂徠全集》第一卷,東京:みすず書房,1973年版,p. 47。

❺ 《辨道》,p. 415。

根據徂徠的理解，人各有其性，因知人性之德亦各據其性而有不同之德，然人之德是以仁為準則。人性中的德只是原初的質材，因此，需要後天的培養以成德行。不害於仁是從所各據人性之殊之德發展到養以成德。所以，從各據其性之德發展到各成其德的過程就是「養而成之」。蓋各據其性之「德」的「自然之德」，到各成其「德」的「人文之德」，是經由後天的「養以成之」的過程。這個「養以成之」的過程，就是徂徠積極作為主義的思想重點所在。也就是聖人之所以為聖人的制作之功的價值所在。也就是前章所述徂徠所提倡的「刑政日用」的制度法的觀念。

第二，對於人心主觀思想上的問題，徂徠只言養不言治。他認為如果以思想去控制人，是違背人心本性的。因為，「然心無形也，不可得而制之矣。」❻ 這也就是說，人心是自由無限的，無法以客觀外在的制度規範人心。人心的活動就是思想的活動，人心的自由就是思想的自由。因之，任何外在的禮樂刑政均無法強行控制人思想的自由。對於宋儒企圖以無形之「理」——「理無形，故無準。……天理人欲之說，可謂精微已，然亦無準也」❼ 控制人心思想自由的方式，被徂徠斥之為「私智妄作」。人心的思想活動既是自由無限的，無法加以強行控制，自然對於那些不合於德、不依於仁的心思觀念，也就只能通過規範人的行為的禮來間接制約。❽ 故曰：

先王之道，以禮制心，外乎禮而語治心之道，皆私智妄作也。❾

---

❻　《辨道》，p. 417。

❼　《辨道》，p. 418。

❽　杜鋼建：前引文，p. 7。

這也就是為什麼徂徠排斥朱子學空中樓閣之空虛寂寥之「理」，而專注於禮樂刑政這些外在客觀行為規範的作用的重要理論原因。歷代對思想和行為不加分別，一味的「私智妄作」都違背了人道主義的精神。人道主義的起碼內容之一，就是不能禁錮人的思想自由。正是在這種意義上，徂徠屬言道：「故後世治心之說，皆不知道者也。」⑩根據徂徠思想的主張，認為人的行為可以透過客觀的禮樂刑政加以控制，但人的思想不能被控制也不應該被控制，且應給予絕對的尊重。徂徠強調的是對人外在行為進行一定形式的規範，故而一再地闡釋聖人之道就是禮樂刑政具體的規範制度，反對對人心思想進行規範性的控制。徂徠雖然沒有非常明顯地高唱思想自由的口號，但他對治心說的批判 ——「治之者心也，所治者心也，以我心治我心，譬如狂者自治其狂焉。」⑪以及他對人心活動特質的闡述，都在實際上導向提倡思想自由的原則，並為近代思想言論自由的形成奠定了理論前提。⑫

第三，徂徠在「養德成性」的實踐意義上，首先就是循先王、

⑨　《辨道》，p. 417。

⑩　《辨道》，p. 417。

⑪　《辨道》，p. 417。

⑫　徂徠對這方面的影響頗為全面性，且其反對治心的主張，後來由其門人山縣周男與主張功利主義的名儒太宰春台得到進一步的繼承與發展。甚而到了明治時代，自由民權運動的代表人物中江兆民、植木枝盛等人由反對治心進而提出「各自抒其思想而已」的「發表自由」與「言論自由」的主張。又如「明六社」的重要思想家西周曾這樣描述徂徠對他的影響：「……這樣想著，又讀了《徂徠集》。稍讀後，十七年大夢方醒。……由此初次認識到嚴毅窄破的宋學及不上平易寬大的古學。宋學的空理在日用方面是無益的，禮樂是重要的，人欲是盡淨不了的，這樣醒悟道。」這在結論時再作進一步的剖析。

聖人之「道」，將三代以來一切的制度禮樂之「道」，推之於超越的、絕對的存在。為保證「道」的超越性、絕對性，將制作「道」的聖人塑造成超越的、絕對的性格，並因受諸天命以制「道」，　如此就更能絕對化了聖人的超驗性。故謂：

> 循先王之道，是謂正，不循先王之道，是謂邪，……先王之道，規矩準繩也。故循先王之道而後為正。《辨名上》（前已引用不另加註）

蓋在實踐的層次上把聖人之道的思想貫徹到底，把制「道」者、傳「道」者與實踐「道」者一分為三，故有聖人制道，仲尼之徒傳道，後代之人實踐道。❸使道的客觀性、具體性、實踐性深入到民間教育的層次，為在江戶時代普及文化教育，迎接近代社會的到來，並為社會的發展演變做了思想和文化生活上的準備。因為這種重實踐的實學，原先是宋明以來儒學者的實踐道德之學；但隨著古學派的批判與發展，到了徂徠，就變成人倫日用利用厚生的知識與技術之學，專注於它對現實的有利性、有效性；同時徂徠也主張技術需要站在自然法則的基礎上，而與儒學的道德分開。這可以說是近代技術思想的萌芽。因此徂徠排斥朱子學的空談性理，專注於實證的研究，無形間開展了近代性的思維方式。❹例如，徂徠受吉宗之命與

---

❸　徂徠思想主要源自荀子，這在前面的章節中已作過詳細的分析，況且徂徠也曾自述其思想得自荀子。故其將制道者、傳道者、實踐道者分為三個層次，這在荀子〈禮論〉中，也可看到相似之處：「聖人明知之，士君子安行之，官人以為守，百姓以成俗，其在君子，以為人道也。其在百姓，以為鬼事也。」

高瀨學山等漢學者研究「唐律」和「明律」， 以期創制成文律，對律學的關心與研究，就最能表現出他近代作為法的思維邏輯。他在對萱園門生講明律的時候，曾經叫聽講人立誓約，其中的一條云：

> 律書文簡義深，輒以難解之故，古有法家而別為一家之學，慎勿將之妄傳鹵莽之學者，貽害不淺。 ⑮

蓋希其門人「秘而不視」，不要動輒用律，以免為害到政治的運作。故云：

> 右晚年作，唯為律語多難讀，而作解以藏于家而已。既而夫子曰：法律之政，非先王以德禮之本。今天下依封建之制，則同乎三代之所以直道而行者也。若依此為律易解，人輒用之，則害於其政，當秘而不視爾。乃與盟者八人，特得睹耳，餘雖同社，不許輒視。 ⑯

所以，後來負責實際編纂責任的，是町奉行大岡忠相，因受徂徠影響之故，不公開所創制的成文律，只供官吏參考。⑰ 這種重實踐性、

---

⑭　徐先堯：前引書，pp. 33–34。

⑮　「律の書は文簡にして義深し。輒く解し難きの故を以て、古に法家ありて別に一家の學を為す。慎んで妄りに之を鹵莽の學者に傳ふる勿れ。害を貽すこと淺からず。」《明律國字解》（條約），《萱園雜話》，《續日本隨筆大成》第4冊，東京：吉川弘文館，昭和54年版，p. 98。

⑯　《明律國字解》三十七卷，《南郭集四編》卷之六，《日本漢詩4》，東京：汲古書院，昭和60年版，pp. 367–368。

前瞻性，並將自己的視野擴展到無限的歷史時空的努力，我們也可以在下面的引述中，一見其作為主義精神的實踐性。

> 見聞廣及事實，謂之學問，故學問極於歷史者也。[18]

然其續言：

> 學問只是廣為採攝，以擴展自己之知見者也。[19]

蓋在〈文會雜記〉記述徂徠生前的行徑中有云：

> 徂徠於諸國之話，種種之事，甚用心聽人談說。歿後，箱中零練碎紙上，記有各種談話，為人所發現。[20]

這也是徂徠為何能自元祿起，經寶永、正德而至享保，在漢學文壇

---

[17]　鄭學稼：前引書，p. 232。

[18]　「されば見聞廣く事實に行わたり候を學問と申事に候故。學問は歷史に極まり候事に候。」《答問書上》，《荻生徂徠全集》第一卷，東京：みすず書房，1973年版，pp. 432–433。

[19]　「我知見を廣め候事限り無御座候。是皆歷史之功にて御座候。」〈答問書〉上，《荻生徂徠全集》第一卷，東京：株式會社みすず書房，1973年版，p. 433。

[20]　「徂徠は諸國ノ咄シ色色ノコト、人ノ語ルヲ隨分心ヲ聞レシト也。歿後箱ノ中ニ狀ノウラヤ、反古ナドニ、サマザマノ咄ヲ廣間ナドニテ聞タルトテ、書付置レタルヲ尋出シタルト也。」《文會雜記》卷之一下，《日本隨筆大成》第一期第14冊，東京：吉川弘文館，昭和50年版，p. 211。

上，睥睨一世。除了他能唐音（幕府中葉，能唐音者，僅雨森芳洲、
安積澹泊、岡島援之三人，徂徠曾就岡島學唐音）能言時人所不能
言之外，❷他和當時一般學者最大的差異，就是依附政治，能有機
會參與政治的設計，實踐其聖人觀之以「仁」立道安天下之作為主
義思想。所以在吉保就將軍之後，看中他御用學者的立場，想以學
問治天下和養民，故為著改善社會的風氣，涵養庶民的德性，即命
徂徠訓點《六諭衍義》，並獻策──「足高制」即由徂徠草擬的。而
他的《政談》，事實上是建白書的草案。❷另外在《太平策》中，亦
如《政談》一般，從執政者治人的立場出發，向幕府建言恢復武士
治人的身分，農民成為被治之人，商工成為幕府政治附屬品的前提
下，解決當時的經濟危機，化解政治社會的動盪不安。❷像這樣重
利用厚生的知識與技術實踐之學，並直接影響大將軍創制作為的精
神，不僅在江戶時代就具有明顯的成效，更深深地影響明治維新時
代，為近代技術思想的萌芽，做了歷史鋪陳的基礎與條件。徐先堯
先生曾云：「杉田玄白，曾讀過徂徠學的兵學書《鈐錄外書》，領悟
到凡是學問都需要理論基礎（《形影夜話》）。因此，《解體新書》的

---

❷　鄭學稼：前引書，p. 246。

❷　《六諭衍義》於亨保六年十月一日刊行，這本書，是由琉球（琉人程
順則刊印該書）傳入薩摩，再由島津氏獻於幕府。吉宗為著「第一孝
順父母，第二尊敬長上，第三和睦鄉里，第四教訓子孫，第五各安生
理，第六毋作非為。」的六義，有益世教，故刊行它。想不到康熙帝
命范鋐集敕諭的闡明書，會受日本統治者的重視。引自鄭學稼：前引
書，pp. 242–245。

❷　可參見迁達也：《「政談」の社會的背景》與丸山真男：《「太平策」
考》，引自《荻生徂徠，日本思想大系36》，東京：岩波書店，1983年
版，pp. 741–829。

翻譯，是繼承並發揚光大徂徠學之近代技術思想而成的。」❷因為，徂徠學重視現實的有利、有效性，排除了朱子學空談性理之說，注重實證的研究，將新的思想和新的世界觀，植入到他所關心的政治思想設計之中，使其所據有的近代性思潮，啟蒙了明治維新時代的菁英分子。

---

❷　徐先堯：前引書，p. 35。

第十六章　結　論

　　據前所言，我們已看到徂徠將儒教規範客觀化、形式化的理想，自有其歷史文化的淵源與因應現實政治社會的時代背景和其所必須面對的現實課題。就其動機而言，徂徠力主聖人作為主體的理論，起始點就是建立在「輔弼封建社會」為目的。❶換言之，就是以聖人之仁，建構其以「公」為鵠的的政治社會。蓋徂徠思想自始至終均是從政治的觀點立說，且其對日本儒學最重要的社會功能表現，即在近代社會政治思想的啟蒙上。因為，思維方式的改變，才有助於近代科學實證精神的發展，才會突破狹隘的鎖國、藩幕意識形態和封閉的社會思想，走向國家的國民精神。對此，我們根據上述的考察、分析、釐清之後，歸結出以下幾個方面論述之。

第一節　徂徠學的影響

　　首先，從思想上說，徂徠之前是以朱子學為主導的官學，培養了人們「格物窮理」的論道精神。但朱子學的「格物窮理」並不是近代意義上的科學實證精神。科學的意義不僅僅在於它的實用價值，更重要的是在其背後嚴密的邏輯思維方法和實證精神, 使之客觀化、

---

❶　丸山真男：前引書, p. 273。

普遍化的理得到充分的實踐。宋明儒理學家的理,不是對自然世界之理的探索,而是倫理至善的人倫之理。蓋以理為核心的朱子學,其所言之「理」大致可分析成具有三重意義:一是作為格物窮理的經驗之「理」;二是經由格物窮理所見之自然之理聯繫到人倫之「理」;三是將經驗之「理」與人倫之「理」歸結為形而上根源的本體之「理」。所以,窮理的前提是格物,也就是對個別具體的事物,窮其所具之理。這種格物窮理的基本精神是要求人們通過對外在對象的探究,達到對人自身的認識為目的。❷其目的性的終極關懷,就是前述的倫理至善的人倫之「理」。 也就是宋明儒「實踐道德之學」的「實學」之理。但是,隨著古學派從素行到仁齋的大力倡導與反省,到了徂徠則徹底地變成了利用厚生的知識技術之學,乃著重於對現實政治社會的有利性與實效性;同時徂徠也認為技術必需要以自然法則為根據,斬斷了自朱子以來物理之「理」對於道德之「理」、 自然法則對於道德法則的關聯性。這是近代技術思想的啟蒙。由於當時江戶幕府的科學研究,尚停滯於經驗常識的傳授上,根本不注重對理論的研究;徂徠學的興起排除了朱子學玄空談性說理之教,而專注於實證的研究。這種實證的研究正是近代科學的方法論與精神所在,同時方法本身所秉持的是一種對問題事物的態度,也包含著新的思想與新的世界觀。據徐先堯研究指出:「洋學的發達,能衝破當時日本科學研究之界限,重新把徂徠學所具近代性的側面表現出來。……杉田玄白,曾讀過徂徠學的兵學書《鈐錄外書》,領悟到凡是學問都需要理論基礎(《形影夜話》),因此,《解體新書》的翻譯,是繼承並發揚光大徂徠學之近代技術思想而成的。」❸

❷　王中田:前引書,p. 109。

❸　徐先堯:前引書,pp. 33–34。

　　徂徠思想所建構的不僅僅是倫理的「理」，而是要從抽象的倫理道德規範之理，落實實踐到政治法律的客觀規範，從而使人們的行為規範具有明確穩定的形式之道──禮樂刑政。因為，徂徠始終認為，沒有一定形式的行為規範，空言性善性惡不足以治國理政。人道與君道的同一性最終要體現在仁人之心的仁政上，而仁政的施行要依據具體客觀的的禮樂刑政這些政治法律規範和制度來加以保障。仁心是禮樂刑政的內容，禮樂刑政是仁心的形式。推行仁政必然要求為政者積極作為，並且要不斷地因時制宜創制和完善各種典章制度，將君權與民權兩方面均納入法制軌道，確保權利與義務的關係。❹ 然而要指出的是，君權與民權的對應，政治權力與人權的對應，這些都是近代政治學中人權論的基本前提。徂徠的人道論的思想理論，恰恰以人道先於君道為其邏輯前提，具備這種近代政治學上的思想。這正是徂徠政治哲學思想的可貴之處。

　　徂徠在教與學的思想啟蒙上，更是打破了「只知尊師而不思道」的權威崇拜。將學者（主體）所學之事物乃是教者（主體）所教之道（客體），而非學教者（主體）本身。質言之，學者乃學教者所教之客體之「道」。並非對教者（主體）──人之崇拜與模仿，甚而以師之私智之言為真理。人格思想的獨立性與啟蒙，必須建立在對私智、私欲的蒙蔽開展。也就是直接去獲得真理本身，而非間接獲得。

　　此外，儒教的教化作用，特別是朱子學，把宇宙之理的「命運的必然」與人倫之理的「倫理的必然」貫通起來的理論，受到德川幕府的賞識與推崇，以至獨尊而成為官學。然而，徂徠教學思想與政治思想的影響與貢獻，在於他把近世人倫之理的「倫理的必然」

---

❹　杜鋼建：前引文，p. 7。

導向了近代政經之理的「理性的必然」。

徂徠的另一個貢獻，是把宋明以降愈走愈偏的抽象的倫理道德規範，落實到政治法律規範，從而使人們的行為規範具有明確穩定的形式。蓋運用政治權力，在實踐的層次上把儒家聖人之道的思想貫徹到底，並深入到民間教育的層次，為在江戶時代普及文化教育，迎接近代政治社會的到來，並為社會的發展演變做了思想和文化上的準備工作。這種努力不僅在江戶時代就具有明顯的成效，而且在明治維新的時代也看到它的實質影響。

所以，從政治上說，徂徠不取「人倫日用」的倫理法觀念，而採「刑政日用」的制度法觀念。主要是沒有一定形式的行為規範，空言性惡性善不足以治國理政。且人欲私心的價值和作用只有在制度嚴明的制治之下才能徹底地體現出來。在處分農民棄親與四十七士時，積極地表現出其主張國家政治優於個人道德，團體利益大於個人利益。一方面將個人生活從團體生活中解放出來，影響國學派，尊重個人情感的抒發；另一方面，如前所述，將自然法則從道德規範中抽離，保證研究自然的自由，使日本走向近代西方科學技術而開闢洋學之路。❺ 所以，徂徠在傳統儒學政治思想的繼承上，獨取荀子聖人觀思想而斥子思、孟子之學。蓋在前文析論荀子與徂徠的「聖人觀」之後，我們可以很清楚地瞭解到，禮在荀子與徂徠的思想裡，並不是出自人心內在的要求，而是因外在客觀的現象與事物，必須給予規範以維繫人與人之間、君權與民權的和諧關係。因知，聖人、先王制作禮義，乃基於對官與民之間予以保障的情況下，勢必將禮完全歸之帶有強制性的政治機制。把禮完全政治化以後，禮變成只是人君用以治國、安天下的政治機具，而此政治的機具又由

---

❺ 徐先堯：前引書，pp. 33–34。

人君所立、所制定，並且亦操秉於實握政治大權的君王。如此一來，立法（禮制）者也同樣是執法（禮制）者，君王集大權於一身，荀子的「朝無幸位，民無幸生」的理想國家，用現代的話說，是「各盡所能，各取所值」的理想社會。❻ 所以，在《政談》和《太平策》中所展開的人才登用策，是徂徠政治論中最精彩的部分。但事實上只是在泛政治的強制之下，政治干涉人的一切生活，任何人不能生於政治的機制之外。這到了徂徠的思想裏，則講的是「全民皆官」。倘真如此，這與今日極權主義的國家領導人統領人民的情形又有何異。然此種種，也都是在聖人絕對化人格之下所建構的理想社會，絕對的理想人格必然創造烏托邦式的理想社會，烏托邦式的理想社會勢必導致絕對人格走向絕對的權力，絕對的權力必然使人絕對的腐化，人性絕對的腐化必然使理想社會終歸煙消雲散。然此弔詭的是，對普遍人性不信任的設準之下——「聖非所學可至」，卻又獨獨欲建構一理想的、絕對的完美人格，以為不信任的前提（普遍人性）尋找一絕對信任（單一聖人）的完形。這種人性深處中兩元對比的思維模式，自古以來總是纏繞著人類原始的心靈深處，有如身影一般，如影隨形，揮之不去。這就像徂徠自認繼承了先王之道，在政治思想上，有許多地方幾乎完全是以荀子為圭臬。他的理論構造雖甚為嚴密，然實際內容上卻和荀子思想一樣，含有不少自相矛盾之處；他也就是賴此矛盾以在其思想上有一制衡作用，不致走向法家的極端法治主義。所以徂徠和荀子所持的政治立場一樣，還是傾向人治與德治，推出聖人立道以仁、處處以仁的準則衡量問題，制作禮樂刑政以安天下。荀子亦曾言「有治人，無治法」〈君道〉，其所

---

❻　徐復觀：《儒家政治思想與民主自由人權》，臺北：學生書局，民國77年9月增訂再版，p. 144。

持的理由是「械數者，治之流也，非治之原也；君子者，治之原也。」
〈君道〉徂徠則謂：「人較之法尤為重要。法縱惡，但若人能，仍
有相當之利益。只檢討法，但如人惡，便毫無用處。」❼蓋徂徠如荀
子一般，大體上還是與法家尚隔一層，仍保持儒家人治與德治的政
治理想。

正唯如此，徂徠在學術性格上，亦如荀子有其自陷於所自設的
困頓之中，游離於儒、法之間。（後節另有詳述）有儒家人道的關
懷，卻又欲走向法家法實證的人為制作法的功利實效主義。這又與
徂徠所生處的時代背景與日本傳統文化相關聯。

從文化上說，徂徠他所身處的是以儒家文化為背景、以江戶時
代封建社會為其人生舞臺，故其以儒家思想觀念為政治理想核心，
近則乃是為了遵循朱子學主靜的合理主義，作為建構此種歷史意識
論理的前提。在其無法合理有效地解釋，並且解決當下紊亂的政治
社會秩序時，遠則效法堯、舜先王之道，以外在客觀的禮樂刑政規
範，從事有效的政治重建的理論思考。蓋有鑑於商品經濟的繁榮，
町人文化的勢力強大，必須合理有效地調合「武士道」與「商人道」
的對立，將朱子學中「天理」之公與「人欲」之私──天理中之自
然的因素，從道德之理中分離。從素行到仁齋以至到徂徠對情欲的
寬鬆解放，並賦予合理的理論解釋，無形助長了町人文化自由發展
的保證，對藝術創造，給予充分自由的發揮。因為，元祿時代所表
現的華麗而纖細的色彩，正是元祿文化的基本精神。這種商人文化

---

❼ 「法よりは人猶肝要にて御座候。たとひ法は惡敷候共。人能候へば
相應之利益は有之物に候。法計之吟味仕候而人惡鋪候へば何之用に
も立不申候。」《答問書》，《荻生徂徠全集》第一卷，東京：みすず書
房，1973年版，p. 441。

制作的興盛，是為滿足生活欲望與結合生活欲望為前提，而商人經濟力的豐沛，帶動人欲的流動。❽ 元祿文化的現實自然主義和寫實主義的精神，普及於庶民階層，成為近代文藝思潮的開端。尤其以寫實手法，描寫現實的社會面相與官能之美，均表現出近代主義的精神。這些主張從藝術之倫理中解放出來的態度，當可瞭解由祖徠傳到景山的藝術觀念，是如何被國學派的宣長吸收到「物之哀愁」論之中。這種為藝術而藝術、為歷史而歷史、為文學而文學、為學術而學術的近代思想啟蒙的自覺性、自律性，使日本脫離了中國傳統思想上的箝制，像是從藩籠中掙脫出來的小鳥，自由自在地吸吮著自由的空氣。脫離以既定的道德標準箝制人性自然的自由意志的良心上的道德。這不能說沒有受到祖徠對情欲思想寬鬆的解放，調和了爭名重義的「武士道」與爭利重欲的「商人道」的對立，全面肯定了商人營利、積蓄、享樂的商人倫理，所發展出元祿時代商人文化的藝術思潮。

　　從經濟上說，江戶時代幕府「參覲交代」的政策，使武士的經濟落入「旅宿境界」的困境。雖促進了各地城下町的繁榮，使商人大獲其利，卻苦了原先高居治人者之位的武士，逼使武士借貸，甚而賣名給原先寄生於封建社會最下階層的商人。所以，他一方面要阻止造成武士貧困的「旅宿境界」，一方面用錢幣鑄造與借貸來達到通貨膨脹和通貨流通速度增加的經濟政策。對前者他以「知行所」的政策，使武士落地生根，歸土造戶籍，管制人口的移動；對後者他確立身分制度，規制欲望，以使供需平衡。很明顯地，前者是企圖恢復自然經濟對商品經濟的依存，並舉出武士居住農村能蛻去都市浮華奢靡的好處，使生活變得節儉，且與農民對立疏離的關係也

---

❽　丸山真男：前引書，p. 119.

可獲得解決。後者制度的確立，正是徂徠論聖人立道，即是禮樂刑政的具體化。蓋其在《政談》與《太平策》的貨幣經濟論，均為解決當時的經濟危機，可說是徂徠的卓見。❾

　　從法律上說，徂徠所主張的作為法，有別於以往官學自然法的思維模式。這也是為何獨獨「在《徂徠集》和其他完整的著作裏，找不到關於義士的議論」的主要原因。就食祿報君主義的幕府大名們來說，武士之「道」，就在盡「其黨」之義，縱是「私論」，誰也不願意見到食其「祿」之武士，不盡其報君之「義」。因為，這攸關幕府大名們的切身利益，且又與當時的朱子學與民意相左，當然要把不符合既得利益的思想言論刪除。與之同時的林大學頭信篤來說，就要比徂徠來得圓熟老練的多了。

　　試想，徂徠若能以「知類明統」的歷史意識──「自決」（自覺）切腹，來斷罪四十七義士。既高揚了現實政治的穩定秩序優於個人道德，又維繫了歷史文化傳統的精神與價值（武士的尊嚴），兩全其美。

　　但徂徠這一點點的執著，卻透露出以國家為「公」的立法精神，摒棄以「私論」的個人道德論斷「公論」的作為法思想了。這也是從幕府邁向近代化國家的主要法思想啟蒙，也是徂徠之所以為徂徠，被譽為近代化思想的導師之原因了。

　　所以，就「農民棄親」與「四十七士」二例而言，倘若所謂的「政治」，就是管理眾人之事的話，則第一例中當下的「政治」人物，就未盡政治的責任。故云：「所謂棄親，不應有之事也。……以某之見，此人當究其事之所自出。」蓋當「第一科代宦郡奉行（他方官），再科家老（家臣之長），其上當亦有可科之人。道人之罪甚

---

❾　今中寬司：前引書，pp. 453–464。另見鄭學稼：前引書，pp. 239–240。

輕也。」這樣的一種絕對權力、絕對義務的責任政治的思維方式，正是現代政治學中「責任的國家」的責任政治之精神所在。若冠之以現代的社會福利法來說，也正是徂徠此言之用心所在。

徂徠一家之言非苟同於當時官學派之朱子學者，倡導於幕府大名所統領的領地之下，而幕府與人民的政治的自覺性，因之增進這一點來說，將徂徠譽之為日本近代思想啟蒙大師是不為過的。

承上所言，徂徠在政治思想上的用心，實乃有其參與政治實務的經驗與其面對幕府政治急劇轉變的衝擊，並已感到君如鍋水，民如材火，火劇水沸氣氛的壓迫，現實的政治問題，較其他的任何問題，對於他更為急迫。於是他捨傳統儒家「人倫日用」的倫理道德，而專注於政治「刑政日用」方面的禮樂刑政，以期透過理想化的聖人，重新建構現實社會政治秩序，此固昧於當時情狀，然其政治理想與抱負，卻深植在日本近代化的土壤裏，起了除舊佈新與推陳出新的作用。

第二節　徂徠學的困境

徂徠始終將聖人與其所制作之道，完全源自於理性的認識及價值判斷方面，但對這已經絕對化了的人格所立的「聖人之道」，卻又在歷史的相對性中給予徹底的否定。在《答問書下》云：「所以不能貫通古今，仍未蒙古聖人之道與教也。」[10] 故在《太平策》中續言：「夫聖人者，乃稱開國之君，鑑往察來，立禮樂之制度，清絕弊源之謂也。」[11] 但在其下卻又說：「然禮樂制度一經釐定，歷數百

---

[10]　「古今貫通不申候ては。古聖人の道とも教共不被申候。」《徂徠先生答問書下》，《荻生徂徠全集》第一卷，p. 473。

年之後，雖為聖人制作，亦必日久弊生。由此流弊，即所以致世於亂。」 ⓬聖人既是絕對的、超越的完美人格，何以其所制作之道會經不起時間、空間的考驗，「日久弊生，以致世於亂」，這豈不是又否定了聖之德、聖人之智缺乏時、空的絕對性與超越性。很顯然地，徂徠也意識到人所能作為的事物，人也得以破壞之，這可以從徂徠在《辨名》中：「若果由於禮而自然有之，如三代（夏、商、周）者，其禮各殊，又將謂之何?」蓋徂徠與荀子的困頓自有其歷史文化的淵源，與無法掙脫時代背景使然的糾葛，這是不言自明的。以徂徠為例，他所身處的是以儒家文化為背景、以江戶時代封建社會為其人生舞臺，故其以儒家思想觀念為政治理想核心，近則乃是為了遵循朱子學靜的合理主義，作為建構此種歷史意識論理的前提。在其無法合理有效地解釋，並且解決當下紊亂的政治社會秩序時，遠則效法堯、舜先王之道，以外在客觀的禮樂刑政規範，從事有效的政治重建理論的思考。一則急欲維護歷史文化傳統的聖人（在位者君王）形象，一則有效地重建政治社會秩序的現實考量；在此雙重的歷史文化傳統維護與現實政治秩序重建的糾纏矛盾之中，自然以荀子所身處的時代背景的一致性所建構出的政治理想與政治現實的矛盾性思想，最能滿足徂徠急欲政治社會秩序重建的需要。

然而，藉著德川將軍的強力作為，穩定了搖搖欲墜，且難以繼

⓫　「所謂聖人ト云ハ、開國ノ君ノ、ヨク未來ヲ鑑ガミ、禮樂制度ニ弊少キ樣ニ工夫シテ、立玉フヲ稱スルナリ。」荻生徂徠:《太平策》,《荻生徂徠》日本思想大系36》,東京: 岩波書店，1983年版，p. 459。

⓬　「サレトモ禮樂制度一タビ定マレバ、數百年ノ後ニハ、聖人ノ制作ニテモ、必弊生ジテ、コノ弊ヨリ世ハ亂ルルコトナリ。」荻生徂徠:《太平策》,《荻生徂徠，日本思想大系36》,東京: 岩波書店，1983年版，p. 459。

續維繫崩頹的混亂社會，建立起純粹基於自然經濟的身分秩序，這可以說是徂徠主張「作為是道」的終極企圖。然而，若不深究，徂徠這種意圖似乎很成功，但卻有著與荀子同樣地自相矛盾的理論上的困境。因為，徂徠所依據的立道主體——「聖人」的作為理論價值根源，就是其所急欲排除又不得不割離的天道——「先王之道，合天人而一之」、「道之大原出於天，古先聖王法天以立道。」是以，徂徠只是將封建社會關係，借用另外一套語言系統理論，將「道」重新加以包裝與詮釋，並未解決他所欲建構的「道」的價值是源自聖人，且僅僅是聖人的作為的「人為屬性」，而絲毫未帶任何其他一切「自然屬性」。

另外，「法天」與「奉天道」而治天下、以行其政教，則是徂徠學中的又一大困頓之處。且此困頓，一如荀子思想中一般，天有其自然義、有其法則義、更兼具人格義。

然此「天」據有多重意義的政治社會的人文關懷，雖有其自陷於自設的困頓情境之中，亦不能不令人佩服其所建構的「聖人觀」制作之「道」的社會政治功能與其近代意義。

第三節　徂徠「聖人觀」的社會政治功能與近代意義

由於徂徠「聖人觀」思想多源自荀子，蓋必須將徂徠「聖人觀」思想與之一併論之。倘若我們把荀子的「聖人觀」對江戶時代儒學家荻生徂徠思想最重要的社會作用表現在社會政治方面的話，這種「聖人觀」是從下面四點展開的：

⑴從傳統儒家的禮治主義看來，封建制度是治理天下最好的政治思想理論，且是最恰當的國家體制。宗法社會是以親情來沖淡政治權力的尖銳對抗，以維繫天下秩序。並以政治上的尊尊，維繫親情於不墜。這是將家庭親情血緣與政治權力結合的大家長制。宋張載的〈西銘〉仍云：「大君者，吾父母宗子；其大臣，宗子之家相也。」蓋以宗法血緣構成親親與封建政治，再以親親與封建政治達到尊尊的目的。而此構成之名分須由「禮」維繫之。故言「禮」，別上下之分。對徂徠來說，他把舊有的封建制度改頭換面和集權制度——「聖人觀」結合起來，這可以說是徂徠政治思想的根本特點。這種特點的好處，是在混亂的政治社會下，將大權集中在某一特殊的文化英雄人物身上，頗能提振人心，使渙散、虛無的人心，尋找到人生奮鬥的目標與理想，為現實的政治社會帶來希望。然其不幸的是，權力的絕對化必然走向集權、霸道。這在世界政治史上是屢見不鮮的，也是日本日後走向軍國主義、葬送日本近代化成果的前兆。

⑵徂徠與荀子的聖人即先王、人君，其君權是受有天命、稟諸天性的天命觀，為混亂的戰國末年與江戶時代末期找到安頓政局新的理論根據。徂徠據此以論，君王、幕府將軍、大名等必須是像聖人境界般的仁君；且不管其內心是如何，至少表面上看來必須要像個仁君的樣子。並且徂徠把整個日本稱之為天下，君王的唯一目的，就在制作禮樂刑政之道以安天下。君王是超越時、空的主宰者，其權力是從天而來的，把天的內涵加入了泛神論的色彩，因而，天變成是一種超自然力。君王所制之道是奉天以行之，使天下百姓安居樂業，透過禮別上下之分，四民（士、農、工、商）秩序井然。並且徂徠理想的君王要為民行仁政，君王本身所據之大德以「仁」為

要，故人君必須是仁君，在政治上必須以德治國。這與儒家孔、孟德治理想幾乎完全相同，所異者是將禮政治化，人（仁）君為禮樂刑政的制作者，且是執法者，這與荀子的政治思想是完全一致的。

⑶就徂徠的聖人之治國理想來說，君有如心，心主宰人身，為善為惡均由心所主宰。因而，國有仁君則治，無仁君則亂。人之心與身的關係亦如此。因此，君與民的關係，恰如身與心、精神與肉體的關係是一樣的，是一個有機體，兩者是一而二、二而一的關係。所謂有機體，指的就是有生命的整體。由君與民的有機體形成國家的有機體，通過四民階層的身分、天職，為國家、為君王效忠。故徂徠採荀子君道與臣道的思想，以為治國之方。君待臣民以仁，臣盡之以忠。仁人之君與忠人之臣，是徂徠聖人觀所欲建構的理想政治。這也是直至今日日本天皇所塑造出的「仁君」形象，甚而在日本企業界、商社領導人與部屬的關係，亦復如此。

⑷任何一種思潮、思想體系，必須建立在社會發展變革的必然趨勢的基礎上，才能具有真理性和生命力。我們知道，儒家思想與傳統封建政治結合是密不可分的，兩者的關係就像儒家思想所強調的「仁」與「禮」的關係一樣。仁是禮的內容（內在形式），禮是仁的外在形式。封建政治社會，是建立在宗法、血緣關係、自然經濟基礎上的思想，所講的是人倫日用之學。儒家思想提供了封建政治宗法、血緣關係的理論內容，封建制度則是儒家人倫理論徹底實踐的外在形式。然而，傳統儒家的孔、孟之學，就其學術性格上來說，缺乏科學與技術方面的內容，更沒有近代科學的邏輯推理知識，對邏輯推理思辯之學，視為巧言令色；並且講求君子不器，鄙視淫巧之技的專業學問。因此，在長期封建社會的禁錮之下，往往將思想言論歸諸一家之言，限制了自由思想的空間，限制了科學、技術

的發展，更使人消磨掉了探索、發現的精神。在面對急遽的社會發展，往往顯得束手無策，無能為力，缺乏一種應變外在衝擊自我更新的內部機制，更難以從傳統封建觀念向近代科學觀念轉換的自調能力。從而只能繼續地以傳統的自我中心的文化心理和不合時宜的思維模式，被動地因應多元變化的世局。⓭然而，在荀子的思想裏卻有著兩者的優點，既有政治社會的人倫關係的關懷，又有近代科學的邏輯推理知識。徂徠以荀子「聖人」理想為師，以儒家荀子為嚮導，帶領江戶時代混亂的政治社會，重回聖人之治的德治理想，並啟蒙了日本近代作為主義政治思想，為日本近代政治思潮駛進世界知識的海洋，和現代國家的誕生，預先作了鋪陳的工作。這也就是第一點所述，將封建制度與集權制度結合起來，是徂徠「聖人觀」政治思想的根本特點。而這個特點，就是將分別散佈在各個封閉(藩)的社會圈內部，藉以形成各個社會圈內不可或缺的支柱的意識形態，完全集中向唯一的政治領袖——聖人、先王效忠。以打破以往那種封閉性的、個別式的、生命性的要求——食祿報君的價值系統。當這種封閉性的價值系統被打破，分布於各個社會圈的內在價值，逐漸凝集到唯一的頂點的瞬間之後，傳統封建幕府體制即告崩潰。也就是各藩支配的間接性消失，中間（層）的權力被最高（層——天皇）權力所吸收時；所有行政事物的資源，從各階層行政職權的私的所有中切斷，完全集中於中央（聖人）國家時；以及立法權、司法裁量權的層層分布，均為中央所統一時，這可以說就是現代國家的形態。

蓋徂徠以儒家思想觀念為核心，以荀子為師，充分地吸收了中

⓭ 王中田：《江戶時代日本儒學研究》，北京：中國社會科學出版社，1994年12月一刷，p. 100。

國文化，將傳統儒家聖人之治的政治理想，為日本江戶時代步入近代社會創造了各方面的條件，並且後繼者依此為據，再不斷地吸收西方文明，將日本轉化成現代國家的政治形態。這不論是對今日的日本人，抑或是兩岸的中國人，甚而整個東亞社會受儒家思想影響的國家來說，都是一個頗具歷史意義和現實價值的研究課題。

總之，徂徠所建構的日本儒學特色，就是把理論與實踐相結合在一起，用理論指導實踐、把理論應用於實踐，使之成為社會各階層日常生活的指導原則。這與荀子所謂的「性偽合，然後成聖人之名」，不空談性理，而專注人性感官之欲為惡之理論，必有待師法──禮樂刑政制度的建立與實踐，規範人欲感官之惡，使之成為正正當當、規規矩矩、自自動動服從外在客觀規範的人，是一致的。而這就有待為政者積極作為的政治建構與實踐。

荻生徂徠略譜

寬文六年　一六六六　丙午　一歲

二月十六日出生、江戶二番町荻生方庵景明醫生之次男。

「卦運直大畜九三」。

四月、山鹿素行著《聖教要錄》。

寬文七年　一六六七　丁未　二歲

寬文八年　一六六八　戊申　三歲

此年患天然痘。然「幸得而生」。妹「亦患此而死」。

寬文九年　一六六九　己酉　四歲

此年方庵赴京。徂徠兄弟與母寄寓外祖父「小島正朝」家。正朝
　　為徂徠多病遂將其改名為「鳥井傳助」。

寬文十年　一六七〇　庚戌　五歲

弟觀（叔達、北溪）出生。

自此時起始讀「經史百家之書」、「粗曉文義大意、而未曾受句讀、
　　人皆奇之」、又傳曰：「一日於窗下看入學圖、說甚樂之、家君
　　問汝識字否、答曰否、止識一天人心等字耳、又問樂乎、答曰
　　甚樂、家君乃嘆曰、斯兒之樂書、其天性乎」。

伊藤東涯出生。

林鵝峰《本朝通鑑》成。

寬文十一年　一六七一　辛亥　六歲

方庵為館林侯綱吉側醫。

寬文十二年　一六七二　壬子　七歲

《萱園雜話》中云：「徠翁七歲時、於林春齋宅讀掛軸、春齋甚
　感故入林家門、林家古名冊中亦有徂徠之名。」

德川光國興彰考館、宇都宮遯菴刊《古今人物志》。

延寶元年　一六七三　癸丑　八歲

《譯文筌蹄初編卷首》〈題言〉第五則：「七八歲時、先大夫命予
　錄其日間事、或朝府、或客來、說何事、做何事、及風雨陰晴、
　家人瑣細事、皆錄、每夜臨臥、必口授筆受、予十一二時、既
　能自讀書、未嘗受句讀、蓋由此故。」

延寶二年　一六七四　甲寅　九歲

二月二十五日「始作詩、捧于菅神」。

岡嶋冠山、三宅觀瀾生。

延寶三年　一六七五　乙卯　十歲

宇都宮遯菴獲赦再還京都。

延寶四年　一六七六　丙辰　十一歲

十一月十五日、更名「雙松」復荻生姓。

山鹿素行獲赦還江戶。

延寶五年　一六七七　丁巳　十二歲

關西大學附屬圖書館泊園文庫藏寫本《徂徠先生年譜》：「正月之
　末謁弘文院學士林之道、受業。」「之道」為林春齋（鵝峰）之
　字。依此則徂徠十二歲時入林家之門。

延寶六年　一六七八　戊午　十三歲

讀《史記評林·梅洞詩集》、聽鵝峰講《西銘》。

延寶七年　一六七九　己未　十四歲

父方庵因罪流謫南總、舉家移居上總國長良郡二宮庄本能村。

延寶八年　一六八〇　庚申　十五歲

二月晦日母鳥井氏卒、葬于同村箕澤、號朝雲院。

太宰春台生、林鵝峰卒。

五月八日將軍家綱公薨、綱吉繼任為將軍。

天和元年　一六八一　辛酉　十六歲

天和二年　一六八二　壬戌　十七歲

從岡本半助習軍學。

山崎闇齋、朱舜水、池田光政歿。

天和三年　一六八三　癸亥　十八歲

此時閱四書大全、或於此時接觸程朱學。

伊藤仁齋《語孟字義》完稿，服部南郭、安藤東野生。

貞享元年　一六八四　甲子　十九歲

貞享二年　一六八五　乙丑　二十歲

仁齋草定《大學定本》。山鹿素行歿、石田梅岩生。

貞享三年　一六八六　丙寅　二十一歲

貞享四年　一六八七　丁卯　二十二歲

山縣周南生。

元祿元年　一六八八　戊辰　二十三歲

平野金華生。春台、與父母自信州移江戶。

元祿二年　一六八九　己巳　二十四歲

藪震庵生。

元祿三年　一六九〇　庚午　二十五歲

父方庵獲赦、隨父歸江戶、舌耕於後芝增上寺前。

高野蘭亭、山井崑崙生。

元祿四年　一六九一　辛未　二十六歲

門人吉有鄰、僧聖默等口述筆記《譯文筌蹄》、自此徂徠聲譽高
漲（一說作27歲）。

守屋峨眉（秀緯）、本多猗蘭生、熊澤蕃山歿。仁齋《童子問》
初稿完成。

一月二十一日綱吉御臨柳澤邸、後依此例。林鳳岡任大學頭、昌
平坂聖堂成立。

元祿五年　一六九二　壬申　二十七歲

二月、綱吉謁孔廟祭孔、講論語、後依此例。

元祿六年　一六九三　癸酉　二十八歲

井原西鶴歿。伊藤仁齋刊《童子問》。

元祿七年　一六九四　甲戌　二十九歲

春台仕出石侯。松尾芭蕉、吉川惟足歿。

元祿八年　一六九五　乙亥　三十歲

讀仁齋《大學定本》、《語孟字義》而深有所感。

元祿九年　一六九六　丙子　三十一歲

五月二十四日、方庵奉召為幕臣小普請。

八月二十二日、柳澤保明以十五人扶持御馬迴召聘徂徠、改稱惣
右衛門。

九月十八日於柳澤邸首謁綱吉。

一月十日、細井廣澤媒酌娶三宅休為妻。

春台、中野撝謙入門（17歲）、服部南郭來江戶。

元祿十年　一六九七　丁丑　三十二歲

九月十八日、徂徠增加十人俸祿、從大近習轉升為儒者。

十二月十八日、方庵敘法眼。

柳澤家領地川越發生棄親事件。

元祿十一年　一六九八　戊寅　三十三歲

宇野明霞生、木下順庵、石原鼎庵歿。

元祿十二年　一六九九　己卯　三十四歲

二月九日、綱吉御臨、將軍及保明的講釋結束後與徂徠等討論大
　學之明德為心之性乎？

田中蘭陵生。田中桐江（省吾）以兵學仕官保明。

元祿十三年　一七〇〇　庚辰　三十五歲

春台辭官。南郭以歌仕官保明（一說為12年）。

元祿十四年　一七〇一　辛巳　三十六歲

二月九日、綱吉御臨、徂徠列席。……

夏五月六日作〈堯韭亭記〉、為徂徠集所收詩、文、書中確定日
　期最早的文章。云為了和自己一樣愛菖蒲的醫師友人而敢「暢
　所欲言」。似古文辭體。

自本年起至寶永三年、柳澤藩刊行版藏五史、負責校注訓典。

三月、淺野長矩刀傷吉良義央事件。

柳澤保明獲賜吉保之名。

宇野士朗生、契沖寂。

元祿十五年　一七〇二　壬午　三十七歲

四月六日、柳澤藩邸失火。

九月二十一日、徂徠講《禮記・曲禮》篇首章。

十月二十一日、撰〈六義園記〉。

十二月十八日、再次編輯四月火災燒毀的柳澤家記錄類為八十八
　卷《樂只堂年錄》、因功加百石。

十二月、赤穗浪士復仇。

中村惕齋歿。

元祿十六年　一七〇三　癸未　三十八歲

柳澤吉保於藩邸設藩學文武場、徂徠講授。

綱吉御臨柳澤藩、鞍岡元昌以唐音講《大學・小序》、徂徠翻譯。

九月十七日、列席吉保先考追悼詩歌會、徂徠作七言絕句。

伊藤東涯完成《用字格》。

二月四日、命赤穗浪人切腹。

寶永元年　一七〇四　甲申　三十九歲

秋冬之交〈與伊仁齋書〉（一作38歲時）。

撰〈素書國字解〉。

十二月二日、方庵辭官。弟觀繼儒者之列。

十二月二十一日、吉保從川越移封至甲斐。

安藤東野仕宦柳澤家。

寶永二年　一七〇五　乙酉　四十歲

十月五日、妻休歿（33歲）。

山縣周南入門徂徠。

徂徠或於此時接觸李攀龍、王世貞之古文辭（一說作39歲時）。

或為此年作〈記義奴市兵衛事〉。

伊藤仁齋歿（79歲）。

寶永三年　一七〇六　丙戌　四十一歲

草定〈讀荀子〉（一說寶永三年～五年）。

完成《敕賜護法常應錄》加五十石為四百石。

此時完成《晉書、梁書、南齊書》校讎。

九月七日、與田中省吾奉命出使甲斐、草定〈峽中紀行〉、〈風流
使者記〉、〈峽遊雜詩十三首〉。

十一月九日、父方庵歿（81歲）。

寶永四年　一七〇七　丁亥　四十二歲

作〈私擬策問一道〉。

〈孫子國字解〉概作於此時。

九月十七日、於芝紫雲山瑞祥寺甘露堂與黃檗第八代住持悅峰會
見筆談。

悅峰五月十一日為萬福寺住持。

仁齋《童子問》刊行。

寶永五年　一七〇八　戊子　四十三歲

草定〈讀韓非子〉。

娶佐佐木氏為第二任妻子（一說為50歲時）。

與岡鳥冠山至品川大龍寺（一作東海寺）訪問香國禪師。

貝原益軒《大和本草》完成。

寶永六年　一七〇九　己丑　四十四歲

一月十日、將軍綱吉歿（64歲）。

六月三日、吉保隱退。

出藩邸、移居日本橋茅場町、開設萱園（一作45歲時）。

宇都宮遯菴歿。

寶永七年　一七一〇　庚寅　四十五歲

二月、安藤東野辭官柳澤家。

服部南郭入徂徠門似為此時。

宇佐美灊水生。

正德元年　一七一一　辛卯　四十六歲

春、依東野勸、春台自關西歸江戶入門徂徠。

完成〈學則〉第一。

《譯文筌蹄》多謂刊於此年、然譯筌末尾有「正德五年正月吉日
　　初篇六卷刊」（みすず版全集第二卷）。

興建牛込新宅。

十月五日執筆〈譯社約〉。

正德二年　一七一二　壬辰　四十七歲

草定〈唐後詩〉。

伊藤仁齋《論語古義》刊行。

十月十四日、將軍家宣薨（51歲）。

正德三年　一七一三　癸巳　四十八歲

田中省吾因於藩邸斬奸臣、藏匿於徂徠家。

牛込新居將完工。

九月續弦娶佐佐立慶之女（一說作50歲時）。

伊藤仁齋《大學定本》刊行。

正德四年　一七一四　甲午　四十九歲

正月、安藤東野作〈萱園隨筆序〉、春《萱園隨筆》刊行。

完成《憲廟實錄》編輯、增加百石俸祿為五百石。

十一月二日、柳澤吉保歿。

貝原益軒歿。

正德五年　一七一五　乙未　五十歲

正月吉日、《譯筌初篇六卷》刊行。（みすず版全集第一卷）

九月二十五日、夫人佐佐氏卒（一說為52歲時）、葬於三田常松

寺。

太宰春台辭官生實侯、終生不仕、時年三十六歲。

享保元年　一七一六　丙申　五十一歲

四月三十日、將軍家繼歿（8歲）。

十二月四日、黑田豐前守直邦向徂徠諮詢。

完成《學則》。

享保二年　一七一七　丁酉　五十二歲

以古文辭學方法解釋「六經」、批判宋學。

作《辨道》、《辨名》。

享保三年　一七一八　戊戌　五十三歲

九月三日、與弟北溪（觀）、林春益、木下菊等於昌平坂學舍開
　經筵。

三宅觀瀾歿。

享保四年　一七一九　己亥　五十四歲

佐藤直方、安藤東野歿（37歲）。

山縣周南為明倫館祭酒。

享保五年　一七二〇　庚子　五十五歲

〈唐後詩〉刊行。

草定《論語徵》、《大學解》、《中庸解》、《孟子識》（一說作於享
　保三年）。

冬、以兄荻生春竹之子三十郎（後之金谷、道濟）為養子。

遷居西郊赤坂。

此年遭喪女之痛（與前妻所生）。

中野撝謙歿。

享保六年　一七二一　辛丑　五十六歲

執筆《太平策》（一說作於享保元年、一說作於享保四～七年間）。

點訓《六諭衍義》刊行、徂徠作〈序〉。

享保七年　一七二二　壬寅　五十七歲

草定《政談》（一說完稿於享保十～十二年間）。

草定〈四家雋〉、〈琴學大意抄〉。

享保八年　一七二三　癸卯　五十八歲

草定〈絕句解〉、〈絕句解拾遺〉、〈古文矩〉、〈文變〉、〈詩題苑〉。

享保九年　一七二四　甲辰　五十九歲

草定《答問書》（一說作於51歲時）。

五月、荻生觀呈獻幕府《芥子園畫傳》。

享保十年　一七二五　乙巳　六十歲

七月、奉幕府命校正《樂書》。

十月望、作〈南郭初編序〉、〈刻荀子跋〉。

新井白石歿。

享保十一年　一七二六　丙午　六十一歲

正月十五日、作〈七經孟子考文敘〉。

作〈對問〉。

宇佐美灊水入門（時年17歲左右）。

享保十二年　一七二七　丁未　六十二歲

正月刊行《學則》、五月刊行《徂徠先生答問書》。

四月一日、江戶城拜謁將軍吉宗。

六月六日、奉幕府命校正《三五中略》。

九月《南郭文集初編》刊行。

享保十三年　一七二八　戊申　六十三歲

正月十九日歿。

岡島冠山（55歲）、山井鼎（48歲）歿。

荻生觀草定《七經孟子考文補遺》。

平野金華編成《金華稿刪》。

參考書目

中文資料

《十三經註疏》，臺北：藝文出版社。

《荀子》，臺北：臺灣中華書局，民國72年4月臺5版。

《韓非子》，臺北：臺灣中華書局，民國71年10月臺2版。

《山鹿素行》，劉梅琴，臺北：東大圖書公司，民國79年3月初版。

《儒家思想與日本文化》，王家驊，臺北：淑馨出版社，民國83年1月初版。

《日本儒學史概論》，許政雄，臺北：文津出版社，民國82年4月初版。

《日本史》（四），鄭學稼，臺北：黎明文化事業，民國66年1月15日出版。

《韓非思想的歷史研究》，張純、王曉波，臺北：聯經出版事業公司，民國73年3月2刷。

《江戶時代日本儒學研究》(*STUDY OF JAPANESE CONFU-CIANISM IN EDO PERIOD*)，王中田，北京：中國社會科學出版社，1994年12月1刷。

《日本政治思想史研究》， 丸山真男著，包滄瀾、徐白譯，臺北：
　　臺灣商務印書館，民國69年5月初版。

《儒家思想的實踐》， 尼微遜等著，孫隆基譯，臺北：臺灣商務印
　　書館，民國69年10月初版。

《日本近百年史》，包滄瀾編著，臺北：藝文印書館，民國66年7月
　　3版。

《日本近代史》， 陳水逢，臺北：中華學術院日本研究所、中華大
　　典編印會合作，民國57年5月9日初版。

《近代中日關係研究論集》， 彭澤周，臺北：藝文印書館，民國67
　　年10月初版。

《日本近代史綱》，徐先堯，臺北：臺灣商務印書館，民國71年7月
　　增訂2版。

《君王論》（THE PRINCE），馬加福利著，劉成韶譯，臺北：三民
　　書局，民國55年3月29日出版。

陳原：《語言與社會生活》，北京：新華書店，1980年4月第1版，。

徐復觀：《儒家政治思想與民主自由人權》，臺北：學生書局，民國
　　77年9月增訂再版。

《政道與治道》，牟宗三，臺北：廣文書局，民國63年7月修訂本初
　　版。

日文資料

《荻生徂徠全集》第一卷，東京：みすず書房，1973年7月20日發
　　行。

《荻生徂徠全集》第一卷，東京：河出書房新社，1973年2月28日

初版第1刷。

《荻生徂徠，日本思想大系36》，東京：岩波書店，1983年8月10日
　　8刷。

《伊藤仁齋、伊藤東涯，日本思想大系33》，東京：岩波書店，1985
　　年5月15日4-2刷。

《日本名著，伊藤仁齋》第13卷，東京：中央公論社，1972年版。

《山鹿素行，日本思想大系32》，東京：岩波書店，1970年8月25日
　　1刷。

《藤原惺窩、林羅山，日本思想大系28》，東京：岩波書店，1984
　　年8月10日4刷。

《近世武家思想，日本思想大系27》，東京：岩波書店，1974年11
　　月25日1刷。

《近世神道論、前期國學，日本思想大系39》，東京：岩波書店，
　　1972年7月25日1刷。

《幕末政治論集，日本思想大系56》，東京：岩波書店，1980年8月
　　10日3刷。

《山鹿素行傳》，齊藤弔花，東京：荻原星文館，昭和14年8月20日
　　10版。

《山鹿素行》，寺島莊二，東京：教材社，昭和16年4月5日。

《山鹿素行全集思想篇》（全十五卷），廣瀨豐編纂，東京：岩波書
　　店，昭和15年6月24日。

《徂徠學派，日本思想大系37》，東京：岩波書店，1972年4月26日
　　1刷。

《荻生徂徠，日本思想大系36》，東京：岩波書店，1983年8月10日
　　8刷。

《荻生徂徠全集》第一卷，今中寬司、奈良本辰也編著，東京：河
　　出書房新社，1973年2月28日初版1刷。

《徂徠とその門人の研究》，若水俊著，東京：三一書房，1993年
　　3月15日一版一刷。

《徂徠學と反徂徠》，小島康敬，東京：ぺりかん出版社，1994年
　　7月20日初版一刷。

《徂徠學の世界》，田原嗣郎，東京：東京大學出版會，1991年10
　　月25日初版。

《日本政治思想史研究》，丸山真男，東京：東京大學出版會，1979
　　年4月30日24刷。

《徂徠學の基礎的研究》，今中寬司，日本東京：吉川弘文館，昭
　　和41年9月20日發行。

《徂徠研究》，岩橋遵成，東京：名著刊行會，昭和57年2月27日發
　　行。

《日本漢詩》第三卷，東京：汲古書院，昭和61年2月發行。

《日本漢詩》第四卷，東京：汲古書院，昭和60年5月發行。

《日本隨筆大成》第一期第14冊，東京：吉川弘文館，昭和50年12
　　月20日發行。

《日本隨筆大成》第三期第21冊，東京：吉川弘文館，昭和53年5
　　月6日發行。

《續日本隨筆大成》第4冊，東京：吉川弘文館，昭和54年12月30
　　日發行。

《日本史概論》，橫山貞裕，東京：成文堂，昭和59年12月15日14
　　刷。

《世界文化交流史》，伊瀨仙太郎，東京：金星堂，昭和57年5月1

日7版。

《近世思想家文集，日本古典文學大系97》，東京：岩波書店，昭
　和41年6月6日1刷。

《近松淨琉璃集上，日本古典文學大系49》，東京：岩波書店，1985
　年7月10日28刷。

《浮世繪》，《日本美術全集 第20卷》，小林忠等編著，東京：講談
　社，1991年12月20日第1刷。

《日本外史》，賴山陽著、岡本優太郎解釋，研究社，昭和15年5版。

《山鹿素行全集思想篇》（全十五卷），廣瀨豐編纂，東京：岩波書
　店，昭和15-17年。

《山鹿素行》，堀勇雄，東京：吉川弘文館，昭和38年再版。

《德川思想史研究》，田原嗣郎，東京：未來社，1976年版。

《日本倫理思想史》（全二冊），和哲郎，東京：岩波書店，昭和
　50年5月30日第19刷。

《日本思想史　基礎知識》，田村圓澄等編集，東京：有斐閣，昭
　和49年7月30日初版1刷。

《江戶時代の支配と生活》，藏並省自，京都：三和書房，昭和42
　年4月20日初版。

《謫居童問》，轉見源了圓：《義理和人情》，中央公論社，1978年
　版。

《謫居童問》，轉見永田廣志：《日本哲學思想史》中譯本。

《德川思想小史》，源了圓，中央公論社，1981年版。

學報期刊

〈韓非政治思想試探〉，蕭璠，《臺大歷史學報》第八卷，民國70年
　　12月。

〈中國近三百年學術史第五講黃梨洲〉，梁啟超，《史地學報》第三
　　卷第一期。

學術會議論文

〈儒學與荻生徂徠的作為主義法思想〉， 杜鋼建，第一屆兩岸儒學
　　會議論文，南京：1993年1月8–12日。

報章雜誌

〈四十七武士是義人嗎？ ──影響日本人至鉅的「忠臣藏」故事〉，
　　林景淵，《中央日報》，民國83年10月23日，第17版。

索　引

書名索引

九　劃

十　劃

十一劃

十二劃

十三劃

十四劃

十五劃

十六劃

人名索引

專有名詞索引

五　劃

六　劃

七　劃

十一劃

十二劃

十三劃

十四劃

十五劃

十八劃

十九劃

二十劃

世界哲學家叢書（一）

書　　　　　名	作　　　者	出　版　狀　況
孔　　　　　子	韋　政　通	已　　出　　版
孟　　　　　子	黃　俊　傑	已　　出　　版
荀　　　　　子	趙　士　林	已　　出　　版
老　　　　　子	劉　笑　敢	已　　出　　版
莊　　　　　子	吳　光　明	已　　出　　版
墨　　　　　子	王　讚　源	已　　出　　版
公　孫　龍　子	馮　耀　明	排　　印　　中
韓　　　　　非	李　甦　平	已　　出　　版
淮　　南　　子	李　　　增	已　　出　　版
董　　仲　　舒	韋　政　通	已　　出　　版
揚　　　　　雄	陳　福　濱	已　　出　　版
王　　　　　充	林　麗　雪	已　　出　　版
王　　　　　弼	林　麗　真	已　　出　　版
郭　　　　　象	湯　一　介	已　　出　　版
阮　　　　　籍	辛　　　旗	已　　出　　版
劉　　　　　勰	劉　綱　紀	已　　出　　版
周　　敦　　頤	陳　郁　夫	已　　出　　版
張　　　　　載	黃　秀　璣	已　　出　　版
李　　　　　覯	謝　善　元	已　　出　　版
楊　　　　　簡	鄭曉江　李承貴	已　　出　　版
王　　安　　石	王　明　蓀	已　　出　　版
程　顥　、　程　頤	李　日　章	已　　出　　版
胡　　　　　宏	王　立　新	已　　出　　版
朱　　　　　熹	陳　榮　捷	已　　出　　版
陸　　象　　山	曾　春　海	已　　出　　版

世界哲學家叢書（二）

書　　　　　名	作　　者	出　版　狀　況
王　　廷　　相	葛　榮　晉	已　　出　　版
王　　陽　　明	秦　家　懿	已　　出　　版
李　　卓　　吾	劉　季　倫	已　　出　　版
方　　以　　智	劉　君　燦	已　　出　　版
朱　　舜　　水	李　甦　平	已　　出　　版
戴　　　　震	張　立　文	已　　出　　版
竺　　道　　生	陳　沛　然	已　　出　　版
慧　　　　遠	區　結　成	已　　出　　版
僧　　　　肇	李　潤　生	已　　出　　版
吉　　　　藏	楊　惠　南	已　　出　　版
法　　　　藏	方　立　天	已　　出　　版
惠　　　　能	楊　惠　南	已　　出　　版
宗　　　　密	冉　雲　華	已　　出　　版
永　明　延　壽	冉　雲　華	已　　出　　版
湛　　　　然	賴　永　海	已　　出　　版
知　　　　禮	釋　慧　岳	已　　出　　版
嚴　　　　復	王　中　江	已　　出　　版
康　　有　　為	汪　榮　祖	已　　出　　版
章　　太　　炎	姜　義　華	已　　出　　版
熊　　十　　力	景　海　峰	已　　出　　版
梁　　漱　　溟	王　宗　昱	已　　出　　版
殷　　海　　光	章　　　清	已　　出　　版
金　　岳　　霖	胡　　　軍	已　　出　　版
張　　東　　蓀	張　耀　南	已　　出　　版
馮　　友　　蘭	殷　　　鼎	已　　出　　版

世界哲學家叢書（三）

書　　　　　名	作　　者	出　版　狀　況
牟　　宗　　三	鄭　家　棟	排　　印　　中
湯　　用　　彤	孫　尚　揚	已　　出　　版
賀　　　　麟	張　學　智	已　　出　　版
商　　羯　　羅	江　亦　麗	已　　出　　版
辨　　　　喜	馬　小　鶴	已　　出　　版
泰　　戈　　爾	宮　　　靜	已　　出　　版
奧羅賓多・高士	朱　明　忠	已　　出　　版
甘　　　　地	馬　小　鶴	已　　出　　版
尼　　赫　　魯	朱　明　忠	已　　出　　版
拉達克里希南	宮　　　靜	已　　出　　版
李　　栗　　谷	宋　錫　球	已　　出　　版
空　　　　海	魏　常　海	排　　印　　中
道　　　　元	傅　偉　勳	已　　出　　版
山　鹿　素　行	劉　梅　琴	已　　出　　版
山　崎　闇　齋	岡　田　武　彥	已　　出　　版
三　宅　尚　齋	海老田輝巳	已　　出　　版
貝　原　益　軒	岡　田　武　彥	已　　出　　版
荻　生　徂　徠	王　祥　齡　劉　梅　琴	排　　印　　中
石　田　梅　岩	李　甦　平	已　　出　　版
楠　本　端　山	岡　田　武　彥	已　　出　　版
吉　田　松　陰	山　口　宗　之	已　　出　　版
中　江　兆　民	畢　小　輝	已　　出　　版
蘇格拉底及其先期哲學家	范　明　生	排　　印　　中
柏　　拉　　圖	傅　佩　榮	已　　出　　版
亞　里　斯　多　德	曾　仰　如	已　　出　　版

世界哲學家叢書（四）

書　　　　　名	作　　者	出　版　狀　況
伊　壁　鳩　魯	楊　　適	已　　出　　版
愛　比　克　泰　德	楊　　適	排　　印　　中
柏　　羅　　丁	趙　敦　華	已　　出　　版
伊　本・赫　勒　敦	馬　小　鶴	已　　出　　版
尼　古　拉・庫　薩	李　秋　零	已　　出　　版
笛　　卡　　兒	孫　振　青	已　　出　　版
斯　賓　諾　莎	洪　漢　鼎	已　　出　　版
萊　布　尼　茨	陳　修　齋	已　　出　　版
牛　　　　　頓	吳　以　義	排　　印　　中
托　馬　斯・霍　布　斯	余　麗　嫦	已　　出　　版
洛　　　　　克	謝　啓　武	已　　出　　版
休　　　　　謨	李　瑞　全	已　　出　　版
巴　　克　　萊	蔡　信　安	已　　出　　版
托　馬　斯・銳　德	倪　培　民	已　　出　　版
梅　　里　　葉	李　鳳　鳴	已　　出　　版
狄　　德　　羅	李　鳳　鳴	排　　印　　中
伏　　爾　　泰	李　鳳　鳴	已　　出　　版
孟　德　斯　鳩	侯　鴻　勳	已　　出　　版
施　萊　爾　馬　赫	鄧　安　慶	已　　出　　版
費　　希　　特	洪　漢　鼎	已　　出　　版
謝　　　　　林	鄧　安　慶	已　　出　　版
叔　　本　　華	鄧　安　慶	已　　出　　版
祁　　克　　果	陳　俊　輝	已　　出　　版
彭　　加　　勒	李　醒　民	已　　出　　版
馬　　　　　赫	李　醒　民	已　　出　　版

世界哲學家叢書（五）

書　　　　　　名	作　　　者	出　版　狀　況
迪　　　　　　昂	李　醒　民	已　　出　　版
恩　　格　　斯	李　步　樓	已　　出　　版
馬　　克　　思	洪　鎌　德	已　　出　　版
約　翰　彌　爾	張　明　貴	已　　出　　版
狄　　爾　　泰	張　旺　山	已　　出　　版
弗　洛　伊　德	陳　小　文	已　　出　　版
史　賓　格　勒	商　戈　令	已　　出　　版
韋　　　　　　伯	韓　水　法	已　　出　　版
雅　　斯　　培	黃　　　藿	已　　出　　版
胡　　塞　　爾	蔡　美　麗	已　　出　　版
馬克斯・謝勒	江　日　新	已　　出　　版
海　　德　　格	項　退　結	已　　出　　版
高　　達　　美	嚴　　　平	已　　出　　版
盧　　卡　　奇	謝　勝　義	排　　印　　中
哈　伯　馬　斯	李　英　明	已　　出　　版
榮　　　　　　格	劉　耀　中	已　　出　　版
皮　　亞　　傑	杜　麗　燕	已　　出　　版
索　洛　維　約　夫	徐　鳳　林	已　　出　　版
費　奧　多　洛　夫	徐　鳳　林	已　　出　　版
別　爾　嘉　耶　夫	雷　永　生	已　　出　　版
馬　　賽　　爾	陸　達　誠	已　　出　　版
阿　　圖　　色	徐　崇　溫	排　　印　　中
傅　　　　　　科	于　奇　智	排　　印　　中
布　拉　德　雷	張　家　龍	已　　出　　版
懷　　特　　海	陳　奎　德	已　　出　　版

世界哲學家叢書（六）

書　　　　　名	作　　者	出　版　狀　況
愛　因　斯　坦	李　醒　民	已　　出　　版
皮　　爾　　遜	李　醒　民	已　　出　　版
玻　　　爾	戈　　革	已　　出　　版
弗　　雷　　格	王　　路	已　　出　　版
石　　里　　克	韓　林　合	已　　出　　版
維　根　斯　坦	范　光　棣	已　　出　　版
艾　　耶　　爾	張　家　龍	已　　出　　版
奧　　斯　　丁	劉　福　增	已　　出　　版
史　　陶　　生	謝　仲　明	已　　出　　版
馮　·　賴　特	陳　　波	已　　出　　版
赫　　　爾	孫　偉　平	已　　出　　版
愛　　默　　生	陳　　波	已　　出　　版
魯　　一　　士	黃　秀　璣	已　　出　　版
普　　爾　　斯	朱　建　民	排　　印　　中
詹　　姆　　士	朱　建　民	已　　出　　版
蒯　　　因	陳　　波	已　　出　　版
庫　　　恩	吳　以　義	已　　出　　版
史　蒂　文　森	孫　偉　平	已　　出　　版
洛　　爾　　斯	石　元　康	已　　出　　版
海　　耶　　克	陳　奎　德	已　　出　　版
喬　姆　斯　基	韓　林　合	已　　出　　版
馬　克　弗　森	許　國　賢	已　　出　　版
尼　　布　　爾	卓　新　平	已　　出　　版